エリア・スタディーズ 152

ヒストリー

ロシアの歴史を知るための50章

下斗米伸夫〔編著〕

明石書店

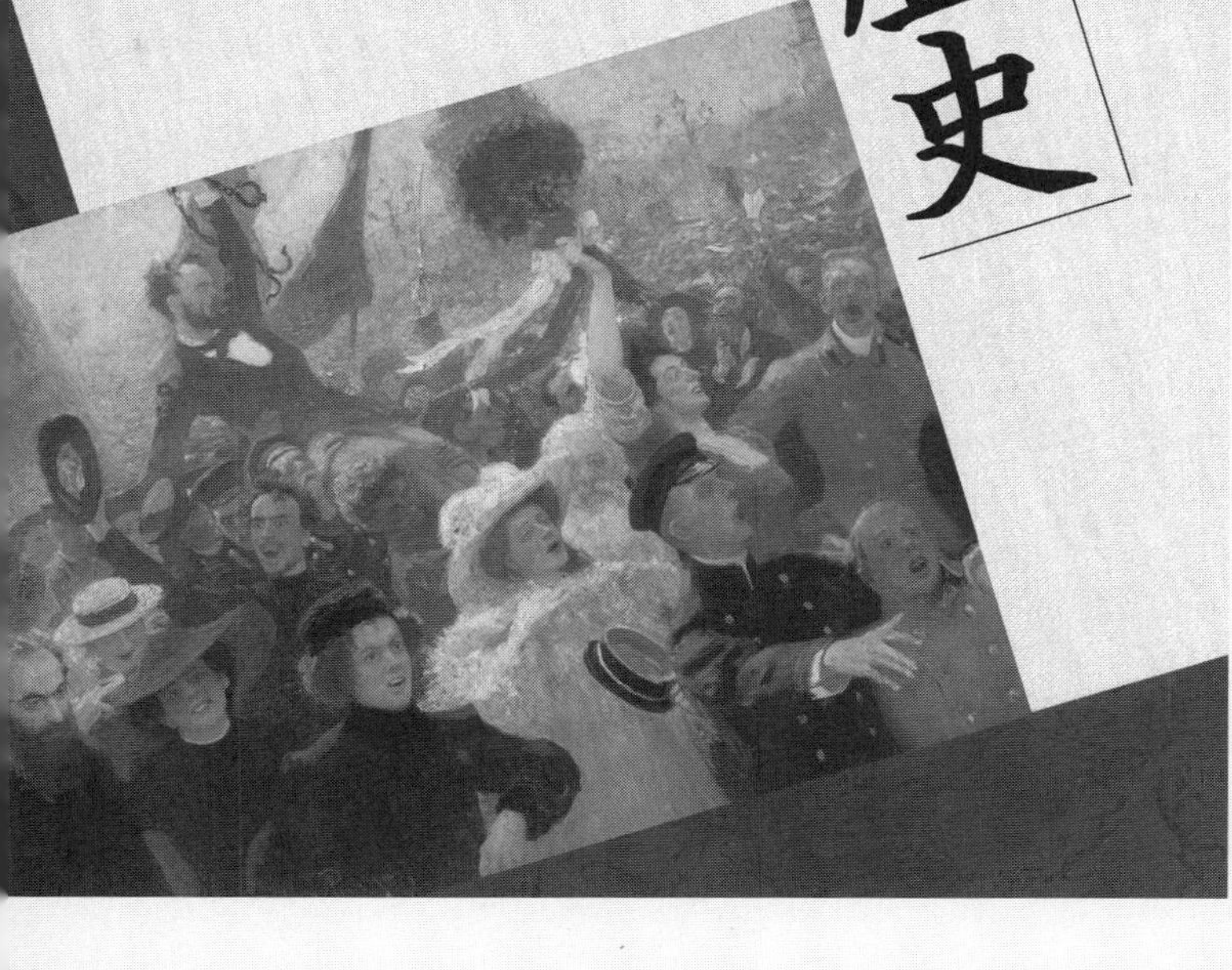

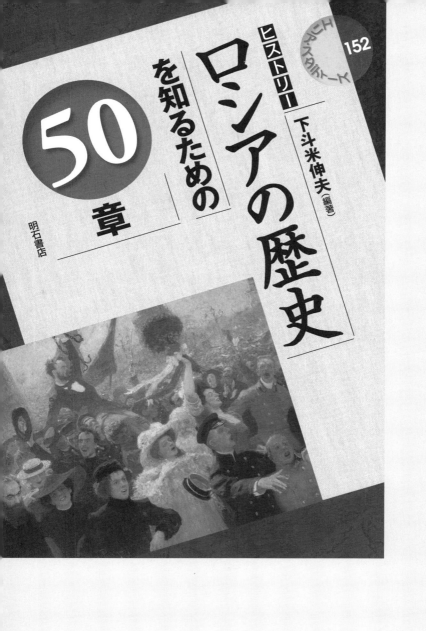

はじめに

今ここにおおくりするのは新しく書かれたロシアの歴史入門である。目次と巻末の執筆者紹介を見れば理解できるように、主題ごとに執筆している筆者陣は手練れのベテランから新世代の若手歴史家までが参加している。

日本にとっての隣国でもあるロシア連邦は、地表の8分の1と世界最大の領土をほこる大国として、なによりもユーラシア、そして世界の歴史に多大な影響を与えてきた。ロシアが動くたびに、世界を驚かせた。

このことは何よりも20世紀ロシアにあてはまる。2017年で100周年を迎えるロシア革命、そしておなじく25年前におきたソ連崩壊、ともに20世紀最大級の「世界を揺るがした」歴史的事件となった。現代グローバル政治でこれほどのインパクトを与えた国はほかに少ない。なかでもモスクワ発の共産主義は、20世紀最大の政治運動（A・ブラウン）、そして支配体制となり、「短い世紀」（E・ホブスボーム）としてのこの時代を刻印することになった。

その後もロシアはグローバル政治の転換の源泉である。そうでなくともプーチン政権以降のロシアは経済成長と政治の安定によって、とくに2012年の大統領再選後ロシアは世界政治でも最重要なプレーヤーの一つとして復帰していた。なかでも2014年2月ウクライナでの「マイダン革命」という政治危機、3月にはクリミアのロシア連邦への併合が生じた。政治大国ロシアの台頭は中国の超大国化と並んで多極世界へむかう世界の大きな徴表となっている。

そのクリミア危機は、あらためてキエフというルーシ国家と現在のロシア、ウクライナ国家との関係の問題を提起した。そもそも「ロシアとは何か、ロシア国家の起源とは何か」という、新たな問題をも提起することになったからである。クリミアは988年にルーシの大公ウラジーミルが同地のヘルソネスでキリスト教を受洗することにより、その後のロシア国家の起源となったと言われる。「ルーシとは何か、ロシアとの関係はどうか」という問いは難問である。もちろん国家の形態をとる以前から現在のロシア、ユーラシア地域には、紀元前よりスキタイ人など多くの遊牧民族が居住、移動していた。その後これら地域にはスラヴ人以外にも、モスクワなどの語源とされるフィン＝ウゴル系、またテュルク系などの民族があったことが地名などにもうかがえる。なかでも「キエフ」という呼称はその頃いたテュルク系で支配者がユダヤ教を信仰したと言われるハザールのものという。キエフではキリスト教以前には古スラヴ系のペルーンという多神教を信じていた。

ルーシがキリスト教、そのなかでも「東方正教」と呼ばれる潮流の国家になったことがなぜロシアの歴史的起源と考えられるのか。キリスト教やイスラームといった宗教に詳しくない日本人にはなかなかわかりにくい。まして、ロシア連邦の前身、旧ソ連邦は宗教面においては無神論を標榜しただけに、最近のロシアでの宗教復興は理解しにくい。

ここでは、ロシア人の多数派が正教を信仰していること、正教の世界では東ローマ帝国以来、国家と宗教とが一体化してきた歴史があること、そしてその正教がスラヴ世界に伝わったことにより、言語から文化、民族など文明的なアイデンティティが発達することになった、という理解で先に進もう。

ロシア史とは、モスクワの発達史、なかでも城塞を意味するクレムリンが権力を拡大してきた歴史でもある。モスクワは850年以上の歴史を持つ。なかでも織田信長《おだのぶなが》の同時代でもあるイヴァン四世（雷帝：1530～1584年）が自ら「ツァーリ」、つまり「シーザー」というローマ帝国のキリスト教を庇護する権力の呼称を名乗った。このことにより、それまでチンギス・ハーンの末裔による「タタールのくびき」と呼ばれたアジア世界からの歴史に区切りをつけた。東ローマ帝国の流れを継ぎ、東方正教を守る勢力であることを宣言したかたちになった。

モスクワは西のポーランド、ドイツやスウェーデンといった勢力との確執に翻弄されるものの、次第に政治的、そして宗教的地位を強めた。ポーランドの影響を排してできたロマノフ王朝（1613～1917年）の歴史は、「キリシタン」の影響を排した徳川幕府（1600～1868年）ともどこか重なる。もっとも実際には1760年代には、女帝エカチェリーナ二世などドイツ系の血統を受け入れている。支配者はインターナショナルでもあった。

なかでもロシアは18世紀初めにスラヴ系正教帝国として世界史に躍り出た。これを促したのはキエフの聖職者である。彼らは当時新興のモスクワによる正教国家の統一を期待した。とくに『シノプシス』という文書が、ルーシとモスクワとの継承関係を説くことで、そしてヴェリコ・ルーシ（偉大という意味）、マロ・ルーシ（小さい）、ベラ・ルーシ（白い）の正教による統一と帝国建設の宗教的基礎をつくった（1674年）。ピョートル大帝の下、ロシアが帝国を名乗るのは1721年、その少し前にできた大英帝国とほぼ軌を一にした。

帝国ということは、国民国家、つまり言語と文化、歴史をネーションの基礎に置く政治体制とは組織原理が異なる。ロシア帝国は、多様な民族、宗教の人々を呑み込んできた。ドイツ人たちやポーランド系、正教徒から、東はタタール人やモンゴル系を含んだ。19世紀の作曲家リムスキー・コルサコフ（ローマの意味）はイタリア系であったし、ロシア人が敬愛する詩人プーシキンはアフリカ系でもあった。ブルガーコフやアクサーコフの一族などはテュルク系とされる。

当時のロシア貴族たちには多数のタタール系も含まれた。とくに軍人たちに多い。なかでも「母なるヴォルガ」川周辺には、河川を通じた交通が可能で、カトリックからドイツ系住民、正教異端派の古儀式派などが共住してきた。実際、この地に住んでいたブルガール人（漕ぐ人）、マジャール（森の人）系、といった民族はやがて現在のブルガリアやハンガリーの起源ともなってきた。

レーニンが「民族の牢獄」と批判したロシア帝国だが、ヴォルガ流域で育った教育官僚一族から出た革命家、そしてソ連の創始者、ウラジーミル・イリイッチ・レーニンの血縁をたどると、この混在的なロシアの民族意識の複雑さを理解することができる。彼の血脈はユダヤ系、スウェーデン系、仏教徒であるモンゴル系カルムイク、ドイツ系がロシア人と混交している。ソ連時代もこの複雑さは多民族統合の要素として半ば意識的に宣伝された。

もっとも正教という宗教を戴く帝国は、とりわけ異教徒の多い南部との関係で問題を起こした。とくにライバルとなるオスマン・トルコ帝国がイスラームを標榜する帝国であったからだ。それだけでなく、東ローマ帝国の首都、「第二のローマ」であったコンスタンティノープルがイスラーム教徒に奪われたとしてキリスト教徒の手に取り戻すという意図も帝国には内在した。この結果として露土戦争が歴史上、十数回もわたって戦われることになった。

もっともロシア帝国におけるこのような宗教的なモチーフは、１６４８年のドイツにおける宗教戦争の終わりとウェストファリア体制の成立という国際的潮流のなかで薄められた。かわってヨーロッパは勢力均衡とパワー・ポリティックスの時代へと展開する。ロシアでは宗教の要素はしばしばヨーロパでの反動派の拠点として、とりわけ19世紀の進歩派世界からの怨嗟の的ともなった。しかし他方ナポレオン戦争から第一次世界大戦まで、クリミア戦争を除けば１００年続いた安定は英露という二つの帝国のかくれた協調によって保たれたという点も見逃せない。

ロシアは次第に南進する帝国であると批判されることになるが、たしかに１７８３年にはエカチェリーナによるクリミア併合と軍港建設、また西部ではポーランド分割を促進する。１８００年にはグルジア（現ジョージア）という正教国家を併合する。その後も南部では、かつてイスラーム世界の北限であった北カフカースとの長い併合をめぐる闘争の歴史があった。

19世紀になってカラムジンなどの国家学派はロシア国家の基礎を10世紀ルーシのキリスト教の受洗に基づいた国家であるという理論を展開した。その後半からはＳ・Ｍ・ソロヴィヨフやＶ・Ｏ・クリュチェフスキーといった歴史家たちがこのような角度から史料に基づく歴史観を展開する。現代ロシア史の基礎はこの時代に形成されてきた。

もっとも保守的な帝国ロシアは、１８５０年代クリミア戦争の敗北と近代化という試練、革命運動の開始といった試練を受けた。とりわけ世界大戦の重荷に耐えられることなく、１９１７年の革命を迎えた。この歴史的な転換をまえに、とくにマルクス主義を受け入れた歴史家たちは、階級闘争という角度からこの観念に挑戦した。

もっともロシア革命の時代も、１９１４年からの世界大戦とロシア帝国解体という転換の一コマであった。ソヴィエト運動は日露戦争末期に始まって、１９１７年革命時に主としてロシア人地域に広がった。ソヴィエトという国名にも名を遺したこの運動の本質は、その後のソ連史学が喧伝したようなパリ・コンミューンによる新しい人民権力というマルクス主義の影響では必ずしもなかった。それはこの組織が１９０５年に生まれた地域（イヴァノヴォ・ヴォズネセンスク〔ヨハネ昇天の意味〕）はむしろ伝統主義的宗教的地域であったことでもわかる。レーニン自身、この運動には１９１７年まで無関心ですらあった。

むしろロシア史の古いページが蘇った、とも言えよう。17世紀半ばロシアは正教の儀式をめぐる対立で分裂、正教の異端派、とくに古儀式派が弾圧された歴史がある。反対派は追放され、ヴォルガやウラルへのがれた。ソヴィエトとはこのとき教会を持つことを認められなかった無司祭派《ベスポポーフツィ》の流れを引く運動体であったという解釈が最近は有力である。この組織が最初に組織されたイヴァノヴォ・ヴォズネセンスクでは3分の2が古儀式派系労働者であった。この地をはじめ20世紀当初ロシアの繊維工業はほとんどが古儀式派資本によって支配されていた。彼らはピョートル大帝とその帝国を「アンチ・クリスト」、つまり宗教敵と見なした。

古儀式派は、１９０５年の復興とともにロシア・ヴォルガ流域の産業地域に広がった。このソヴィエト運動は、１９１７年には農民兵運動のなかに発展する。もともとはヴォルガ出身で当時スイスから戻ったレーニンによって「全権力をソヴィエトへ」という形で取り上げられる。ただしこれはスターリンが指摘したようにロシア人地域に限られていた。なかでもモスクワはソヴィエト運動の拠点、古儀式派は「第三のローマ」と見たが、革命派はその後、「第三インターナショナル」の中心と夢見た。

だがその後内戦が勃発、赤軍と白軍、それに地元勢力の戦いとなった。革命派内部でもレーニンやトロツキーによる革命権力奪取後は共産党の一党制支配、とくに「ノメンクラトゥーラ」と呼ばれる党官僚の力が強まるとソヴィエトの影響はなくなっていく。いな、ソヴィエトは穀物や馬を取り上げる共産党権力に反乱を始める。1921年、クロンシュタットに立てこもった兵士たちは、シベリアやタンボフ、北カフカースの農民や兵士と同様「コムニストなきソヴィエト」を呼号して立ち上がった。しかしパリ・コンミューン50周年にあたる1921年3月までに弾圧される。弾圧したのは赤軍、その背後には非常委員会の督戦隊が位置し、その中心は古儀式派系が多い党内異端派「労働者反対派」であった。ロシアの分裂はここでも顔を出した。

1924年レーニンが亡くなる。この無神論者の遺体をプロタリアートの聖人遺体保存にしたのは、1908年前後、建神論といって宗教を革命に利用しようとレーニンとぶつかったクラシン、ルナチャスキーらであった。ちなみに祖父が晩年のレーニンのコックだったプーチン大統領は、2012年に赤の広場に残るレーニン廟を撤去しない理由として、共産主義は宗教の一種であり、聖人の遺体保存は正教の伝統であるといった。

その共産党書記局という官僚制の頂点に君臨したのは、帝政ロシアでの反体制運動のなかでは少数民族派であるグルジア（現ジョージア）の神学校出身のヨシフ・スターリンであった。これは党名で鉄鋼の人、という意味である。民族問題専門家の彼は、党内のロシア系とユダヤ系、農村党官僚と工業化推進派といった対立をうまく繰って自己の権力を拡大させた。党は国家を所有し、党官僚制は国家機関と癒着した。1920～1930年代を通じてスターリン、党官僚制が強大化する過程で、たてまえとしてのソヴィエト機関が無力化するのは当然だった。ソ連が最盛時15共和国からなる連邦というのは擬制であり、党は軍や政治警察をも完全に統制下においた。

なかでもスターリンらが主導した1920年代の党内闘争から、30年前後の集団化、「上からの革命」、そして1932～1933年の農村飢饉を通じて党内危機が高進する。ウクライナでは300～400万人規模の飢饉が生じたことは、現在のウクライナ民族派を改めて刺激しているが、ロシア南部や中央アジアも多くの犠牲者が出た。当初はスターリンらの強硬な農民策に眉をひそめた赤軍幹部も、「包囲される城塞」としての意識が強まる30年代、スターリン型の重工業優先政策を支持するしかなかった。

1930年代になってグローバルな秩序が崩壊するなか、スターリンは自国史解釈にも介入した。次第に迫りくる戦争のなかで愛国主義的な角度から、歴史学はその時々の政治イデオロギーの侍女と化した。20年代には革命派の歴史家ミハイル・ポクロフスキーらが19世紀前半のカフカースでのイスラーム系ダゲスタンの指導者シャミーリの反乱を進歩的と評したが、スターリンがこれを封建的反動的な運動と評したのは典型である。そこにはロシア帝国とソ連の膨張主義とが、イスラーム世界やそれに由来する抵抗運動について同じ位相から関与している事情が浮かび上がる。

1985年のペレストロイカに始まるイデオロギーの見直しは、宗教の復権というドラマチックな展開に至った。レーニン以来無神論国家を標榜したソ連だが、ソ連崩壊前後までに民族問題も解禁され、史料のより自由な解禁も促された。なかでもソ連の改革を決意したゴルバチョフが政治改革で、党官僚制を解体させたことは、この体制の根幹を破砕した。1991年8月クーデターでゴルバチョフが党中央委員会の解散を宣言した時、クーデターに関与していたウクライナ共産党官僚を先頭にソ連崩壊に走り出した。

もっともそのような新潮流も、ソ連崩壊後の政治的混乱、新しい民族主義を標榜する共産党ノメンクラトゥーラ（党官僚）の国家主義的主張によってしばしば混乱させられた。ウクライナ史の解釈に見られるように、しばしば北米の遠隔地民族主義が新興エリートによる「国民国家」建設、民族主義の正統性の基盤ともなった。

たとえば1932〜1933年のウクライナやロシア南部、中央アジアでの飢饉が、第一次五ヵ年計画以降のスターリンによる強行的工業化の犠牲になった農民無視政策であることは明らかだが、これがウクライナ民族絶滅を目指したホロコースト（ホロドモール）であるかは、ウクライナとロシアとの歴史をめぐる国家間の紛争にまで至った。このウクライナとロシアとの歴史論争は、しばしばロシア史の過去をめぐる論争と絡んでいた。ウクライナとロシアとは宗教的な起源が重なるだけに双方のアイデンティティをめぐる対立へと至った。

他方、冷戦後になって、ソ連時代、とくに冷戦期の歴史解釈に新しい次元をもたらした。ソ連末期から政治家、歴史家の回想や文書が出版され、またポーランドや日本との関係のような歴史史料のパラレル・ヒストリーの試みも生まれた。米国では冷戦研究がワシントンのウイルソン・センターやハーバードなどの主要大学で進められた。ソ連の影響が日本以上に大きかった中国では、毛沢東とスターリンとの関係をめぐって、新しい世代の歴史家が双方の史料を国家規模で研究し始めている。なかでも冷戦史家沈志華《しんしか》らは、エリツィン政権が開示した朝鮮戦争史料を契機に新たな歴史像を希求している。残念なことに日本では冷戦研究はまだ十分進んでいない。それでも歴史は絶えず新しい現実を前に再解釈され、そして書き直される。新しい史料の発見、それを促すような政治的知的変化がこの傾向をうながしている。

これまでのロシア史解釈には、大別して二つの解き方があったと言えるかもしれない。一つのパラダイムは近代化論とでも言うべき考え方である。それはロシアが外部との関係から近代化を迫られ、しばしば上からの革命を通じて、外部世界、とくに西側との関係を作ってきた、というものだ。

確かに、ピョートル大帝の帝国建設から、クリミア戦争後の「大改革」、1917年の二月革命以後の大転換、スターリンの「上からの革命」、そしてゴルバチョフのペレストロイカ、といった改革の試みは、しばしば上から、そして横からの圧力で生じた。しかしそれらは多く所期の目的を達成することなく、しばしば予想外の展開をすることになる。

もう一つの考え方はロシア、ソ連のマルクス主義的解釈であって、労働者、農民と支配階級という関係の変化という角度から、とくにロシア革命に至る変化を説明した。しかしスターリン体制の形成を正統派が説明できなくなると、トロツキーなど異端派マルクス主義から「裏切られた革命」といった新しい解釈が試みられた。しかし、スターリン批判からペレストロイカに至る改革を期待した研究者もさらなる想定外の展開に自失することになる。

このようにロシア史の展開はこのようないずれのモデルをも裏切ってきた。ソ連崩壊という変化をいずれの解釈も説明できなかった。ネオ・リベラルな改革をエリツィン時代のロシアに期待したアメリカのソ連学者フランシス・フクヤマの「歴史の終わり」論やＩＭＦ系の論者は、プーチン・ロシアの台頭をただ批判するだけに終わった。

おそらくいずれの解釈も現実によって裏切られてきた。今求められているのは、ロシア史を貫くこのような背理をも読み解くような新しい理解とロシア解釈の必要である。とくに最近のいく人かのロシア学者（ブリンチコワ、ピジコフ、下斗米）は、ロシアの17世紀の宗教的分裂に由来する古儀式派の存在に、ロシアのこのねじれた発展を解くカギを求めている。

ロシア史を貫く二律背反、つまり神と人、篤信と無神、近代化と復古、帝国とネーション、革命と反動、権力と自由、規律と暴力、民主と集中、垂直的圧力と水平的反乱、権威とアナーキー、組織と放縦、東と西、海と陸、森と平原、厳寒と灼熱、ロシアのこのようなしばしば極端に至る固有の二元論は、なかなかほかの世界に見出すことは難しい。

そのロシアは、19世紀からを辿っても、ニコライ一世以来の反動、アレクサンドル二世の大改革、ニコライ二世の戦争、レーニンの革命、スターリンの全体主義、フルシチョフの革新、ブレジネフの停滞、ゴルバチョフの改革、エリツィンの崩壊、そしてプーチンの保守といった、連環にも似た目まぐるしい展開によって見るものを驚かせて来た。ロシアは中庸を求めて極端に走った。

ロシア史に関して新しく脚光を浴びているのは、ロシアの復興をきっかけとした、そしてロシアの保守をめぐる歴史的起源の探求の動きであろう。なかでも17世紀半ばに、当時の正教の改革をめぐる動きのなかで起きた儀式論争、そこから派生した正教のなかの反対派、古儀式派とか旧教徒と呼ばれる存在が注目されている。ロシアの魂の分裂である。

ロシアには西ヨーロッパにおけるような宗教改革がなかったということがかつて語られてきた。しかし１６６６年のニーコン改革をめぐる古儀式派の存在、なかでも「無司祭派」と呼ばれた存在はロシア史の新しい再解釈を、そしてプーチンなど保守的ロシアの理解にも次第にその重要性、研究の必要性が理解されてきている。

ロシアは「予想外の過去」を持つ国だ。なかでも17世紀中葉のロシアを分断させた宗教儀式論争は、その後もソ連末期まで外国人研究者だけでなくロシア人自身もその亀裂の大きさに気づかなかったものの、ロシア社会の巨大な亀裂の存在を明るみに出した。ロシアの二重性をこのような角度から読み解くことができないか。ソヴィエト革命も、その後のスターリン体制の成立も、そしてソ連崩壊もこのようなロシア世界の亀裂の存在抜きには十全な理解ができない。しかしそのことは21世紀になって理解され始まっている問題でもある。

本書は、こうして、20世紀に書かれた多くの歴史書、しばしば20世紀の雰囲気の著作に多くを学びながらも、同時に21世紀の今日にふさわしい新しい史料と論争的解釈とで新しい次元を開きつつあると自負している。かつてソ連時代の通説やそれ以前の通説的理解とは異なった研究入門書は、市民や大学生などはもとより、それ以外の多くの読者の方々にも変化するロシアの諸側面を理解していただく目的で書かれた。新しい21世紀的な参考書、入門書として多くの読者の理解を願う次第である。

編　者

ロシアの歴史を知るための50章

目次

第Ⅲ部　ソ連邦の時代——「ユートピアの逆説」

第Ⅴ部　よみがえるロシア

※本文中、とくに出所の記載のない写真については、執筆者の撮影・提供による。

第Ⅰ部

ルーシからロシアへ

1 キエフ・ルーシの時代
――国家の建設と諸公の分立

「ルーシ」と「ロシア」

ロシアの歴史を知る出発点として、「ルーシ」と「ロシア」という、この国の二つの名称を取り上げてみよう。通常の説明では、「ルーシ」は「ロシア」の古称で、時代が降るにつれて前者が後者に取って代わられたとされるが、ことはそう簡単ではない。

「ルーシ」の言葉は、翻訳されると見えなくなってしまうのだが、現在でもロシア、ウクライナ、ベラルーシなどの国では生きて使われている。「ロシア語」は、〈ルースキー・ヤズィク〉で、本来は「ルーシ語」と訳したほうが適切であり、この言葉を話す人々は〈ルースキー〉で日本ではこれを「ロシア人」と称している。ベラルーシでは、文字どおり国名に「ルーシ」が生きている。ウクライナでは、国名からこの言葉を外してしまったが、20世紀の初めくらいまではその民は「ルーシン」、つまり「ルーシ人」と自称していた経緯がある。つまり、「ルーシ」とは、これらの国の人々（東スラヴ人と呼ばれる）の民族・文化的な起源と同一性を示す言葉なのである。

それに対して、「ロシア」の語が使われるようになるのは遅く、せいぜい15世紀の末である。モスクワ国家が統一をすすめ、自らを対外的に誇示するようになったとき、「ルーシ」のギリシア語名称を逆輸入して「ロシア」と名乗ったとされる。そして、16世紀後半以降、本格的に東方に勢力を拡大し、非キリスト教、非スラヴ人を含み込んだユーラシアの大国が形成されると、その国民はすべて「ロシア人」となった。つまり、「ロシア」はもっぱら国家と結びついて使わる言葉なのである。

「ルーシ」の起源

しかし、歴史をたどると、この「ルーシ」も東スラヴ人から直接に発したわけではなかった。東スラヴ人は、原スラヴ人が、北東の森林地帯に移住し、すでにその地に散住していたフィン・ウゴル系の人々と共住しながら、7~8世紀くらいに形成されたとされる。年代記によれば、共通の言葉を話すこの人々は、ポリャネ族、ドレヴリャネ族、クリヴィチ族、スロヴェネ族など幾つもの部族に分かれてドニエプル川水系を中心に、ヨーロッパ北東部を流れる主な河川の流域に住み分けていた。諸部族は高度の政治・社会組織を発達させていたが、彼らが同一言語集団から展開して、国家を形成することはなかった。彼らが定住した広い地域に、統一国家と呼ぶことができる制度を打ち立てたのは外来の勢力であり、彼らが「ルーシ」と呼ばれていたのである。

「ルーシ」については、9世紀のビザンツの記録やアラブの著作のなかに、この名を持つ集団がコンスタンチノポリス、カフカース、カスピ海方面に遠征したことが伝えられており、ヴァイキングの一部族であった可能性が高い。

その東スラヴの地への到来の事情については「ヴァリャーグ招致伝説」と呼ばれるエピソードが年代記に伝えられている。バルト海沿岸の諸部族が互いに争って混乱を収拾できず、対岸のヴァリャーグ人のもとに使者を派遣して、自分たちを統治する支配公（クニャージ：ヨーロッパの王に相当する）を求めた。これを受けて862年に三人の兄弟が軍団を率いてノヴゴロドへやって来た。その長兄がリューリクという名で、「この外来者であるヴァリャーグ人からルーシと呼ばれるようになり、彼らからルーシの地と称される」というもので、ロシア史ではこれを国家の始まりとしている（ちなみに、16世紀末までのロシア君主の系統を始祖リューリクにちなんで「リューリク朝」と呼び、17～20世紀初めの「ロマノフ朝」と区別している）。

さらに、ノヴゴロドに拠点を構えたリューリクの統治の後、その家臣オレーグと息子のイーゴリが、配下のヴァリャーグ人とスロヴェネ族を引き連れ、ドニエプル川を下ってキエフに至り、先にここに定住して支配していた二人のヴァリャーグ公を殺害してキエフに支配権を確立した（882年）。これが「キエフ・ルーシ」の出発点である。

公とその配下の軍事集団は、当初はヴァイキングの文化と言葉（古ノルド語）を保持していたが、次第に支配地の住民（スラヴ人）に同化してスラヴ語を話すようになり、スラヴ人の風習・生活を自分たちの文化として意識するようになった。その一例として、イーゴリ（945年没）はスカンジナヴィア系の名を残しているが、息子のスヴャトスラフ（972年没）はすでにスラヴ系の名を持つようになったことをあげることができる。

彼らが打ち立てた国家は、その成立期においては、「ルーシ諸都市の母」であるキエフを中心とする「ルーシの地」を公の一族が共同で支配するというかたちをとっていた。そして、キエフを支配する大公が一族の首長と見なされ、他の諸公に対する命令権を持つとされていた。そのため、この地位をめぐって、諸公の間で不可避的に権力闘争が発生した。イーゴリの息子スヴャトスラフの三人の息子が争い、最終的に末弟のウラジーミル（一世、のちにキリスト教を導入した人物、在位980～1015年）がキエフの大公位を獲得する。その子の時代には、キエフをめぐって長兄スヴャトポルクが弟たちを謀殺し、結局は三男のヤロスラフ（賢公、在位1019～1054年）がキエフ大公の地位を掌握する。

このような抗争にもかかわらず、ヤロスラフの治世には、ルーシの領域はキエフを中心にチェルニゴフ、ペレヤスラヴリなどのドニエプル中流域の狭い範囲の諸都市に限られており、「ルーシの地」を共同で支配するという意識が保たれていた。帝政時代の歴史家カラムジンは、この公の治世が、ロシアが国家としての統一と拡大を達成した一種の黄金時代として位置づけ、その後の歴史を統一国家が分裂と解体を余儀なくされていく過程として描き出している。

「ルーシ」の解体

11世紀後半から12世紀にかけて、支配公がヤロスラフの子から孫の世代になり、公の数が増えるようになると、キエフ大公位を巡って諸公間の抗争が激しさを増すようになる。戦争と講和を繰り返すなかで、ルーシ諸公は、ポロツク、ガーリチ、ロストフ、リャザン、スモレンスク、チェルニゴフなど特定の都市を中心とする領地を、それぞれの先祖代々の支配地と定めて、分領的な支配を始めるようになる。

この傾向を決定づけたのは、北東のロストフ・スーズダリ地方の「独立」だった。12世紀後半になると、この地の支配公（アンドレイ敬神公〔ウラジーミル公〕在位1169～1174年）、弟のフセヴォロド

11世紀中頃～12世紀中頃の「ルーシ国家」

大巣公（同1176～1212年）は、父の世代まで保持されていたキエフ大公位への野心を捨てて、みずからの公領に限られた国家経営に専念し始める。ここに、のちのモスクワ国家を生み出す「北東ルーシ」の勢力が形成されるようになった。

以上のように、10～13世紀初頭の「キエフ・ルーシ」の時代は、「ルーシ」という外来の勢力が東スラヴの地に定着し、その氏族的な支配原理によって、キエフを中心とした諸都市を結びつける強大な国家が形成されたが、諸公の抗争のなかで、次第に国家原理としての「ルーシ」意識が希薄になり、国家としての統一性が失われていく過程として描き出すことができる。

国家統合を支えた「正教キリスト教」

キエフ時代のルーシ国家の統一を支えたもう一つの原理として挙げておかねばならないのが、10世紀の末にビザンツから導入され、国教となった「正教キリスト教」である。

年代記によれば、のちに「聖公」と呼ばれることになるウラジーミル一世が、イスラーム、教皇庁（カトリック）、ユダヤ教から派遣された宣教者たちを引見しては理屈を付けて追い返し、最後に、ギリシア教会からの使者の言葉に耳を傾け（986年）、公自身がビザンツ皇女を妃として迎え入れることを条件に自ら受洗して（988年）、正教を国教として導入したと伝えられている。

この「信仰選択」は、ウラジーミルの政治的な思惑によるところが大きかったが、いったん正教がルーシの国教として導入されると、キエフには府主教座が置かれ、諸公は支配都市に次々と教会・修道院を建設するなど、その権威を政治的に利用するようになる。そして、その後の長い時代、正教キリスト教は国家を一つに結びつける原理となっていくのである。ロシア史の様々な段階で、国家としての分裂、解体の危機に瀕しながら、まがりなりにも広大な国家を保持することができた要因として、正教の役割は極めて大きかった。

ルーシが正教のキリスト教を取り入れたことはまた、その後の文化的な展開にとって決定的な出来事だった。これによって、カトリック教会とともに隣国ポーランドやハンガリーまで広がった西欧的ラテン文化とは系譜が異なる、ビザンツ文化を、ルーシは引き継ぐこととなった。ロシア語、ウクライナ語、ベラルーシ語はラテン文字ではなく、キリル文字で表記されるようになり、世俗的な要素よりも、儀式的・神秘的な要素が文化にもたらされるなど、それが及ぼした影響は計り知れない。

（中澤敦夫）

2 タタールのくびき
――異民族の支配のもとで

モンゴルのルーシ支配

ルーシ国家は13世紀の前半、国家の存亡にかかわる大変動をこうむった。1237年からのバトゥ＝ハン率いるモンゴル勢の北東諸都市への侵攻、1240～1241年の南方のキエフからガーリチ、ヴォルィニ公領への来襲は壊滅的な被害をルーシに与えた。ウラジーミル、スーズダリ、キエフなど、それまでのルーシ諸公の政治的中心だった都市が、次々と破壊・占領された。その後200年以上にわたって、モンゴル（キプチャク・ハン国及びその継承国家）へ定期的な貢納と軍役・使役の提供を強いられる体制が続いた。諸公が分立しながらも独立していたルーシ国家は、モンゴルを宗主国とする従属国となったのである。

モンゴルの支配を最も直接に受けたのは、ヴォルガ川下流のサライなど、ハン国の根拠地に近い、ウラジーミル、トヴェーリ、モスクワなどの北東ルーシだった。この地の諸公は服属のしるしとして、ハン国への参勤を頻繁に繰り返した。ウラジーミルのヤロスラフ公は1243年と1246年に、バトゥの本営サライと大ハンの首都カラコルムまで出向いている。歴代のハンは、訪問したルーシの公に領地支配を公認する「特許状《ヤルルイク》」を与えたが、それは「ルーシの大公」として、諸公のなかの長上者を認定する意味も持っていた。そのため、北東ルーシの諸公は競ってハン国のお墨付きを得ようとした。とくにトヴェーリとモスクワの公の間の争いは苛烈だった。モスクワが最終的にルーシを統一することができた主要な要因の一つとして、歴代のモスクワ諸公が、ハンの公認を得るために巧みに振る舞ったことをあげることができる。

モンゴル勢の第二波の遠征で大きな被害をうけた南西ルーシも、その後はモンゴルの支配を受け入れた。ただし、ハン国の拠点であるヴォルガ川下流域から遠くにあったために、支配が強く及ぶことはなかった。また、その後のリトアニアの擡頭《たいとう》によって、モンゴルよりも西方からの影響をより強く受けるようになる。１３１６年にリトアニアの君主となったゲデミナスは、南西ルーシの地に勢力を伸ばし、ルーシ諸公との外交や通婚によって、実質的な支配を及ぼすようになる。彼を始祖とする王朝はリトアニア大公国として拡大を続け、アルギルダス公（在位１３４５～１３７７年）の時代には国境を黒海北岸まで広げ、かつてのキエフ、ヴォルィニ、ガーリチの公領のほとんどを勢力下におさめるに至った。リトアニアはその後、ポーランドとの連合王国を形成し（１３８５

バトゥ＝ハンによる城市ガーリチの攻略（1240年）（『16世紀絵入り年代記集成〔ゴルィーツィン本〕』第371葉より）

年）、カトリックを国教として取り入れるなどヨーロッパ的な国家となっていった。そして、その支配下の南西ルーシの支配層や民衆もまた、独自のルーシ文化を生み出していくことになった。

13～15世紀のルーシの歴史を大きな視点で見れば、東からはモンゴルが、西からはリトアニアが支配を拡大してその勢力下に入り、キエフ時代の統一性は完全に失われ、それぞれの地域が宗主国の影響を受けて、その政治体制、社会、文化を独自に変化させていったプロセスと見ることができるだろう。そして、影響のあり方の違いが、その後東スラヴ人の間で、ロシア、ウクライナ、ベラルーシという、個別の民族《エトノス》が成立する要因となったのである。

「タタールのくびき」——その支配の性格

ロシアの伝統的な歴史学は、以上のようなモンゴルによるルーシの支配を、「タタールのくびき」と呼んでいる。この表現そのものには、野蛮が文明（キリスト教、啓蒙、進歩など）を抑え付け、その発展を阻害したという否定的な評価が含まれており、そのためか、モンゴル支配の問題は、もっぱらその評価をめぐって論じられてきた。しかし、その支配の性格を、同じ時代の他の地域におけるモンゴル勢力の支配のありかたとくらべてみると、幾つかの特徴を見いだすことができる。

例えば、中国（元朝）や中央アジア（イル・ハン国、キプチャク・ハン国）では、モンゴルの支配層が在地（中国やテュルク）の言語や文化に同化していくプロセスが認められるが、ルーシ支配において、モンゴルの支配層がスラヴ化するようなことはなかった。反対に、ルーシ諸公が、言語、慣習、宗教など深いレベルで宗主国の文化を取り入れることもなかった。キプチャク・ハン国は14世紀前半にはイスラームを取り入れたが、これをルーシ諸公に押しつける動きはなく、住民レベルでも「タタール人」との交流が行われるようになるのは、モスクワ国家が東方への拡大を始めた16世紀以降のことである。

このように、モンゴルの支配は、支配層の間の政治や経済（貢税・徴兵など）の関係に限られていた。その場合も、モンゴルがルーシの住民を移住させたり、ルーシの支配機構に直接介入して公の改廃を指示したりするようなことなく、ルーシ諸公を通じて統治する、いわば間接支配を行っていた。支配の初期には、ハン国から派遣された官吏の手で人口調査、徴税、徴兵などが行われていたが、14世紀になると、諸公がこれらの仕事を代理として引き受け、定期的に貢納するかたちがとられるようになる。

このような「疎遠」な関係の理由としては、カラコルムやサライなどモンゴル支配の中心地がルーシから離れていたこと、ステップの草地と森林を開墾した農地という風土の違いがあり、モンゴルの権力者たちは、ルーシを貢納品や兵員を獲得する対象としてしか見ていなかったこと、などをあげることができるだろう。そのために、ルーシはモンゴルの属国でありながら、相対的な政治的独立性と一体性を保って存続することができた。

さらに、ルーシが独立性を保持できた要因の一つとして、ルーシにおける正教会の存在をあげなければならない。モンゴルの支配層は、属国である北東ルーシの政治的慣習を重んじ、宗教についても寛容だった。教会や修道院は貢税を免れ、土地・財産は保護された。1261年には首都サライに主教座が認められるなど、正教会はモンゴルの支配下で拡大していった。この時代のルーシの支配諸公にとっても、教会は、モンゴルに対して自分たちの独自性を示し一体性を保障する原理として重要な役割を果たしていた。

その支配の影響――モスクワはモンゴルの後継者か

ルーシのモンゴル支配の性格づけや評価がどうであれ、宗主国の存在が、ルーシ（とくに北東ルーシ）のその後の歴史的展開に大きな影響を与えたことは疑う余地はない。

ルーシの支配層は、住民に対してモンゴルの代理人の役割を果たしていたことから、政治・社会・経済の様々な分野で宗主国からそのシステムを学び、模倣した。このことは、行政、財政、外交、軍事、商業、交通などにかかわるロシア語の多くが、語源的にテュルク語系の言葉であることからも推測することができる（マガジン〔商店〕、デニギ〔金銭〕など）。

文化的にも、モンゴル支配時代があったことから、ロシアはヨーロッパとは異なった歴史的な歩みを行い、「アジア的」要素をそなえた存在だという見方が定着した。ヨーロッパ中心主義の立場からすれば、それはロシアの「後進性」を意味しており、「ロシア人を一皮剝けばタタール人が出てくる」のことわざに代表されるそのようなロシア民族観は、その後のロシアの知識人たちにも内在化されて、現在に至るまでコンプレクスの原因となり続けている。

モンゴルからの文化的な影響を積極的に評価する見解もある。例えば、モンゴルの支配によって、ルーシ＝ロシアは東方に開かれ、民衆の間でも交流が広がり、従来の西方的な要素（スラヴ語、キリスト教など）と融合して、文化的な基層において多様性を許容する文化を形成したというものである。

なお、モンゴルの支配の影響についてとくに注目すべきは、モンゴルの支配下にあったルーシが、宗主国からその支配システムを学び、その後、モスクワ国家からロシア帝国へと国家形成をしていくなかで、自らモンゴル的な専政体制を築いていったという論である。

モスクワは、13世紀後半から15世紀にかけて勢力を拡大し、ルーシの統一を担うようになり（次章「モスコーヴィアの台頭」を参照）、他方でモンゴルは、キプチャク・ハン国が分裂を繰り返し、宗主国としての影響力を次第に弱めていく。そして、15世紀末にはモスクワの君主が「ツァーリ」（ルーシにおけるハン国の呼称）を名乗るようになり、イヴァン雷帝（在位1533〜1584年）は東方遠征によって旧宗主国の継承国家（カザン・ハン国とアストラ・ハン国）を征服するなど、モスクワ国家がモンゴル的な性格を強めていったというものである。

もとより、この歴史過程を、モスクワ国家＝ロシアが、ビザンツのキリスト教帝国の再興を目指したものと解釈することも可能なわけで（史料から見る限りこの解釈のほうが妥当性がある）、このモンゴル継承国家論を自明のものとして受け入れることは難しいが、現在に至るロシア国家の性格を考える上でヒントを与えてくれることもまた確かであろう。

（中澤敦夫）

3 モスコーヴィア（モスクワ大公国）の台頭
――第三のローマの誕生

モスコーヴィアとロシア正教

10世紀後半にキエフ・ルーシとして統合された領域は、12世紀半ばから北東部と南西部に分化したが、モンゴル勢の襲来以降、両者の分裂はいっそう深まった。北東ルーシは、アレクサンドル・ネフスキーに代表されるように、モンゴル勢力と妥協を図りながらカトリック勢力の排除に取り組んだのに対し、南西ルーシはむしろカトリック勢力との同盟によってモンゴル勢力と対決する姿勢を見せたからである。

モスクワの名が年代記に初めて現れるのは1147年のことであるが、北東ルーシの一小都市にすぎなかったモスクワ公国は、14世紀初頭に本格的に成長を始め、ビザンツ帝国が滅亡する15世紀半ばからヨーロッパ諸国のなかでプレゼンスを飛躍的に高めた。17世紀の動乱（スムータ、1598～1613年）によってリューリク朝が断絶したあと、ロマノフ朝ロシアに引き継がれることになるが、この国家はおもに西欧諸国から「モスコーヴィア Московия / Moscovie」と呼ばれた。

このモスコーヴィアの形成は、正教の変遷と切っても切れない関係にある。政治的に見てモスコーヴィアが成長するプロセスは、宗教的に見るとギリシア正教会（コンスタンティノープル総主教管轄下のキエフならびに全ルーシ府主教座）がロシア正教（モスクワ総主教座）に変容するプロセスにほかならない。

13世紀後半の危機

バトゥの沿ヴォルガ遠征によりルーシ諸都市は壊滅したが、アレクサンドル・ネフスキー公のカリスマによって一時の安定が勝ちとられた。しかしながら、その息子であるドミートリー公とアンドレイ公は、アレクサンドル公の死後、モンゴル勢力を引き入れてルーシの支配権をめぐり激しく争った。兵乱は北東ルーシに壊滅的な打撃を与えた。モンゴルの暴虐と専横というよりも、自らの指導者たちの軽率と無思慮が招いた最悪の事態だった。

１３０４年にアンドレイ公が亡くなると、北東ルーシの支配権をめぐる争いは、トヴェーリ公ミハイルとモスクワ公ユーリーとの間で、いっそう激しく繰り広げられた。とはいえ、前の世代と決定的に異なる点がある。それは、前時代にはモンゴル勢を直接国土に引き入れて争ったのに対し、トヴェーリ、モスクワの諸公はキプチャク・ハン国におもむき、その宮廷で陰謀合戦を行ったことである。あわせて５人の公が殺害ないし処刑される事件の経緯は、陰惨な印象を免れないが、民衆の被害は著しく軽減された。

モスクワ vs. トヴェーリ

両者の争いを決定づけたのは、キエフならび全ルーシ府主教の動向である。13世紀後半、府主教はモンゴル勢の脅威に晒されるキエフを離れ、北東ルーシを遍歴し、キエフ府主教の名前のまま最終的

イヴァン・カリター

には１２９９年にウラジーミルに居を定めた。トヴェーリとモスクワが抗争するに及んで、府主教は北東ルーシの政治的動向に影響力を行使するようになった。

当初は、トヴェーリがモスクワを圧倒していた。府主教マクシモスもトヴェーリ公ミハイルを支持した。１３０５年にマクシモスが逝去すると、コンスタンティノープルによって新府主教ピョートルが叙聖されたが、府主教の影響力の強さを予期したトヴェーリ公ミハイルは、聖職売買（シモニア）の疑いをかけてピョートルを排除し、府主教座の支配を徹底させようとした。ピョートルの庇護を買って出たのが、モスクワ公イヴァン・カリターであった。

一方、トヴェーリの専横を、キプチャク・ハン、ウズベクも許さなかった。トヴェーリ公ミハイルはハン国に召喚され、処刑されたが、同時代の人々を戦乱に陥れることなく、自らの命を犠牲にしたと見なされ、聖人として崇敬された。ミハイルの死に憤ったトヴェーリ民衆はハン国に対し反乱を起こすが、ウズベク・ハンの機嫌を伺いその軍勢を借りたイヴァン・カリターによってトヴェーリは叩きつぶされた。ハン国、府主教座、富裕なノヴゴロドなどとの勢力均衡を実現することで、イヴァン・カリター公はモスクワの立場を安定させ、40年間にわたる「大いなる平和（ヴェリーカヤ・ティシナー）」の基礎を創った。

この大いなる平和のなかで、荒野修道院創設運動が展開された。荒野修道院とは、霊的覚醒に向けた苦行、労働、観想的な祈りの場であると同時に、自給自足を原則とする農業共同体である。モスコーヴィアの全土にわたりこれら荒野修道院が創設されることによって、ロシアに「国土」が創出された。モスクワ諸公―家臣団―全ルーシ府主教座―荒野修道院と修道士―農民が一つながりになったこの連帯は、ロシアという国の原型を形作る。

リトアニアとの暗闘

トヴェーリの次にモスクワの前に立ちはだかったのは、リトアニアであった。リトアニアはモスクワとほぼ時を同じくして誕生、成長した大国である。モスクワが正教によって求心性を担保し、モンゴルによって調教されたように、リトアニアは自らの異教的文化によって育まれ、ドイツ騎士修道会との対決をつうじて発展した。独自の異教文化を持つリトアニアは、場合によって、子息を正教に改宗させて正教諸公（ルーシ）と婚姻を結び、カトリックに改宗させカトリック諸公（ポーランド）と結婚させるなど、縦横な婚姻策で自らの勢力を拡大させた。トヴェーリ、スーズダリ、ニージニー・ノヴゴロド諸公がリトアニアと同盟関係にあり、府主教アレクシーはこのリトアニアの動きを封じることに全力を傾注した。アレクシーは、荒野修道院創設運動を代表する修道士であるラドネジのセルゲイに協力を求め、教会を閉鎖し、聖務を停止することで、リトアニアと同盟する諸公にモスクワへの帰属を迫った。

１３７０年代、リトアニアは兵力をもってモスクワに迫ったが、モスクワは持ちこたえた。これを機に、リトアニアはドイツ騎士修道会と、モスクワはモンゴル勢との対決に舵を切る。モスクワ公ドミートリー・ドンスコイは北東ルーシ全土に号令をかけ、クリコヴォの戦いでモンゴル勢を討った。しかし、ハン国のトフタムイシュによってモスクワは報復の攻撃を受け、甚大な被害を被った。モンゴル支配からの脱出にはまだ時間が必要だった。

ビザンツ教会からの独立

ビザンツ帝国が、勢力を伸ばすモスクワを対オスマン政策に使うことを目論見、府主教としてブルガリアの名族出身のキプリヤンを送りこんできた。いまだロシア正教文化が成熟していないモスクワは、ビザンツ再興しか眼中にないキプリヤンの影響を甘受せざるを得なかった。15世紀初頭には、ビザンツの権威はまだ非常に高かった。それが一変するのは、フェラーラ・フィレンツェの公会議（1437～1439年）でギリシア正教とカトリックの合同が決議されたときである。モスクワ公ヴァシーリー二世は、公会議に出席して合同に賛成したギリシア人府主教イシドロスを追放し、ヴァシーリー二世の命令により1448年にルーシ諸主教の互選によって新府主教イオナが選出された。ロシア正教会は、ギリシア正教会から独立したのである。しかしながら、モスクワに総主教座が設けられるのは、1589年ボリス・ゴドゥノフの治世まで待たなくてはならない。

1453年にコンスタンティノープルが陥落し、ビザンツ帝国が滅びると、モスクワ大公国が地上で唯一の正教国家となり、ビザンツ帝国の後継者としてその地位は高まった。モスクワ大公イヴァン三世は、ビザンツ帝国最後の皇帝コンスタンティノス十一世パレオロゴスの姪を妻に迎え、ツァーリ号を用いるようになった。また、イヴァン三世があくまで貢税の支払いを求めるハン国軍をウグラ川畔で迎え討とうとしたとき、アフマド・ハンは退却した。これにより、モンゴル・タタールのくびき（１２３８～１４８０年）は終わった。

都市国家の解体と「第三のローマ」理念

北東ルーシの西辺には、ノヴゴロド、プスコフという共和政都市国家があった。とくにその当時ヨーロッパで最も広い領土を持ち、毛皮の集散地として栄えたノヴゴロドは、宗教指導者である大主教を大統領のような政策の最終決定者と仰ぐ独自の共和政体を持ち、中央ロシアの君主政に抗ってきた。例えば、トヴェーリの没落は、ノヴゴロドの反抗から始まった。１４７８年、モスクワ大公イヴァン三世は、ノヴゴロドがリトアニアと内通しているという嫌疑をかけ、ノヴゴロドを包囲した。同じ共和政体を持つプスコフは、ノヴゴロドと愛憎半ばする複雑な依存関

モスクワの台頭（加賀美雅弘、木村汎編『朝倉世界地理講座　大地と人間の物語——東ヨーロッパ・ロシア』朝倉書店、2007年所載の地図をもとに作成）

係を持っていたが、この最終局面でモスクワを支持した。そのプスコフも、1510年、モスクワ大公ヴァシーリー三世に屈服し、ロシア共和政の伝統は終焉した。モスクワ大公国は一気にヨーロッパの大国として躍り出たのである。

ロシアの運命の岐路で、自由か力かの選択を迫られたとき、プスコフは力という選択をしたのだったが、そのプスコフは、ロシアの思想史を決定づける「モスクワは第三ローマである」というテーゼをも生み出し、モスクワ専制の名付け親になった。このテーゼは、プスコフ近郊のスパソ・エレアザル荒野修道院の修道士フィロフェイが、イヴァン三世、ヴァシーリー三世、モスクワ大公官房書記ムネヒンへの書簡で述べたものである。いわく、「敬虔なるツァーリよ、守りを堅め、耳を傾けなさい。すべてのキリスト教帝国はそなたの帝国のなかで一つに合流しました。二つのローマ（ローマとコンスタンティノープル）は斃れ、第三のローマは立ち、第四のローマは存在しません。」

（三浦清美）

4 大荒廃と動乱（スムータ）の時代

――リューリク朝からロマノフ朝へ

モスコーヴィアの政体

世界の終末を予感させるように、千年続いたビザンツ帝国が滅亡し、モスコーヴィア（モスクワ大公国）が興った。モスクワ大公国では、『創世記』の天地創造を元年とするビザンツ暦が用いられていたが、この暦によれば、西暦１４９２年は天地開闢《かいびゃく》七千年にあたり、世界の終末が訪れキリストが再臨すると信じられていた。

ほかの西欧諸国が宗教的権威の頂点にローマ教皇をいただくカトリックを奉じていたのに対し、ビザンツ帝国は、宗教界だけではなく世俗世界をも統括する皇帝をいただく正教を信奉していた。この世界観において、皇帝は天上の神（パントクラトール）の地上における代理者（アウトクラトール）と位置づけられる。これを受け継いだモスコーヴィアの政体について、神聖ローマ皇帝使節ヘルベルシュタインは次のように述べる。「大公は、俗人と同様に聖職者をも、それが財産であれ、生命であれ、支配している。彼の顧問官はだれひとり、主人の意見に異を唱えない。彼らは、公の意志は神の意志であり、公の行為は神の意志によっていると、固く信じている」と。

モスコーヴィアの繁栄

イヴァン三世（在位1462～1505年）、ヴァシーリー三世（在位1505～1533年）、イヴァン四世（雷帝、在位1533～1584年）の治世において、モスコーヴィアはこの世界観のもとに、安定と繁栄の時期を迎えた。

内政面で行われたのは、モスクワによる貴族層の一元的統制と官僚組織の整備である。モスクワ大公国には、二種類の貴族があった。かつて諸公としてモスクワ大公と同格であった大貴族（ボヤーレ）と、勤務に対して知行地を与えられる士族（ドヴォリャーネ）である。モスクワ大公は、直属の武力となる士族層の育成に力を注ぎ、大貴族と士族を家柄と勤務形態によって序列化した。以後、士族、都市民と結びつくツァーリと、門閥大貴族との緊張関係が、ロシアの政情を支配する。一方、家臣団は、官僚組織である官署（プリカズ）に変貌した。軍役そのほかの勤務を管轄する軍務官署、土地給付を扱う知行地官署、国家財政を預かる大蔵官署、外交を扱う使節官署など、次々に官署が設置され、17世紀には80に及んだ。

モスコーヴィアは宗教国家であり、モスクワ大公は宗教的な事柄にも大きな発言力を持っていた。イヴァン四世は、宗教指導者たち、世俗の顕官を召集し、人々の生活全般を律する最高法規『百章（ストグラフ）』を定めた。『百章』のなかには、十字の切り方、ハレルヤを唱える数、イコンの描き方など、のちの古儀式派論争で激しく争われた論題もあった。

イヴァン雷帝の狂気

イヴァン雷帝の治世は、善政とも言い得る前期と、狂気と捉えるしかない後期に画然と分けられる。その分かれ目は、愛妃アナスタシアを失った1560年である。

治世前期は、カザン・ハン国、アストラ・ハン国、シベリア・ハン国の征服（1552、1556、1598年）など、東方における軍事的勝利によって特徴づけられる。余勢をかってバルト海沿岸のリヴォニアに攻めこんだ（リヴォニア戦争）が、これが苦難の始まりだった。リトアニア・ポーランド、スウェーデン、デンマークの介入で泥沼化し、南方からオスマン帝国の後押しを受けたクリミア・ハン国がせめこむと、イヴァン雷帝は窮地に陥った。

1564年、イヴァン雷帝は家族とわずかな伴を連れてクレムリンを出て、モスクワから100キロほどのアレクサンドロフスクに引きこもる。モスクワ住民は驚愕し、ツァーリに復位を説得した。モスクワ都市民の民意を背景にモスクワに戻ったイヴァン雷帝は、オプリチニキというツァーリ直属の親衛隊を組織し、封建諸勢力をつぎつぎに処刑した。父親の行動を諫めた聡明な息子イヴァン・イヴァノヴィチは、イヴァン雷帝の手によって殴り殺された。イヴァン雷帝治世後半は、リヴォニア戦争、テロル、飢餓、疫病によって混乱が底なしに進んだため、「大荒廃時代」と呼ばれる。その死後に残された子ども、フョードル、ドミートリーはともに病弱であり、ツァーリと

イヴァン雷帝

なったフョードルが１５９８年に死ぬと、７００年続いたリューリク朝は途絶えた。

ボリス・ゴドゥノフ

ボリス・ゴドゥノフ

フョードル亡きあと、門閥貴族たちがにらみ合いを続けるなかから頭角を現してきたのが、ボリス・ゴドゥノフである。ボリスは下級士族の出身で、妹がフョードル帝に嫁いだことで権勢をふるうようになった。ボリスは１５９８年２月、全国会議によってツァーリに推戴された。ボリスは門閥貴族と妥協しつつ国の内外における平和を確保したが、なかでも特筆すべき功績は、モスクワに総主教座を設けさせたことである。これで、ツァーリと総主教が並び立つツァーリ専制が完成した。また、士族層の領地での農業労働力を確保するために、農民の土地への緊縛を進めた。

新ツァーリの政府は順調にすべりだしたように見えたが、ボリスの健康不安と１６０１年から１６０３年にかけての記録的大飢饉が政権を揺るがした。王朝的基盤を持たない「成り上がり者」のボリスがツァーリとして承認されるのはきわめて困難だった。そうした状況のなかで、１５９１年に不慮の事故で死んだイヴァン四世の末子ドミートリーが実は生きているという噂がひそかに囁かれ始めた。

僭称《せんしょう》者たち

１６０２年の秋、ポーランドに偽ドミートリー一世が現れ、１６０４年10月13日、数千の軍勢を集めロシア領内になだれこんだ。１６０５年4月にボリスは亡くなるが、一方、偽ドミートリー一世の軍勢は、ボリス政府に不満を持った農民らを巻き込みながら進軍を続け、同年6月20日、モスクワにツァーリとして迎え入れられ、即位式を行った。しかしながら、ポーランド人貴族の娘を妻に持ち、カトリックに改宗していた偽ドミートリー一世は、正教のモスクワに受け入れられることはなく、わずか11か月後に殺害された。

これを皮切りに、18世紀の終わりに至るまで僭称者はひっきりなしに現れ、その数は50を優に超える。僭称者の頻出というロシア的現象の背景には、「帰り来る救世主ツァーリ」をめぐるユートピア伝説がある。農民たちは、現在の窮状は偽りのツァーリが位についているためであり、いつかは正しき善きツァーリが帰り来て理想郷が現出されると信じた。

偽ドミートリー

モスクワの占領と解放

門閥貴族のヴァシーリー・シュイスキーがツァーリ位につくと、ポーランドでふたたび偽ドミートリー二世が現れ、ポーランド・リトアニアのシラフタ、傭兵軍を率いてモスクワ近郊トゥシノに陣を敷き、シュイスキー政府と対峙した。膠着状態は2年間におよんだ。ツァーリ、ヴァシーリー・シュイスキーはスウェーデンと同盟しトゥシノ陣営に対抗したが、今度はポーランド・リトアニア王ジグムント三世が自らロシアへの遠征に乗り出した。ジグムント三世はトゥシノ陣営に肩入れすべく名将ジュウキエフスキを派遣した。ジュウキエフスキは1610年6月24日、クルシノの戦いでロシア・スウェーデン連合軍を大敗させ、モスクワを占領した。ヴァシーリー・シュイスキーはツァーリ位を退いた。

ジグムント三世は、ポーランド・リトアニア・ロシアの国家連合を構築しようという野心を持っていた。ポーランドとリトアニアの間で国家連合を成功させた彼らにとって、これら三国による大国家連合は十分可能なものと感じられた。モスクワの門閥貴族もロシア正教の護持を条件に、ジグムント三世の子のヴワディスワフをツァーリに迎えることに同意した。しかしながら、熱心なカトリック教徒であったジグムント三世はヴワディスワフをロシア正教に改宗させなかった。

この停滞のなかで、モスクワ総主教ゲルモゲンが、ロシア正教の護持を呼びかける回状をロシア全土に送った。ゲルモゲンは、このあとすぐにポーランド軍に囚われ獄死し、殉教者となった。回状に心を動かされたロシア民衆は義勇軍を組織した。リャザンの軍司令官リャプノフらの指導する第一次国民軍は挫折したが、ニージニー・ノヴゴロドの商人クジマ・ミーニンが組織しポジャルスキー公が率いた第二次国民軍は、1612年10月22日、モスクワを解放した。ちなみに、2005年からこの日（グレゴリウス暦で11月4日）は国民統一の祝日となった。

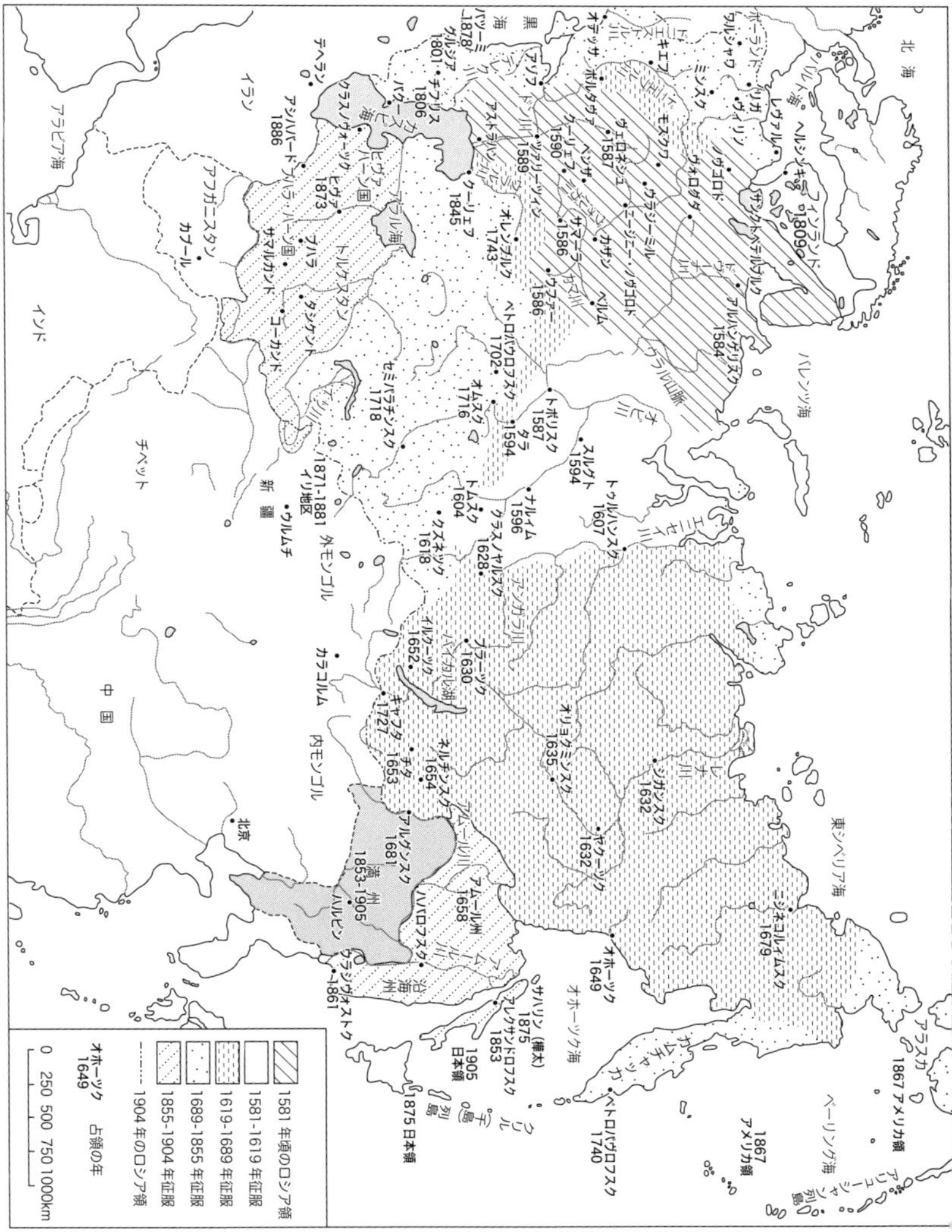

ロシアの拡大（加賀美雅弘、木村汎編『朝倉世界地理講座　大地と人間の物語――東ヨーロッパ・ロシア』朝倉書店、2007年所載の地図をもとに作成）

ロマノフ朝の成立

モスクワ解放後ただちに全国会議が招集され、１６１３年２月に名門貴族家門ロマノフ家からミハイル（在位１６１３～１６４５年）がツァーリに選出された。ロマノフ家は、イヴァン四世の愛妃アナスタシアの家系であり、ミハイルの父フョードルは総主教フィラレートとして当時の政局に強い影響力を持っていた。大荒廃時代とスムータにより既成秩序が完全に崩壊するなかで、ロシア民衆がふたたびツァーリ専制を選んだのである。

反乱が頻発したものの、ミハイルの息子、アレクセイ帝（在位１６４５～１６７６年）の治世は比較的安定していた。ポーランドとの一連の戦争でロシアが知ったものは、軍事分野をはじめとする西欧科学技術の優越であった。一部のロシア人は、それを可能にしているのは、宗教にこだわらぬ（つまり、ルネサンスと宗教改革を経た）新しい心のもち方であることに気づいた。だが、多くのロシア人にとってロシア正教は固く守るべき聖域であった。正教のもたらす団結によって、外国の干渉を退けたことも事実だったからである。平和は、古いロシアと新しいロシアのバランスをとるアレクセイ帝の人格によってかろうじて保たれていた。

（三浦清美）

5 ニーコンと古儀式派
──17世紀の教会分裂

17世紀はロシアにおける正教にとって非常に劇的な時期である。1653年にモスクワおよび全ルーシの総主教であるニーコン（在位1652～1666年）がアレクセイ帝（在位1645～1676年）の支持のもと開始した儀式改革は、ロシアの正教会と社会に大きな分裂をもたらした。

キエフ・ルーシがキリスト教を10世紀末に受け入れて以降、現在に至るまでロシアの正教会はしばしば分裂を経験してきた。古儀式派以前にも、14世紀後半から15世紀初頭に主流派教会の聖職売買を批判し異端宣告を受けたストリゴーリニキ、15世紀末から16世紀初頭の「ユダヤ的に思考するノヴゴロドの異端者」が大規模な分派として知られており、また、古儀式派の後にも21世紀に至るまで無数の教派が主流派正教会から分岐し続けてきた。そのような諸教派のなかで、ニーコンの改革に反対して形成された古儀式派は誕生時点においても、現在の信者数においても最大のものである。

本章では、ロシアの正教会が直面した最大の分岐を招いたニーコンによる改革と古儀式派の誕生について紹介する。

敬虔派の誕生と崩壊

17世紀はツァーリ専制体制の確立の時期であり、ロシアの正教会もその独立性をしだいに失っていった。教会運営に対する皇帝の支配は人事、裁判、財政についてだけではなく、斎戒や祈禱など教会生活そのものに対しても広く行われていた。ミハイル帝の父であったフィラレート総主教（在位1619～1633年）は世俗問題にも介入したが、これは若いツァーリに代わり父である彼が実質的な権力を握ったということに過ぎず、俗権の聖職に対する優越という状況には影響しなかった。教会に対する皇帝権力の優越は『1649年会議法典』により明確化された。のちにニーコン総主教はこの法典を「悪魔の法典」と呼び、教会会議による人事や裁判が「全て皇帝の欲するままに」動かされていることを嘆いている。

教会の内部においても、聖職者の飲酒や強欲などの道徳的退廃、祈禱中の教会内における泥酔や物乞いの徘徊などの無秩序が極まっていた。

1640年代末に、このような状況に問題意識を持つ少数の聖職者が、アレクセイ帝の聴罪司祭ボニファチエフの周囲に集まり、1551年のモスクワでの宗教会議（百章会議）の決定を徹底的に順守することにより、正教会の聖職者及び信徒たちの道徳的退廃を正そうとする敬虔派を形成した。百章会議はロシア正教会の他の東方正教会に対する優位を主張するものであり、その後のロシア正教会において最も重要な意義を持つ教会会議とされてきた。

のちに総主教に着座し儀式改革を遂行するニーコンと古儀式派を代表する人物となるアヴァクームは、ともにこの敬虔派に加わっていた。

ニーコンは1605年にニジェゴロド地方（現在のニージニー・ノヴゴロド州）で農民の家庭に生まれた。アヴァクーム（古儀式派は伝統的に「アヴァークム」と発音している）も1620年あるいは1621年にニジェゴロド地方の農村で酒飲みの司祭の子として誕生した。両者とも、貧しい境遇に生まれ、農村の教会で聖職者として勤め始めたが、そのなかで宗教的熱意を評価され、身分を上昇させたのである。

アレクセイ帝の支持を得た敬虔派は影響力を増していく。1651年にはアヴァクームはモスクワで、祈禱書をロシアに伝わる手写本に基づいて改訂する作業を命じられた。1652年にはついに、ニーコンが総主教に着座するに至った。

しかし、敬虔派は分裂する。その原因となったのはキエフから到来した学者たちへの評価であった。キエフの学者たちは、モスクワの祈禱方式と聖書の訳を間違いと断じ、モスクワの教養ある聖職者たちを軽蔑した。ニーコンとボニファチエフらはキエフの学者を支持し、ニーコンの総主教就任後、儀式改革に着手した。一方アヴァクームらは古い儀式を守ることを主張した。アヴァクームはその職を追われ、1653年にはシベリアに流刑された。ギリシア語に通じたキエフの学者たちがテキストの改訂作業にあたることとなった。

儀式改革

儀式改革の主な内容としてはまず、聖書及び祈禱書のテキストの改変があげられる。救世主の名前（カトリックなどではイエス）が Isus から Iisus に変えられるなど、全面的な改訂が行われた。底本には当

指の形。左が古儀式派正教会、右が主流派正教会

古儀式派の八端十字架。古儀式派は四端十字架や六端十字架をほとんど用いない。（2010年、米国オレゴン州）

時ヴェネツィアなどで出版されていたギリシア語の活字本が用いられ、ロシアに伝わっていた教会スラヴ語の古い手写本は顧みられなかった。

パスハ（復活大祭）などの際に信徒が聖堂から出て聖堂の周りをまわる十字行は太陽に沿った向き（時計回り）から反時計回りに変更され、祈禱の際に唱えられえるアリルイヤ（ハレルヤ）の回数は2回から3回に増やされ、聖体礼儀の際に用いられる聖パンの個数が変更された。聖堂内での額を床につける深い拝跪は腰までのそれに変えられた。聖パンに描かれる八端十字架は、ギリシアやローマで用いられていた四端十字架に置き換えられた。

最もよく知られている改革は、十字を画く際の指の形であろう。コンスタンティノーポリでは8世紀まで1本指が用いられていたが、9世紀から10世紀頃に2本指が用いられるようになり、10世紀末にキエフ・ルーシもこれを受け入れた。12世紀末頃にコンスタンティノーポリでは3本指を用いるようになったが、ロシアでは2本指が維持された。上述の百章会議では、祝福を与える際を含め、2本指が聖職者も一般信徒も従うべき唯一の正しい十字の画き方として定められ、それに従わない者は呪われるとされていた。ちなみに、ロシア以外の諸正教会では現在も3本指に統一されている。カトリックでは指の形についてとくに定めはない。プロテスタント諸教派では十字を画く習慣そのものがない場合が多い。

コンスタンティノーポリ総主教のパイーシーは、儀式の外面的な形式の相違は信仰の本質的な歪曲ではなく容認し得るものであるとする書簡をロシアに送ったが、ロシアにおいては儀式の形式を重視する傾向が非常に強かった。１６５６年の教会会議では、２本指で十字を画く者たちは異端と認定され主流派教会から破門された。

大半の聖職者にとってこの改革は、大幅な変更を習得しなければ祈禱ができなくなることを意味した。信徒たちもとまどった。教会の内外で全国的に大きな反対が起こった。一方ニーコンは改革の余波をかって聖権の俗権に対する優越を志向したため、１６５８年に皇帝により追放され、実質的に失脚させられた。しかし、皇帝の支持のもと儀式改革は続行された。

１６６６年の宗教会議とその後

１６６６年には混乱を収拾するため、アンチオキアのマカーリー総主教及びアレクサンドリヤのパイーシー総主教を招き、アヴァクームを流刑から呼び戻し、モスクワで宗教会議が開かれた。この会議においてニーコンは正式に総主教を解任されたが、ニーコンの改革の継続が改めて確認された。アヴァクームは激しく抵抗したが、失敗に終わった。

17世紀にはマロロシア（小ロシア、現在のウクライナ共和国中央部にほぼあたる地域）がロシア国家へ編入されつつあった。コンスタンティノーポリ総主教庁により設立されたキエフ主教座が小ロシアを管轄していたため、この地の正教徒はギリシア式の儀式で祈っていたのである。ロシア国家の拡大に伴い、ギリシア式の儀式で祈る多くの人々、そして、ポーランドやスウェーデンの支配下にあったプロテスタントを含む様々な教派の信徒、そしてイスラーム教徒などがその版図に包摂されていった。当時のロシア国家は、宗教改革を経験した同時代の西欧諸国と同様に、多教派国家の性格を強めつつあった。

一方、アヴァクームはその自伝（以下括弧内の訳文は「司祭長アヴァクム自伝（訳及び註）」、松井重雄からの引用）のなかで

「なぜお前は強情をはるのか？　すべてのわれわれのキリスト教会――セルビヤの民も、アルバニヤの民も、ルーマニヤの民も、ローマの民も、ポーランドの民も――みな三本の指で十字を切っている」

というアンチオキア総主教及びアレクサンドリア総主教の問いに対し、

「全教会の諸先生方よ！　ローマはとうの昔に倒れ、立ち上がれずに横たわっています。ポーランド人はローマと共に滅び、永久にキリスト教徒の敵になりました。またお前さんたちの正教も、トルコのマホメットの圧迫を受けて不純なものになりました、――しかし、何も驚くにはあたりません、あんた方は腑抜けになったんですから。これからはわたくしたちの国に教わりにいらっしゃい、ありがたいことに、こちらは独立自主の国ですからね。我がロシヤでは背教者ニーコンが現われる前は、信心深い公やツァーリたちのもとで、正教は常に清純無垢であり、教会は平穏無事でございました。狼のニーコンが悪魔と一緒に三本の指で十字を切らせるようにしました」と答えている。

アヴァクームのこのようなイデオロギーは、諸民族を統治する帝国としてのロシア国家の内政及び外交において、到底採用できるものではなかったと言えよう。

この教会会議以降、古儀式派に対する弾圧が強化された。古儀式派の抵抗は逃亡や集団自殺だけではなく、武力抵抗の形を取ることもあった。その最大のものは、ロシア欧州部北方白海沿岸のソロヴェッキー諸島に15世紀に建設されていたソロヴェッキー修道院の反乱である。

ソロヴェツキー反乱を鎮圧するメシチェリコフ司令官、ルボーク、19世紀（http://rushist.com/index.php/russia/1814-solovetskoe-vosstanie-1688-1676）

モスクワから派遣されてきた新任の修道院長は繰り返し拒絶され、古い儀式を守るための請願状がモスクワに送られた。

この修道院は厳しい自然環境のなかで製塩場、鉄製武器の工場、製粉所などを擁するロシア北方の最大の産業拠点として発達し、スウェーデン等と対峙するための要塞としても活用されていた。１６６８年に皇帝の軍隊は包囲を始めたが、このような条件により、修道院の武装抵抗は長引いた。８年後の１６７６年に修道士フェオクチストの内通により、兵が修道院内に侵入し修道院は占拠された。

ロシア北方では、中央から聖職者が派遣されることはまれであり、地元出身者が地元信徒により選ばれて聖職者となることが伝統的に行われていた。民主的な教会運営はこれ以降消滅し、中央集権的な管理が行われることとなった。

アヴァクームはロシア北方のプストジョルスクに流刑されていたが、1682年に皇帝の勅令により火刑に処された。

古儀式派はその後も存続したが、大規模な武装抵抗を行うことはなく、また主流派正教会の内部及びロシア帝国上層部で政治的な影響力を持つこともなかった。

教会分裂が残したもの

17世紀の教会分裂はその後のロシアに大きな影響を現在に至るも残している。

古儀式派の信徒数についての信頼性のある調査は行われたことがないが、革命前のロシア帝国では人口の2割以上を占めていたとする推計もあり、一定数の信徒を擁し続けていたことは間違いない。古儀式派は西欧でカトリック教会に対して起こったいわゆるプロテスタント諸派による宗教改革とは別の動きであり、これを宗教改革と呼ぶことは適切ではないが、比較して論じられることは多い。とりわけ、古儀式派資本家がロシアの産業革命において大きな役割を果たしたため、マックス・ヴェーバーをはじめとする多くの研究者が古儀式派の労働倫理をプロテスタントのそれと対比し、論じてきた。

ロシア科学アカデミー哲学研究所のグリンチコヴァ上級研究員はその著書『分裂、あるいは「ロシアの宗教改革」の断絶』のなかで次のような指摘を行っている。

アヴァクームの殉教、古儀式派によるイコン、19世紀末（http://commons.wikimedia.org/wiki/File:Avvakum-fire.jpg）

ロシアは伝統的に専制的な社会だと考えられがちだが、17世紀のロシアの市民社会は、上からの専制がなくともポーランド軍の侵入を排除し、かつ、皇帝を民主的に選出する程度には自立的であり、同時代の西欧諸国と比較しても決して弱かったとは言えない。だが、国家による上からの暴力的な神権制的システムの強制により、信仰の個人化のプロセスの中断、国家権力の神権制的立場からの正当化の継続、国家の側からの民衆の信仰への政治的な暴力、民衆的な信仰と民衆的な教会の廃絶、社会の国家への全面的な従属などをもたらした。このようにして社会内における道徳的な統合の基盤を失ったロシア社会は、パターナリスティックな社会から市民的な社会への進化に失敗した。古儀式派はロシアにとって失われたチャンスであった、と同研究員は評価している。

このような評価は、妥当なものに筆者には思える。17世紀の教会分裂についての評価は現代においても様々であるが、共産主義体制時代の終焉以降、議論は盛んになりつつある。

（塚田　力）

6 ウクライナ問題
——もうひとつのルーシ

ザポロージェ・コサックの誕生

ウクライナ史をロシア史の一部と見なす視角は、ウクライナが近世に入りロシア帝国の支配下に入って以来、モスクワ・ロシアの発展を歴史の縦軸とする大ロシア史学に規定されてからのことである。ウクライナは、大ロシア、ベラルーシとともに東スラヴ族に属すが、キエフ・ルーシの一体性はモンゴルの襲来により崩壊した。時系列的に歴史をたどると、ウクライナは、リトアニア大公国、ポーランド王国、ハプスブルク帝国の統治も受けるなど複雑な歴史過程を経てきた。西方に位置したガーリチ・ヴォルィニ公国がルーシ世界の再統一を試みたことを除けば、14世紀初めにウクライナのほぼ全域はリトアニア大公国の勢力下に、ガーリチ・ヴォルィニ公国はポーランド王国のカジミェシ大王にそれぞれ服属した。その後リトアニア大公国はポーランド王国との同君連合化を進め、1569年のルブリンの合同により士族共和制（ジェチポスポリータ）が成立すると、大公国の支配下のウクライナの大半はポーランド王国に編入された。この頃からドニエプル川下流域の辺境地帯に逃亡農民や没落士族がシチを形成し、ポーランドの支配を嫌うザポロージェ・コサックの自治体制が生まれた。国王ステファン・バトリの時代（在位1578～1586年）、ザポロージェ・コサックの一部はポーランド王権に軍役を負担する登録コサックとなり、特権化してコサック社会の階層分化が始まった。

1596年に宗教合同（ブレスト合同）によってラテン典礼と東方典礼が統一すると、東方典礼の護持を旗印にザポロージェ・コサックは1648～1654年にボフダン・フメルニツキー（1593～1657年）の統率下に蜂起し、ロシアの支援を頼り、ペレヤスラフの和約でポーランド王国の支配から離れた（1654年）。ハジャーチの和約（1658年）でロシアとの同盟を破棄して一時ポーランド支配に復帰するが、ロシアとポーランド王国との永年の戦いを終結させたアンドルソフ講和（1667年）で、ウクライナは左岸（ロシア）と右岸（ポーランド）に分割された。

シチ（ホルティツア）

モスクワへの従属

ポーランド統治下、ウクライナはルネサンスの時代を迎え、教会合同によりラテン文化が浸透する一方、印刷技術の普及が正教文化も活性化させた。キエフ総主教ペトロ・モヒラ（1596～1647年）が開設したキエフ神学アカデミーでは西欧のルネサンス文化が花開いた。やがて左岸ウクライナではモスクワへの従属を嫌うザポロージェ・コサックの自治回復運動が起きる一方、南からはオスマン帝

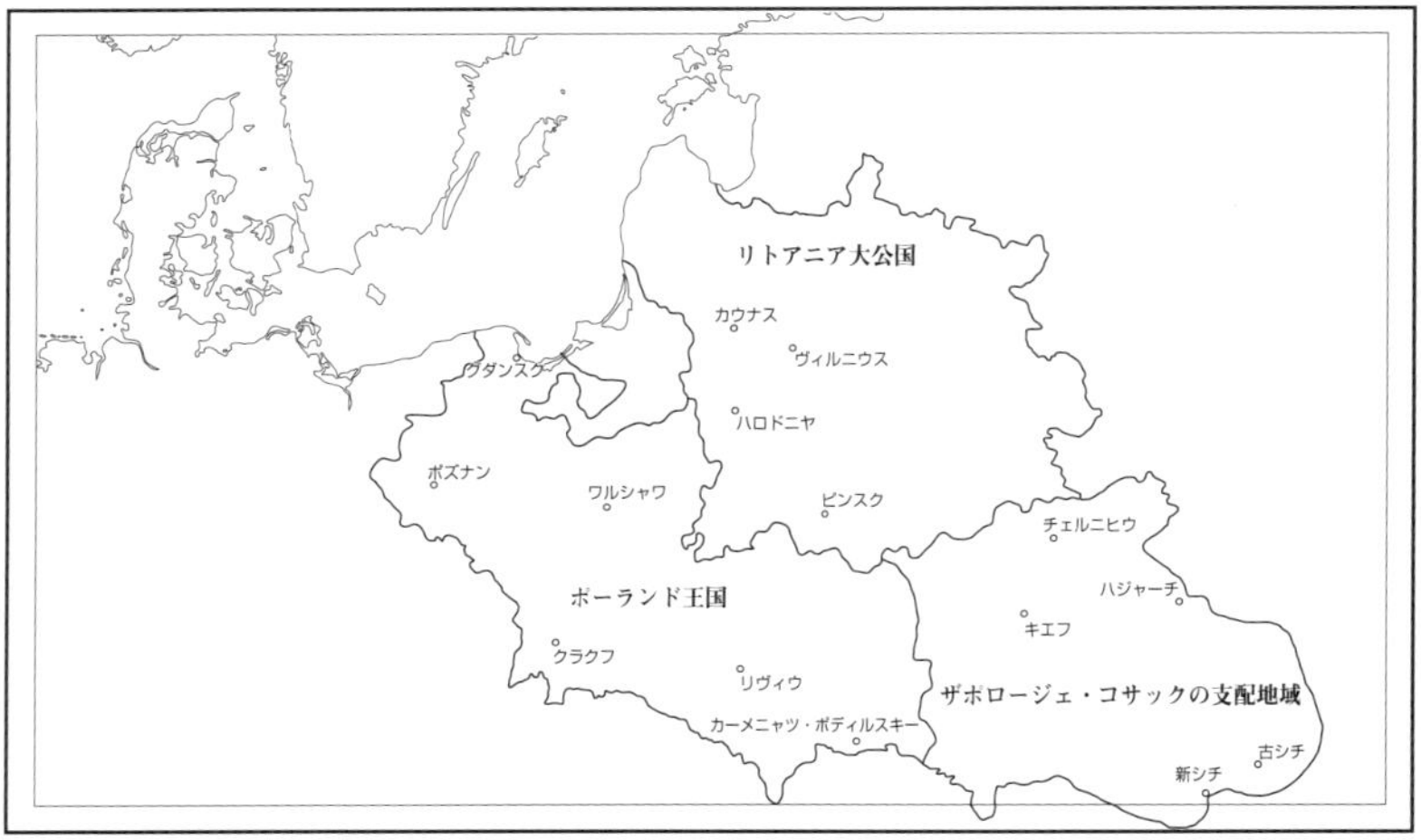

ハジャーチの和約（1658年）の連合体制

国の侵攻を受けるなど「廃墟」と呼ばれる内憂外患に見舞われた。18世紀に入り、ロシアからの離脱を図るヘトマン・イヴァン・マゼッパ（１６４４～１７０９年）が、バルト海制覇を狙うスウェーデンのカール十二世に呼応し、ピョートル大帝が率いるロシア軍に戦いを挑むが、１７０９年のポルタヴァの戦いで惨敗した（北方戦争）。以後、ヘトマン体制は有名無実化し、大ロシアに対して小ロシアと蔑視される隷属状態に落ち込んだ。オスマン帝国に逃れ、マゼッパのあとを継いだフィリップ・オルリク（１６７２～１７４２年）は通称コサック憲法を著し、ザポロージェ・コサックの自治の伝統を後世に伝えた。右岸ウクライナでは18世紀末にかけてポーランド地主の収奪に抵抗するハイダマキ（農民コサック）が蜂起し、なかでも壮絶な殺戮を繰り広げたイヴァン・ホンタとマクシム・ゼレジニャクに率いられた大規模な農民反乱（コリフシチナ、１７６８年）は名高い。

　ポーランド分割（１７７２、１７９３、１７９５年）

に乗り出したエカチェリーナ二世は、旧リトアニア大公国領を獲得し、クリミア・タタールとザポロージェのシチを相次いで解体（1783年）し、バルト海から黒海北岸に至る地域を支配下に収めた。以降、南方のオスマン帝国と直接対峙し、「東方問題」と呼ばれる緊張関係が20世紀初頭まで続く。帝政ロシアの直接統治下に置かれた旧ポーランド領は、行政的に南西地方（ヴォルィニ県、ポドリア県、キエフ県）とされ、大ロシアの農奴制が導入された。農奴制下に置かれたウクライナ社会にあっても、イヴァン・コトリャレフスキー（1769～1838年）の叙事詩『エネイーダ』に象徴されるウクライナの文化復興運動が途絶えることはなかった。

民族復興

19世紀に入り、反政府運動「キリロスとメトディオス兄弟団」事件（1847年）が起き、タラス・シェフチェンコ（1814～1861年）がポーランド地主と戦うハイダマキを民族闘争の旗手として描く作品群を生み出し、ウクライナ語を国民語として成長させるのに貢献した。帝政ロシアの支配からの分離を恐れた内相ピョートル・ヴァルーエフ（1814～1890年）は1876年、通称エムス法を発してウクライナ語の印刷活動を禁止したが、ミハイロ・ドラホマノフ（1841～1895年）等ナロードニキ系知識人の活動は止まなかった。ドラホマノフの名著『歴史的ポーランド

タラス・シェフチェンコ

と大ロシア民主主義』（1882年）は、ポーランドとロシアという二つの国家に挟まれたウクライナ社会の立ち位置を見事に活写している。

他方、ポーランド分割後、ハプスブルク帝国領に編入された東ガリツィア（ハーリチナ）では、啓蒙専制君主ヨーゼフ二世の改革により合同教会派が「ギリシア典礼のカトリック」と改められ、のちのウクライナ民族主義を育む素地をつくった。ポーランド十一月蜂起（1830～1831年）後、ポーランド・ロマン主義がウクライナ社会にも浸透し、「諸国民の春」（1848年）に臨んでポーランドの独立運動に手を焼くウィーン政府はガリツィアの東西分割令を出して東ガリツィア（ハーリチナ）のウクライナ系住民を優遇する措置を採った。1867年のアウスグライヒによりハプスブルク帝国が二重帝国に移行し、ガリツィア全体に大幅な自治が認められると、ウクライナ系住民にもウィーンの国会へ代表を派遣する権利が認められた。政治参加により圧倒的支配力を誇るポーランド地主に対抗できる政治勢力が育ち、イヴァン・フランコ（1856～1916年）等の活躍によりリヴィウ（ルヴフ）がウクライナ民族運動のピエモンテとなり、リヴィウ（ルヴフ）大学をウクライナ人の大学化する運動も興った。ハプスブルク帝国領では1849年、ロシア領では1861年に農民解放が実施されて以降、右岸ウクライナや東ガリツィアからはアメリカやカナダへ移民が増大してディアスポラ社会が生まれ、現在のウクライナの学芸の素地がつくられた。左岸ウクライナからはシベリアや沿海州へ移民が増大し、沿海州は「緑のウクライナ」と呼ばれるほどウクライナ人による開拓が進んだ。

統合と分裂

ウクライナ・ナショナリズムは東西別個に発展したが、１８９４年にキエフの高名な歴史家ミハイロ・フルシェフスキー（１８６６～１９３４年）がリヴィウへ移住して双方の統合に弾みをつけた。ギリシア・カトリックの総本山のあるリヴィウではギリシア・カトリックの民族宗教化が進む一方、ガリツィア社会の分断を狙う帝政ロシアが支援するモスカロフィル運動（ロシア化）も浸透した。しかし、東西ウクライナともに国家なき民族としてウクライナ・ナショナリズムがエリートを欠如した社会の底辺からの運動であることに変わりなく、農村を基盤とした歪んだナショナリズムが肥大成長した。上層階級はポーランド化し、あるいはロシア化され、自立した政治エリートを輩出できず、近代を迎えざるを得なかった結果である。

１９１７年2月のロシア革命直後、中央ラーダがフルシェフスキーを中心に発足するが、臨時政府と対立を深め、また枢軸国の支援を受けて侵攻したパヴロ・スコロパツキー（１８７３～１９４５年）によって打倒された。スコロパツキーのヘトマン体制も長続きせず、ユーゼフ・ピウスツキの新生ポーランド軍によるキエフ遠征はセミョン・ペトリューラ（１８７７～１９２６年）のディレクトリア政権のテコ入れを狙ったが、ウクライナ社会はボリシェヴィキ支持に傾き、ペトリューラを支持しなかった。リガ条約（１９２１年３月）によりポーランド第二共和制とウクライナ社会主義共和国の国境が確定し、再び分断の歴史を迎えた。

ミハイロ・フルシェフスキー

戦間期のウクライナ・ナショナリズムは、ポーランド第二共和制統治下のポーランド化政策に反発するＯＵＮ（ウクライナ民族主義組織）の活動としてドミトロ・ドンツォフ（１８８３～１９７３年）の国家主義イデオロギーの影響を受けて活発化した。１９３９年８月の独ソ不可侵条約によりサン川、ブク川以東がウクライナ社会主義共和国に編入されると、内務人民委員部（ＮＫＶＤ）による社会主義インターナショナリズムの名の下に弾圧を受けた。第二次世界大戦が勃発し、ドイツ占領下でナチス親衛隊に組織されたＳＳガリツィエン部隊がユダヤ人虐殺に乗り出し、またポーランド人とウクライナ人双方による壮絶な民族浄化が行われた。ＯＵＮから分かれたＵＰＡ（ウクライナ蜂起軍）がステパン・バンデラ（１９０８～１９５９年）の指導の下に激しい対独抵抗運動を繰り広げた。第二次世界大戦後もＵＰＡの地下活動はやまず、人民ポーランドによるヴィスワ作戦、次いでソ連邦内部でもＮＫＶＤ部隊による掃討作戦が農村の集団化と並行して１９５０年代初頭まで続き、夥しい犠牲者が出た。

ウクライナ現代史で忘れてはならないことは、犠牲者の数が数百万人に上ったといわれる人為的な飢餓（１９２２、１９３３、１９４７年）である。スターリンによる富農撲滅をスローガンにした絶滅政策であった。元々ウクライナの社会制度は大ロシアとは異なり、ルネサンス以来、土地私有、家族経営が広く定着し、それゆえに集団化の標的となり、甚大な被害を受けたのである。20世紀最大の悲劇であった。１９３４年のソ連邦の国際連盟加入に際してウクライナ社会主義共和国はベラルーシ社会主義共和国とともに形式上加盟する。この形式は、第二次世界大戦後の国際連合でも継続された。１９９１年12月、ソヴィエト体制の崩壊の結果、ウクライナは共和国として独立を果たした。

（早坂眞理）

第Ⅱ部

ロシア帝国の時代

7 ツァーリと女帝
――ピョートル改革に起因する女帝の誕生

ピョートル改革によるヨーロッパ化政策

1700年から1721年まで長きにわたり続いたスウェーデンとの北方戦争が終結すると、その勝利を祝う式典において、最高行政機関たる元老院（セナート）は時のツァーリ、ピョートル一世に対し、「皇帝（インペラートル）」の称号を贈った（ちなみに「大帝」の尊称もこの時に贈られた）。この結果、ロシアでは皇帝が君主の正式な称号となる一方、とりわけ民衆においては、その後も依然として伝統的な「ツァーリ」の呼称が好まれる傾向もあったとされる。

この北方戦争が始まる前から、すでにピョートル一世の治下ではロシア初の艦隊の建設（1695年）、ヨーロッパへの大使節団の派遣（1697年）、新たな暦法の採用（1699年）など諸種の改革が試みられていたが、開戦直後のナルヴァの会戦（1700年）における大敗を契機に、陸軍の急速な再編の必要から全国的な徴兵を恒常化するなど、彼の政策はロシア社会を大きく変動させる性格を強めていく。例えば1703年にスウェーデンから奪取したフィンランド湾近郊の要塞跡は、新首都サンクト＝ペテルブルクの前身となり、旧都モスクワからの政治的重心の移動を生む。1708年には全国を新たに8県（グベルニヤ）に区分する地方行政改革も開始された。

とりわけ1709年のポルタヴァの会戦に勝利し北方戦争での勝利を有望にすると、余裕を得たピョートルの改革はさらに諸領域に拡大する傾向を見せる。モスクワ大公国時代の度重なる新設に伴い権限の重複も目立ってきていた既存の中央行政機関は1717年以降、陸軍や外務などそれぞれの分野を管轄する九つの参議会（コレギヤ）に再編され、それらを統括する機能が、当初はツァーリ不在中の留守政府として1711年に創設されていた元老院に委ねられるようになった。戦時に拡張された陸軍の維持を目的に導入された人頭税も、全国的な人口調査を通じての住民の実態の把握、それに伴う担税民と非担税民の区分の明確化など、ロシア社会の枠組みを再編する役割を果たす。これら改革の多くは、外国語に起因する新たな機関・官職の名称に象徴されるように、ヨーロッパ諸国の制度に範を得ていたが、西方の先進的な技能・生活様式・文化の習得はエリート個々人のレベルでも強制され、さらにペテルブルクや郊外の離宮の景観、それらを舞台とする君主儀礼についてもヨーロッパ化や世俗化が進められた。

ペテルゴフ宮殿
ピョートル1世の命によりペテルブルク近郊に建てられた離宮。1720年代前半に完成。宮殿と上下2つの庭園のアンサンブルから成り、とくに「下の庭園」にはヴェルサイユ宮殿のものに似た様々な噴水や古典主義様式の彫像が多数配置されるなど、ヨーロッパ化を志向したピョートルの嗜好が反映されている。

18世紀ツァーリの二つの系譜

このピョートル一世より始まる18世紀のロシアには、計9人もの皇帝が君臨した。宮廷を舞台とした権力闘争（宮廷クーデタ）による短期での君主の交代、また女帝や幼帝の頻出などもあって、とりわけ1725年のピョートルの死去から1762年のエカチェリーナ二世の即位までの時期については、政治的混乱を特徴とする停滞や反動の時代と見なされる傾向も強い。こうした帝位の不安定性にとっては、1722年にピョートル一世が制定した「帝位継承法」の影響が大きかった。それまで慣習に基づき、最年長の皇子に自動的に継承されてきたロシア君主の地位は、同法により「現在統治している君主の望んでいる者に継承権を定める」形に変更される。この法があればこそ、ロマノフ家とは全く血縁を持たず、出自も不明な非ロシア人エカチェリーナ――北方戦争に際しバルト沿岸地域でロシア軍の捕虜となり、ピョートルの愛人に迎えられた――が夫ピョートルの死に伴い、ロシア史上初の正式な女性君主として即位することが可能となったのである（エカチェリーナ一世）。とはいえ、この指名の権利を実際に行使できた君主は必ずしも多くはない（当のピョートルも、後継者を指名する余裕なく急死した）。またエカチェリーナ二世期には先帝ピョートル三世との皇子パーヴェルが皇太子と見なされていたが、エカチェリーナ自身はその廃嫡を望みつつも、果たせなかったとする見方も強い。その意味では、この帝位継承法は本来君主個人の権限の拡張を意図していたものの、実際には候補者の選択肢を広げた結果、むしろ帝位を不安定にした点で、皮肉な結果を生んだと言える。この状況は、1797年にパーヴェル一世が、在位者からの血縁の近さに応じて機械的に帝位継承順位を定める新たな法を制定したことで、ようやく終わりを告げる。

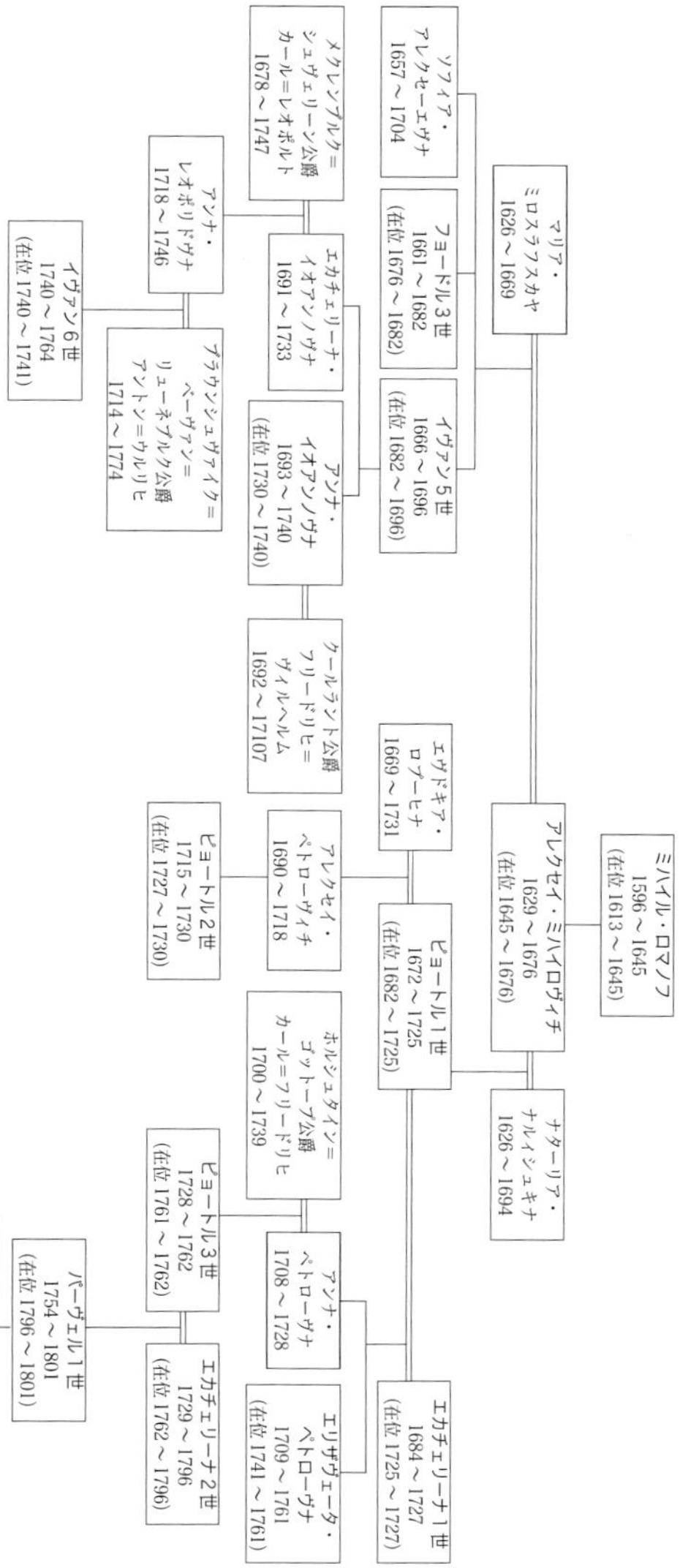

ロマノフ朝家系図（ゴシック体はロシア君主）

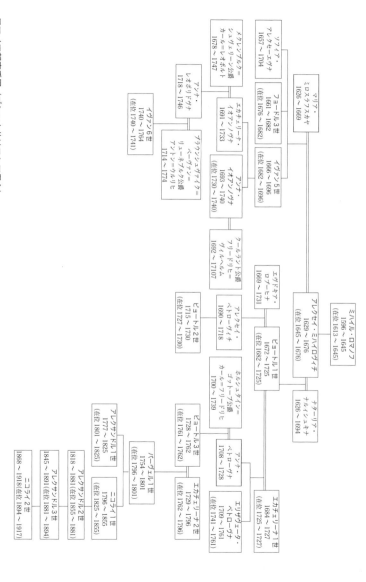

ペテルブルク市内のピョートル1世記念像
　ピョートル1世の政策的後継者を自認したエカチェリーナ2世が、1782年に建立。台座の側面にはロシア語とラテン語で「ピョートル1世へ、エカチェリーナ2世、1782年」と彫られている。同像をモチーフにしたプーシキンの作品名にちなみ、「青銅の騎士」像と呼ばれることが多い。

　ただし、こうした帝位継承の混乱はひとえに法的不備のみによるものではない。第一に、医療技術が乏しく栄養状態も貧困な前近代社会においては、ロシアに留まらず、君主や貴族の家系でも後継者不在によって断絶が生じることは珍しくなかった。また第二の背景として、ピョートル一世の父アレクセイが２度の結婚をし、それぞれに子女が存在していた点も大きい。男子だけでも、アレクセイと先妻マリア・ミロスラフスカヤとの間に生まれたフョードルとイヴァン、後妻ナターリヤ・ナルィシュキナとの間に生まれたピョートルが成人まで達している。その３名のうち、まず１６７６年に即位した長兄のフョードル三世が１６８２年に男児を残さずに早世すると、次に君主に選ばれたのは、年少ながら知的・体力的に優れていた末弟のピョートルであった。しかし直後の宮廷クーデタにより実権を奪取した異母姉ソフィアは、同腹の弟イヴァンをピョートルの「共同ツァーリ」として即位させ（イヴァン五世）、自身は摂政の座に就く。ソフィア一派は１６８９年のクーデタにより政権を追われたものの、復権したピョートル一世はイヴァン本人とは必ずしも不和ではなく、後者は死去する１６９６年までツァーリの地位に留まった。このイヴァン五世の娘たちの系譜がのちにロシアの帝位に重大な影響を及ぼすことになる。

17世紀中葉のロシア宮廷に関し詳細な解説を残した外交官コトシーヒンによると、それまでのロシアの皇女には「結婚して子をなすという全能の神が人間に与えられた喜び」のないまま、独身で一生を送る傾向が見られた。信仰や言語、風習の違いを理由として敬遠されていたロシアの皇族と外国王族との婚姻政策をむしろ積極的に推進したのは、やはりピョートル一世である。彼は1710年、イヴァンの娘アンナ・イオアンノヴナをバルト海沿岸の小国クールラント公国に嫁がせ、1716年には同じく姪のエカチェリーナ・イオアンノヴナをメクレンブルク＝シュヴェリーン公国に送り出している（ちなみにピョートルは、自分の娘アンナ・ペトローヴナもホルシュタイン公国の当主と結婚させている）。この後、エカチェリーナ一世の治世を経て、1727年に11歳で即位したピョートル一世の孫、ピョートル二世が1730年初め、名門貴族ドルゴルーコフ家の公女との成婚を目前に天然痘で亡くなると、ロマノフ家の男系は絶えてしまう。この時、当時の最上層の高官たちにより組織されていた皇帝諮問機関「最高枢密院」が後継者に選んだのは、クールラントに嫁いだ直後に寡婦となっていたアンナ・イオアンノヴナであった。最高枢密院はこの即位の代償として、ロシアの政情に疎いアンナに対し、皇帝権力の大幅な制限を求める「約定書」に署名させる。これは成功すれば、貴族寡頭制への移行を含めロシアの政体を大きく変え得る試みであったが、モスクワに入ったアンナは最高枢密院以外の多数派貴族の支持を背景に約定書を破棄し、皇帝支配体制を維持したのである。

1740年まで統治したアンナは、先述の姉エカチェリーナ・イオアンノヴナの娘が同年男子を産むと、その子を後継者に指名して亡くなる。ここに生後わずか2か月余りの乳児イヴァンが帝位に就くことになった（イヴァン六世）。こうしたイヴァン五世の系譜による帝位の独占に反発したのが、ピョートル一世の娘エリザヴェータである。ピョートル一世により設立されロシア陸軍の最精鋭をなす近衛連隊の支持を得た彼女は、翌１７４１年に宮廷クーデタを決行し、イヴァン六世一派を逮捕して自身が即位することにより、ピョートル一世の系譜に帝位を復した。ちなみに、このイヴァン六世は１７４４年に両親から引き離され、１７５６年からはペテルブルク郊外のシュリッセリブルク要塞に拘禁されていたが、１７６４年に当時の反体制派が彼を同要塞から救出しようと試みた際、看守によって殺害されてしまうなど、不運な一生を送っている。

女帝のロシア

ロシア史上正式な統治者となった女性は18世紀の女帝４名のみだが、彼女たちは治世の間、公的には独身を貫いた。即位後のエリザヴェータも姉アンナ・ペトローヴナの息子カール＝ペーター＝ウルリヒを国外から呼び寄せ、ロシア正教に改宗させてロシア風のピョートルに改名させた上で、自身の後継者に指名する（のちのピョートル三世）。１７４５年に彼の妃に選ばれたのが、小国アンハルト＝ツェルプスト公国の公女ゾフィー＝フレデリカ＝アウグスタ、のちのエカチェリーナ二世である。ただしエリザヴェータも、ピョートル三世亡き後のエカチェリーナも、秘密裏に結婚したとの情報もある。とくにエカチェリーナと秘密結婚したとされるグリゴリー・ポチョムキンは、１７８３年以降ロシア領に併合されたクリミア半島を含め、新領土の運営に多大な貢献を及ぼすなど、政治家・軍人としても傑出した人物であり、黒海艦隊の戦艦にその名が付されたことで、ソ連期の映画監督エイゼンシュテインの著名な作品によっても名を馳せることになった。

1761年に即位したピョートル三世は、翌1762年、わずか6か月の治世の末に妻エカチェリーナ主導のクーデタにより逮捕された直後、拘禁中に「謎の死」を遂げる。後顧の憂いを断つためにエカチェリーナが殺害させたとの説も、当時から国外を中心にささやかれてきたものの、明確な証拠はなく、むしろ偶発的事故との見方も現在では強い。ただしこうしたピョートルの消失が後、1773年に蜂起したドン・コサックのエメリヤン・プガチョフがピョートル三世を騙り、蜂起の正当性を主張する背景にもなっている。なおエリザヴェータにせよ、エカチェリーナ二世にせよ、宮廷クーデタの主導者には、自身の行為を正当化するべく、以前の治世を声高に批判する傾向が見られた。このようなプロパガンダの影響もあってか、アンナ・イオアンノヴナやピョートル三世については否定的評価が根強いが、近年はこれらの治世についても実証的な研究や新たな解釈が試みられており、ロシア人研究者カメンスキーのように、各治世における速度の相違はあれ、18世紀ロシア史全体を「改革の世紀」と捉える視角も提唱されている。

後世名君と評価されるエカチェリーナ二世にしても、即位直後の政権は必ずしも安定したものではなかった。1754年生まれの皇太子パーヴェルが健在だったこともあり、エカチェリーナを彼が成人するまでの一時的な摂政と見る高官たちも存在していたとされる。そのパーヴェルについては、ピョートル三世の実子ではなく、エカチェリーナとロシア貴族との間の子とする説も有力である。この説が事実であれば、ロマノフ朝はピョートル三世死去の時点で血統的には断絶したことになる。ただしカナダ人研究者ウィタカーによれば、当時のロシアにおいては、君主の正統性にとって血統は前任者による指名、個人的能力、「人民」による選出などと並ぶ、複数の根拠の一つにすぎなかった。また後述するエカチェリーナ政府による諸種の偉業こそ、まさに19世紀以降のロマノフ朝の皇帝たちにとって、自らの権威を形作る源泉になったとも考えられる。

エカチェリーナ二世期のロシアは2度の対オスマン戦争（1768～1774年、1787～1791年）と3度のポーランド分割（1772年、1793年、1795年）を通じ、18世紀ヨーロッパ最大の領土拡張を果たした。国内でもピョートル一世期以来の大規模な改革に着手する。1649年以降そのままだった法典の改編を目的に、全国から代表を招集する法典編纂委員会の開設を1766年に宣言した。この時に議論のたたき台としてエカチェリーナが執筆した「草案（ナカース）」はヨーロッパ諸国にも宣伝され、その啓蒙思想に範を得た内容は大きな評判を呼んでいる。また1775年には国土が改めて50県に再区分された。さらに1785年には、貴族と都市民の資格を確認し彼らの特権と義務を明確化する「特権認可状」を公布しているが、これらは未完に終わった国有地農民への同種の認可状と合わせて、エカチェリーナがロシア社会の身分制的な構造を再編しようとした動きとも見なされる。こうした領土拡張と社会の再編とが以後のロシア帝国の運営に及ぼした影響については、実のところ慎重な議論も必要となるものの、エカチェリーナ二世の提唱により、アメリカ独立戦争のさなか、イギリスの海上覇権への対抗を意図して1780～1783年に結成された武装中立同盟に象徴されるように、彼女の治世に一層強化されたヨーロッパ国際政治でのプレゼンスこそが、19世紀初めのウィーン体制においてロシアが五大国の一角を占める一因になっていた点もやはり無視できない。

（田中良英）

8 ロシア帝国の領土拡張
——多面的帝国の実相

ロシア帝国の対外戦略の大きな特徴は、断続的に陸続きでの領土拡張を果たしたことであった。1547年にイヴァン雷帝がツァーリ（君主）の称号を得てロシア・ツァーリ国（モスクワ大公国の後身）が誕生すると、その帝国的志向を推進すべく経済規模に見合わないほどに軍事力が強化され、カザン・ハン国やアストラ・ハン国などを併合した。また1654年にドニエプル・コサック首長のボフダン・フメリニツキーとの間にベレヤスラフ協定が締結されると、アレクセイ・ミハイロヴィッチは自らを「大ロシア（ロシア）および小ロシア（ウクライナ）の専制君主」と称した。

18世紀に入ると、ピョートル大帝がスウェーデンとの大北方戦争に勝利してバルト海沿岸地域を獲得すると、1721年に皇帝（インペラートル）を宣言することでロシア帝国が成立した。また同年にモスクワ総主教庁が廃止されて宗務院（シノド）が創設されると、ロシア正教会はツァーリの統制下に置かれ、ロシア帝国は世俗権力だけでなく宗教権力をも持ち合わせる存在となった。さらに同世紀後半にはエカチェリーナ二世が南部地域への領土拡張を推進して黒海東岸のノヴォロシスク地方からアゾフ海沿岸一帯までを平定し、西部地域ではプロイセン、ハプスブルク帝国とともにポーランド分割を断行した。1774年にはキチュク・カイナルジ条約の締結によりクリミア・ハン国の宗主権を

ヘルシンキ市内のアレクサンドル2世像

オスマン帝国から奪取し、１７８３年には同国を併合した。
　こうした不断の領土拡張という対外戦略は、一方では新たな入植地・植民地の獲得に伴う支配領内の資源確保や不凍港の確保などによるロシア帝国の権益獲得を目的としたものと説明される。しかし他方ではロシアの伝統的な安全保障環境に鑑みて、過去にモンゴル帝国、ポーランド・リトアニア共和国、スウェーデン、オスマン帝国などから幾多の軍事侵攻を受けてきた被害国としての経験を有していることから、自らが領土拡張を果たすことで周辺地域に緩衝地帯を獲得して安全保障環境を安定化させるという極めて攻撃的な防衛戦略として理解されることもある。

多面的帝国の形成

　ロシア帝国の領土拡張が飛躍的に進展したのは、ナポレオン軍との祖国戦争に勝利した19世紀前半であった。この時代はウィーン体制下でヨーロッパ国際秩序の一端を担うことになったロシア帝国が東方の新たな大国として強大化してゆくための対外戦略に彩られており、その勢力版図は西部ではフィンランド大公国、バルト海沿岸地域、ポーランド会議王国を支配してヨーロッパ諸国と隣接し、東部ではシベリアや中央アジアへ向けて領土拡張を続けてゆき、南部ではノヴォロシア（新ロシア）やカフカース（コーカサス）を支配してペルシアやオスマン帝国と対峙するという、まさに多方面にわたって展開された。これは同時にロシア帝国が支配領内に新たな政治的、経済的、宗教的、民族的、社会的、文化的な特殊性を現在進行形で包摂していく帝国建設の過程でもあった。さらにロシア帝国は陸続きでの領土拡張を果たしたことから本国と入植地・植民地が隣接する形になり、ロシア・ナショナリズムの発展に伴う国民国家建設と帝国建設が一定の緊密性を有することとなった。このためロシア帝国論の代表的な命題である「ロシアはどこから始まり、どこで終わるのか」という問いは、重要な地位を占め続けることとなった。

近年の研究成果により、19世紀前半のロシア帝国の領土拡張が規範的・画一的な対外戦略ではなく対象に応じて多面的であり、境界地域での領内支配と領土拡張を確立するために総督制度が重要な役割を果たしたことが明らかになっている。これは境界地域に総督府を設置して現地駐在の総督（高級官吏または将官）に内政と軍事に関する大幅な権限を与えて任務を達成させるもので、各総督はツァーリに対して領土拡張と領内支配に対する法的責任を負った。

西部地域ではポーランド王国総督に着任したイヴァン・パスケヴィッチが1830年に勃発した11月蜂起における武装反乱を鎮圧し、領内でのポーランドの民族運動を徹底的に弾圧した。そして1832年には会議王国の憲法の廃止とセイム（議会）の停止を決定して政治体制を解体し、ポーランド王国総督府による領内支配を開始した。これに対し、同じ西部地域に位置するフィンランド大公国では立憲君主制が廃止されずに、ツァーリがフィンランド大公を兼任するという同君連合の形となった。フィンランド総督府は設置されたものの、政治体制として独自の議会と政府を有することが認められた。

東部地域では1802年の省庁制度改革で主導的役割を果たしたミハイル・スペランスキーがシベリア総督に着任し、1822年のシベリア改革によって領内に東シベリア総督府（イルクーツク）と西シベリア総督府（オムスク）を設置することで効果的な領内支配と領土拡張を目指した。また流刑制度における流刑懲役と流刑移住の区分、土地開発事業や交通インフラ整備、穀物貯蔵倉庫の設置などを実施した。さらにスペランスキーは異族人政策という入植政策を採用して、シベリアの諸民族を都市と農村に居住する定住異族人、季節により一定地域を移動する遊牧異族人、河川や山野で狩猟に従事する半遊牧（放浪）異族人の三つに分類した上で、異族人の定住化の促進にも着手した。

南部地域ではノヴォロシア総督に着任したミハイル・ヴォロンツォフが黒海から地中海へ向けた自由貿易構想を実現させるため、ウクライナ南部の穀物輸出の増大やクリミアを中心としたワインの生産・流通・販売のための産業インフラの環境整備を進めた。またオデッサを中継貿易都市として南ロシア経済を発展させるため、蒸気船事業の振興などを含めた様々な産業政策に取り組んだ。これに対し、同じ南部地域に位置するカフカースでは1801年9月のグルジア王国の併合以降にザカフカース（南コーカサス）の領内支配で多くの政治的混乱が生じ、また北カフカースへの領土拡張ではイマーム・シャミーリとのカフカース戦争が約半世紀に及ぶなどの政治的危機が続いた。この事態に対処するため1845年にカフカース総督府が設置され、ヴォロンツォフがカフカース総督を兼任してザカフカースの領内支配とカフカース戦争の終結に取り組み、大きな成果を上げた。

興味深い点として、19世紀の領土拡張と領土支配が境界地域の総督制度に加えて本国の委員会制度の意思決定も反映していたことであり、具体的にはポーランドを対象とした西部委員会が1831年から1848年までと1862年から1864年まで、シベリア委員会が1821年から1838年までと1852年から1864年まで、カフカース委員会が1842年から1882年まで常設化されていたことが知られている。

クリミア戦争での敗北とその後のパリ条約の締結により、ロシア帝国の黒海での海軍保有が一時禁止されて南部地域への領土拡張は停滞したが、1864年にはカフカース戦争に勝利して北カフカース地域を併合した。また1878年の露土戦争で勝利を収め、サン・ステファノ条約の締結によりロシア帝国の影響の強い大ブルガリア公国が成立したが、同年開催されたベルリン会議により領土を大幅に縮小された。

アジアへの進出

19世紀後半はまた中央アジアや極東アジアへの領土拡張が推進された。1867年にはタシケントにトルキスタン総督府が設置され、コンスタンチン・カウフマン総督の下でコーカンド・ハン国が併合され、ブハラ・アミール国とヒヴァ・ハン国が保護国化された。カウフマンはカフカース総督府での勤務経験があり総督府官吏としての知見を有した。また1881年にはトルクメニスタンが併合され、カフカース総督府管内に編入された。

極東アジアへの領土拡張では、東シベリア総督に着任したニコライ・ムラヴィヨフ＝アムールスキーが1858年に清国との間に璦琿《アイグン》条約を締結してアムール川左岸の領有を確定させた。また1860年には北京条約の締結により極東地域の沿海州を獲得し、太平洋上の玄関となる不凍港ウラジオストク（ロシア語で「東方支配」の意味）の建設を開始した。さらにロシア帝国は１８９１年にシベリア鉄道の建設に着手して、ハルビンを経由してモスクワとウラジオストクを直結させることに成功し、東アジアの大国として満州権益の確保を目指すこととなった。

ニコライ・ムラヴィヨフ＝アムールスキー（1863年、コンスタンチン・マコフスキー画）

軍事大国の陥穽

こうしてロシア帝国は20世紀初めまでにユーラシア大陸を席巻するかのような領土拡張を継続させて、世界最大の領土面積を有する大国となることに成功した。これは一方では広大な領土がもたらす資源大国としての特徴を形成することになったが、他方では領土拡張をし続けた結果として欧州から極東アジアまでの安全保障の責務を負うことになり、軍事大国であることを義務づけられた存在であったと指摘できる。しかしながらロシア帝国が領土拡張を継続させたことは諸外国にとって大きな脅威と認識され、軍事大国であるにもかかわらず安定的な安全保障環境を容易に構築できないという矛盾を抱えた。実際、ロシア帝国は満州および朝鮮半島での権益確保をめぐり日本と対立して１９０４年から日露戦争に突入することになったが、この戦いはロシア帝国の領土拡張を阻止し、帝国崩壊の序曲となった。

（花田智之）

9 コサック
――ロシア帝国の尖兵

コサックとは何か

14～16世紀のロシアの農村には、「ホロープ」と呼ばれる奴隷、および未だ完全には土地に緊縛されていない農民がいた。とくに農民は、重税・天災・凶作・飢饉・疫病・戦火など多くの要因によって苦しめられ、その居住地を容易に離れていった。他方、労働力不足に悩む領主たちは、移動する農民を歓迎し、また他領から農民を引き寄せた。そのため農民の移転は絶えることがなく、経済的に打撃を受けやすい中小の領主による嘆願に動かされ、15世紀末から政府は農民の移転に制約を加え始めた。『ウロジェーニエ』は農民を土地に緊縛すること（農奴制の成立）を謳った全国法典である。

コサック社会はそうした逃亡農民たちの行先の一つを提供することになった。コサック社会の存在そのものが、農民にとって奪われた自治の象徴であり、そのためそれを目指して、17～18世紀において発生する諸叛乱に農民たちは積極的に参加していった。

ロシアの文献に「コサック」という語が初めて登場するのは14世紀末であった。「労働者・作男」と並んで、テュルク語起源であるコサックという語は「自由で独立した人間、冒険者、逃亡者、剛胆者、自由戦士」などの意味を持っている。14～17世紀のロシアでは、ロシア国家の辺境で軍役を担う勤務人、そして雇用される労働者がそう呼ばれた。ロシア史上重要な役割を果たすのは前者である。

社会グループとしては辺境における銃士兵や砲兵などに近く、18世紀にはその大部分が担税身分となるコサックは特権的な軍事身分へと転化が進み、最終的には19世紀にそれが完成した。当初、コサックは独立・自立を享受していったが、のちに政府はその上層を懐柔することによって自治を撤廃して非正規軍としていった。他面、辺境の防衛という勤務に対し、政府はコサック集団に俸給と土地を与え、そうした土地給与の形態は１９１７年の十月革命まで存続した。

コサックの存在は、農奴制のシステムや多民族性と並んで、ロシア史上の特殊性の一つを示しているが、このロシアの歴史的経験は諸外国でも試みられた。とくに日本では１８７４年に制度化された屯田兵制がそうである。北海道への移住とその開拓・防備の形式は、ロシアのコサック村のそれと似ている。事実、日本からの調査団はロシアの極東地方で調査・研究を重ねた。さらには北海道に「コサック風」に家屋を立てるため、大工がロシアから招待されたりもした。

15世紀後半には、ポーランド＝リトアニア連合王国やクリミア・ハン国と接するロシアの南および南東辺境では、農奴制による束縛を嫌った逃亡農民や都市民が自らを「自由な人間＝コサック」と称して集まり始めた。それに犯罪者や町の貧民、没落貴族などが加わり、ドン、ヴォルガ、ドニエプル、グレベンの各コサック社会が形成された。16世紀前半にはザポロージェ、同世紀後半にはテレクとヤイーク、17世紀中葉にはウクライナ左岸にコサック社会が創設された。

短期間のうちにコサックは未開の原野や辺境の肥沃な土地を大いに開墾していった。また彼らはシベリアや極東におけるロシアの探検活動および征服に積極的に関わり、いわば尖兵の役割を果たすこ

スーリコフ画『イェルマークのシベリア征服』

とになった。そのなかには、T・イェルマーク、V・アトラーソフ、S・デジネフ、E・ハバーロフたちがいた。広大なシベリアをロシアが征服・領有するに至る第一歩はイヴァン四世（雷帝）の時にイェルマークによって刻まれた。富裕な商人であったストローガノフ家は、イヴァン四世の許可を得て、シベリア・ハン国攻撃とシベリア進出のため、配下のイェルマークを頭目《アタマン》とするコサック隊を１５８１年に出発させた。彼自身１５８５年シベリア・ハン国軍の急襲によって死去したが、ロシアによるシベリア征服への道は開かれたのである。

国家と対峙するコサック

16〜17世紀前半まで、政府は辺境の「自由な」コサックを自らの命令に服させるための十分な力をまだ持っていなかった。彼らは、裁判、行政および対外関係の分野で自治を享受していた。むしろコサックは大きな政治勢力として存在していた。例えばドン・コサックは、モスクワの政府やタタール人を相手に戦い、「動乱」時代にはロシア国家の政治状況を左右するほどの力を持った。１６０６年に始まったホロープ出身のボロートニコフ率いる農奴・奴隷・流浪民・下層のコサックの叛乱は、結果的には失敗し、農奴制の強化をもたらしたが、

レーピン画『トルコのスルタンへ手紙を書くザポロージェ・コサック』

コサックが叛乱の核となった。また1613年ミハイル・ロマノフが即位するにあたり、コサックは全国会議で圧力をかけて彼の即位に貢献し、政府から様々な特権を得た。しかし17世紀後半の政府による特権への締め付けに反対するドン・コサックの抵抗は、70～71年のステンカ・ラージンの乱で一挙に爆発した。

ドニエプル流域の早瀬のなかに浮かぶ島に本営《セーチ》を置いていたザポロージェ・コサックも17世紀には大きな勢力を誇っていた。彼らは、ロシア人とウクライナ人とがクリミア・タタール人その他の種族と同化して形成されたもので、他のコサック社会同様、頭目を選挙で選び、自由で民主的な共同体を作った。共同体内では、その成員は全く平等であり、重要な案件はすべて全員参加のもとコサック集会で討議され決定された。1648年にボフダン・フメリニツキー率いるコサック叛乱により、ウクライナはロシアに帰属することになった。当初はウクライナにも自治が認められていたが、徐々にコサック社会を含めたこの地方の自治に制限が加えられていった。

18世紀初頭以後、コサックが頻発する民衆蜂起の組織形成者となることを危惧したロシア政府は、富裕なコサックや上層部を懐柔して自治廃止を目指していった。そのためこの世紀全般を通して彼らを軍事身分に転化し、またツァーリに忠実な非正規軍団へとその社会を変質させたのである。1721年、彼らは軍事参議会管轄下に移された。その後、軍団の頭目や長老《スタルシーナ》の選出権も廃止され、政府による任命制へと変わった。またコサック社会がその発生当初から一様ではなかったことも、その傾向を容易にした。絶え間ない逃亡農民などの新しい流入者は「ゴルイチバ」や「ネチャーギ」と呼ばれる貧しい社会層を形成する一方で、上層は19世紀初めに貴族身分に加えられたのである。しかし政府によるコサック社会への締め付けに対し、地方のコサックは様々な形で抵抗を示していった。

16世紀後半に形成されたヤイーク・コサックは、そのほとんどがロシア人の逃亡農民であり、そこにタタールの要素が混じっていた。彼らの多くは古儀式派教徒であり、ドンやザポロージェその他のコサック同様、独立自治を誇っていた。17世紀、政府は、一方で彼らをペルシアやステップの遊牧民に対する辺境防衛隊として支持し、他方で彼らの略奪行為を監督・制御し、彼らが逃亡者を匿うことを禁じ、その受け渡しを要求した。

18世紀になると、政府はコサック社会に一層干渉するようになった。すでに国家にとっての対抗勢力という意義を喪失してしまっていたドンやザポロージェのコサック軍団に代わり、いまやヤイーク・コサックが民衆を引き付けていたからである。生業である漁労権の割り当てを巡る社会内部の抗争とそれへの干渉、オスマン帝国との戦争を控えて新兵の供給要求、および中国へ逃亡するカルムィク人の追跡とキズリャールへの部隊派遣の要請が政府との関係を悪化させ、1772年の叛乱を勃発させた。この叛乱鎮圧以後、政府による統制は強化されたが、多くのコサックはいまだ自治への欲求を持ち続け、軍団も国家にとっての対抗勢力という意義を完全には失わなかった。ドン・コサックのプガチョーフはまさにそうした点からドンではなく、ヤイークのなかに来るべき叛乱の種と支持を見出していった。

帝国の尖兵としてのコサック

しかしプガチョーフ叛乱鎮圧以後、ヴォルガ・コサック軍団のような解体の憂き目にはあわなかったものの、ヤイーク・コサックはウラル・コサックと改称され、最終的に政府の命に服したのである。このときコサック自治の象徴的存在であったザポロージェの本営も解体された。

こうしたコサック社会に対する統制が強化されるなかで、18世紀中葉～19世紀前半には、政府主導で、政府に対して完全に服従する新たなコサック軍団が形成された。アストラハン・コサックやオレンブルク・コサックなどがそうである。いわば「官製の」コサックであるオレンブルク・コサックの歴史は、それ以前のコサックの場合とは大きく異なっている。この政府主導で形成されたコサックは非正規軍として登録され、軍務や俸給の面で差別を受けていたため、正規軍との間には常に緊張関係が存在していた。プガチョーフ叛乱ではそれが一挙に爆発し、鎮圧後もコサックの不満は解消したわけではなかったが、政府による強力な統制と、「官製の」コサックという起源のために容易に鎮静化していったのである。

19世紀に形成されたコサック軍団は、住民人口の希薄なシベリア、極東、セミレーチエ、北カフ

オレンブルク・コサックの銅像（オレンブルク市、2009年3月撮影）

カースの一部における植民化と農耕の普及に力があった。しかしより重要なことは、政府が広くコサックを国内の警察的任務と民族解放闘争に対する抑圧、および革命運動の弾圧に利用していったということである。

20世紀初め、11の軍団を数えたコサックは、総人口で約４４２万人にのぼった。彼らは陸軍省の管轄下に置かれ、頭目は政府により任命されていた。成人男子は18歳から軍役を20年（のちに18年に短縮）にわたって行わなければならなかった。

１９１７年の二月革命では、コサックは民衆側に立つ者、反革命を支持する者に分かれた。十月革命に際しては、臨時政府を支持せず、「中立」の立場を保ったのである。コサックのソヴィエト権力側への移行は１９２０年2月29日、モスクワで開かれた第一回全ロシア勤労コサック大会においてであった。また同年発布・施行された法律によって、特殊な軍事身分としてのコサック層の存在は終焉した。こうした経緯のなかで、オレンブルク・コサックをはじめとする幾つかの軍団が廃止され、彼らに対して職業上などの差別が加えられた。しかし１９３６年4月20日、ソ連邦中央執行委員会は、コサックの赤軍内における軍務上の制限を廃止した。ソ連崩壊後、コサック軍団の再興がその出身者たちによって実現されている。

（豊川浩一）

10 「大改革」の時代
――西欧化と帝国の拡張

クリミア戦争の終結と「大改革」の始まり

パレスチナの聖地管理問題を巡る衝突を契機に、1853年ロシア帝国とオスマン帝国の間で戦争が勃発した。この時、皇帝ニコライ一世の想定に反してロシアは国際的に孤立し、1854年3月に英仏がロシアに宣戦すると普墺もこれを支持した。このクリミア戦争は、セヴァストポリ要塞陥落とニコライ一世の突然の死去を経て、1856年3月に黒海の非武装化をはじめロシアにとって不利な条件の下でパリ講和条約を結ぶことで終結した。これによりロシアは、ナポレオン戦争以来保持してきたヨーロッパにおける大国としての威信を失墜させた。この講和条約締結の翌日、新帝アレクサンドル二世は国内に向け勅令を出し、「全身分のロシア・ナロード」の多大な犠牲と尽力を労うとともに、大きな「譲歩」の末に手に入れた平和の意義

セヴァストポリの陥落（Library of Congress, http://lcweb2.loc.gov/pp/mdbquery.html）

を強調した。そして、「臣民の協同の努力」によって「国内の良き体制」を再建する展望を示したのである。

以後ロシアは、軍事外交より国内体制の再建を優先させ、国家・社会の諸制度の改革に徐々に着手した。これらの改革は、必ずしも明確な指導者や理念に導かれたものではなかった。ニコライ一世期に養成された実務派官僚たちが各部署で改革を進め、それらが相互に連動しながら次第に深化していったのである。しかし、そこには明確な共通の方向性があった。国家・社会の諸制度の西欧化である。「開明官僚」たちは、各分野で西欧の諸制度を学び、法案を公開して広く議論を喚起しながら改革を進めた。これらの諸改革は、専制や身分制度の原則的維持という枠内ではあったが、ロシアの伝統社会に深く介入し、その変容を迫る大規模な「社会工学」であった。19世紀の末、改革機運が後退し、国家統制が強化されると、リベラル派の論客は1860～1870年代を「大改革の時代」と呼び、その意義を喧伝した。ソ連崩壊後、歴史家たちはこの呼称を継承し、現在では、この諸改革を「大改革」と呼ぶことが通例となっている。

アレクサンドル2世

農奴解放令の布告を聞く農民たち（1907年、Борис Кустодиев画）

「農奴解放」と社会的活動への諸身分の参加

１８６１年３月３日（露暦２月19日）、いわゆる農奴解放令が発布された。それ以前、領主の財産であった領主地農民は人格的に解放され、国有地や御料地の農民と統合されて「自由村落民」身分に昇格した。これ以降、農民は公民としての役割を担う存在となり、新設の司法機関や地方自治機関に代表者を送り、土地を所有し、商業・産業を営むことが可能となった。

農奴解放に続く社会制度改革は、人工的ではあれ、ロシア社会の全身分が参加する自治をもたらした。とくに重要な改革は、地方制度改革（１８６４年地方自治会《ゼムストヴォ》、１８７０年都市自治会《ドゥーマ》）と司法制度改革（１８６４年）である。地方《ゼムス》自治会《トヴォ》は、農村と都市の不動産所有を基準に選出された議員と農民代表議員によって構成された。そして、地域社会の福祉事業に責任を負い、独自の地方税を徴収して、インフラ整備、医療、教育などの分野で大きな役割を果たすことになった。司法制度改革は、司法の独立や公開裁判を実現し、治安判事や陪審裁判など、農民を含め社会から選出された代表者を参加させる新制度を導入した。さらに、検閲が緩和されたことで出版が活性化し、教育制度の改革によってエリートへの道筋も幅広い階層へと開かれていった。１８７４年には、全身分が徴兵対象となる皆兵制が施行された。軍務期間は身分ではなく教育資格によって短縮され、識字能力を持たない者には初等教育も施されたので、結果として教育も普及した。

これらの諸制度改革には、問題がなかったわけではない。農民は「解放」後も、長く続く分与地の買取りのために共同体に拘束され、移動の自由を制限された。共同体の連帯責任も維持され、独自の農民自治組織や農民裁判所が機能し続けた。こうした農民の真の解放を目指すラジカルな結社も出現し、たびたび皇帝の暗殺が試みられた。また、全国規模の代表機関の創設が実現しなかったため、地域の自治は国政には反映しなかった。自主性を高める地方自治機関や司法機関と、統制を試みる行政の間の摩擦は次第に深刻化することになった。とはいえ、これらは改革が引き起こしたダイナミズムでもある。全身分を公的生活に引き入れた「大改革」はロシア社会を活性化し、ロマノフ王朝が20世紀初頭まで生き延びる力を与えたのである。

帝国の拡張と統合という課題

「大改革」のもう一つの特徴は、諸制度改革が基本的にヨーロッパ・ロシア部分でのみ施行され、それ以外の部分は特別の法制度のもとに置かれたことである。確かに、クリミア戦争後、政府は西欧諸国との軍事衝突を回避して西欧型社会の創出に心血を注いだ。しかし一方で、ヨーロッパ・ロシア以外の領域への拡張と支配の強化も同時に進んだ。そのため、改革が進む中央部と拡大する周辺地域をどのように接合するのかという問題に、政府は直面していくこととなる。

帝国西方の沿バルト地域や西部地域（旧ポーランド・リトアニア共和国で現リトアニア、ベラルーシ、右岸ウクライナ）では、ドイツ人やポーランド人が地域の支配層を構成した。なかでも、ナショナリズムが早くから伸長し、国家の復興を目指していたポーランド人は、「大改革」に向けた公論の活性化に刺激され、1863年に大規模な蜂起を起こした。ロシア帝国政府は、これを機に西部地域においてポーランド文化を公的生活から排除し、地域の脱ポーランド化を進めた。そして地域の被支配層を構成したリトアニア人、ベラルーシ人、ウクライナ人にロシア語や正教などのロシア文化を広めようとした。こうした流れは、ドイツ帝国成立後には沿バルト地域（ドイツ人が支配層を、エストニア人・ラトヴィア人らが被支配層を構成）にも及び、地域の脱ドイツ化とロシア文化の浸透が目指されたのである。

カフカースでは、山岳地域東部で対ロシア抵抗運動を率いた宗教指導者のシャミーリが1859年に投降し、ついで1864年には、北西カフカースのチェルケス諸部族が制圧された。さらに、インドとアフガニスタンに権益を持つイギリスに対抗するなかで、1864年以降中央アジアへ本格的に進出し始めた。1864年にはチムケントとアウリエ・アタ（現タラス）を陥落させ、1865年にはタシュケントを攻略した。続いてコーカンド・ハン国を滅ぼし、ブハラ・アミール国とヒヴァ・ハン国を保護国とした。1867年にはトゥルケスタン総督府を設置し、地域社会への介入を深めていった。政府は、東部の諸地域には西部の諸地域ほどの大きな脅威を感じていなかったが、イスラームの拡大には警戒心を抱いた。そのため、ここでもロシア語と正教の拡大が大きな課題と認識されるようになっていった。

シベリアから極東においても、ロシア帝国の存在感が増した。1860年代の米露の良好な関係を基盤としつつ、軍事能力に見合った領域に統治を限定するために、1867年に政府はアラスカをアメリカに売却した。そして英仏の中国進出に対抗して、極東の防衛に集中した。1858年の璦琿《アイグン》条約、1860年の北京条約によって、ロシアは日本海に臨む沿海州の広大な土地を清《しん》から獲得した。さらに1860年には、日本海沿岸の中露国境地帯にウラジオストクを建設し、サハリン島にも進出した。さらに1875年には、千島列島の日本の権益を認めるかわりに、日本にサハリン全島の領有を認めさせたのである。

こうしてロシアは、中央部で西欧化を進める傍ら、西方では諸民族との緊張を高め、東方・南方に向けて領土拡張しては異質な地域を新たに帝国に飲み込んだ。ロシア帝国の統治体制は、伝統的には現地エリートの取り込みと彼らを通じた間接統治が主流であった。しかし「農奴解放」以降、より直接的な臣民の管理が行われるようになると、次第に統合のイデオロギーが求められるようになっていった。しかし、拡大する多民族・多宗教の帝国を安定的に統合するイデオロギーは容易には見いだせず、言語や宗教などの多様な要素を用いた統合への実験が繰り返されることとなった。また、ポーランド人をはじめとした西部境界地域におけるナショナリズムの伸長は、ロシアの世論に同様のナショナルな志向を喚起した。1870年代にはスラヴ民族結束への社会の熱気によって、ロシア帝国はクリミア戦争以降抑制していた国際的情勢への関与を余儀なくされ、1870年代末に再び露土戦争へと突入した。

（青島陽子）

11 自由主義の時代

——10月17日詔書への道

専制とロシア正教会

帝政期のロシア政治において、「自由主義者」と呼ばれる人々が本格的に登場するのは、1905年革命ののち、国会開設が宣言され、政党が結成されるに至ってからのことである。しかし、ロシアには、それ以前から、言論による啓蒙や合法的な改革によって、司法の独立や地方自治の実現を求める人々がいた。彼らもまた歴史家によって「自由主義者」と呼ばれる人々である。多くの場合、彼らは西欧を範とするがゆえに、民族主義的な人々からはしばしば批判された。またソヴィエト期には、1970年代に自由主義を再評価する見方が現れるまで、彼らは変化の必要を認めながら革命を恐れる臆病な人々と見なされていた。

それにもかかわらず、一人ひとりの個人に自由な活動領域を保障することによって社会の活力を引き出すことのできる制度の構築は、いわゆる近代化の過程で、あらゆる国家が取り組まなければならない課題である。ロシアも例外ではなかった。とくにアレクサンドル二世の時代に入ってからはこの課題の重要性が認識され、多くの努力が重ねられた。しかし、広大な領土と多様な民族を抱え、潜在的な遠心力を宿したロシアは、政治統合を可能にするために求心的な権威に基づく制度を必要とした。

一つは専制であり、もう一つはロシア正教会である。この国における自由主義の歴史は、これらの制度との緊張関係のなかで展開されなければならなかった。

ロシアは長くツァーリを神聖な主権者とする政治体制をとってきた。政治過程において君主の裁量の占める比重は大きく、西欧型の統治制度の導入は著しく困難であった。有力な政治家はいても、その影響力や権威は、法制度的な根拠よりもツァーリの信任に基づいていた。ツァーリの個人的権威によらずに行政の統一性を実現しようとする内閣制度や、そのかなめとしての首相の職は、1905年革命の前には実現しなかった。同様に困難であったのが国民を代表する議会の設置である。19世紀を通じて、ロシアは議会と呼べるものを持たなかった。立法に際して法案を審議した国家評議会は、形式上はあくまでツァーリの諮問機関にすぎず、また官吏であるその議員は国民のいかなる層も代表していなかった。

それでも、君主への権威の集中が機能的な行政にとって障害になることは認識されていた。政治的正当性の根拠がどこにあろうと、合理的な政治的意思決定の仕組みを持たない限り、複雑化する社会を運営することは不可能だったからである。たしかにロシア帝国の立法は、諸機関の意見をツァーリが裁可することによって行われた。それでも、重要な法案に関しては、国家評議会での審議が実質的な影響を及ぼした。法治主義の重要性も認識されつつあり、1864年11月の司法改革によって導入された司法の独立という原則と近代的な裁判制度は徐々にロシア社会に定着していった。

多くの国において、議会制を導入するさい、当面議員となることを期待されたのは地域社会に影響力を持つ地方名望家であったから、彼らを体制に繋ぎとめ、組織化するために、通常、議会制に先行して名望家自治の制度化が行われることになる。ロシアでも、1864年1月、内地の県と郡に自治機関（ゼムストヴォ県会・郡会および県・郡参事会）が設置された。そのさい、ゼムストヴォ郡会の議員を選出する権利は、地主や都市住民などとともに共同体農民の代表にも与えられ、ゼムストヴォ機関は名目的にはかなり広範な社会層から選出された代表によって構成されていた。アレクサンドル二世時代には、ゼムストヴォを基礎として、中央に臣民の代表を召集する仕組みを作る試みも政府の内外で繰り返し現れた。露土戦争による社会の動揺を背景に出てきた内相ロリス＝メリコフの案はその最後のものである。実施寸前まで行ったが、アレクサンドル二世の暗殺によって実現されないままに終わった。

臣民の多数を信徒とするロシア正教会も、国家統合の道具として重要な役割を果たしていた。政府は、正教を管轄する行政機関である宗務院を中心として、その正統性の維持、すなわち「分離派」や「セクト」に対する厳しい規制に努め、正教徒が他宗教に改宗することを、刑事罰をもって禁止していた。他方で、ロシアは多様な信仰を持つ人々が居住する帝国でもあった。ロシア正教以外のキリスト教はもとより、ユダヤ教やイスラーム、ラマ教（チベット仏教）なども、内務省の管轄下で、「外国の宗教」として法的に認められていた。とくに、帝国内のポーランドに加えて西部諸県にはローマ・カトリックのポーランド人が、沿バルト諸県にはルター派のドイツ人がおり、地域の支配層として、従属的な諸民族に対する影響力を持っていた。

また、もともとヴォルガ川中流域やウラル山脈の南部には多くのムスリムが住んでいた。ムスリムの数は、ロシア帝国が南カフカースや中央アジアを併合することによって大幅に増えた。政府は、正教以外の宗教が政治化することについて警戒を怠らなかった。とくに、19世紀後半になると、ナショナリズムの興隆とともに、宗教が持つ政治的意味はいっそう大きくなる。宗教的マイノリティは民族的マイノリティと重なり合い、ときに帝国の体制を動揺させた。ロシア正教と他宗教との間の、このように不安定なバランスの上に、ロシア帝国の宗教秩序は成り立っていた。そこでは、近代的な原理としての良心の自由や政教分離の実現は、簡単なことではなかった。それでもアレクサンドル二世時代の終わりには宗教政策の見直しが行われ、その結果制定された1883年5月3日法（国家評議会意見）によって、分離派やセクトとされる宗教集団に対する寛容がある程度認められるようになった。

転換期としての1890年代

1881年3月に即位したアレクサンドル三世の治世は、通常反動の時代とされる。この時代を通じ、ツァーリの師父として大きな権力を手にしていたポベドノスツェフのように、ロシア帝国における非ロシア人のナショナリズムの高まりを抑制する上で、正教を浸透させることが有効な手段であると考える人々は、ルター派やイスラームが優勢な地域で、正教会の勢力維持を政策的に促した。専制の護持もあらためて宣言され、政治改革の可能性が明確に否定された。また、1890年6月12日には、いわゆる反改革（対抗改革）の一環として、ゼムストヴォ機関設置法が改正された。新しい法律では、ゼムストヴォ機関に対する県知事の統制が強化されるとともに、貴族身分が特別な扱いを受けるよう議員の選挙方法が改められた。

しかし、自由主義の動きはこの時代にも止まることはなかった。反改革ののちゼムストヴォ活動は

レーピン画『10月17日』（Илья Репин, Галина Ельшевская (Картинная галерея), Слово, 1998）

むしろ活発化した。医師や教師、獣医、統計家、農業専門家といった様々な職種の人々がゼムストヴォに働き場所を求めるようになり、その実務能力は格段に向上した。政府にとっても実効的な地方統治のためにはゼムストヴォの協力が不可欠であった。ゼムストヴォの活性化に伴い、指導的な貴族のなかからは、この機関を基盤として政治的な改革を求める運動も現れてきた。多くは請願によって表明された彼らの主張は概して穏健なものであったが、１８９４年10月に即位したニコライ二世は、ポベドノスツェフの影響下に、こうした試みを「無意味な夢想」として斥けた。１８９２年以降10年余にわたって蔵相の地位にあり、「ヴィッテ体制」と呼ばれる経済政策を強力に推進したヴィッテも、自分の経済戦略に反対する農業利益の不満の拠り所になりかねないゼムストヴォに対しては冷淡であった。ゼムストヴォ内の政治的な動きも、経済発展の前提となる政治体制としての専制を動揺させるが故に、好ましからざるものと考えられた。

　しかし、日露戦争と１９０５年革命は事態を大きく変えた。緊迫した政治状況を理解して、逡巡するニコライに政治体制の変更を強く迫ったのは、米国ポーツマスでの講和交渉をまとめて帰国したヴィッテであった。１９０５年10月17日、ついに立法に関して協賛権

セルゲイ・ヴィッテ（1905年）

を持つ国会の開設と広汎な臣民への参政権付与を盛り込んだ詔書が公布され、ロシアは専制から立憲君主制へと舵を切ることになったのである。19日には大臣評議会も改組され、議長のヴィッテは初代の首相となった。

10月17日詔書は、市民的自由の実現という点でもロシアの近代史における一つの画期であった。既に半年前の1905年4月17日勅令によって、正教徒の他宗教への改宗の自由が認められ、正教のなかの分離派やセクトも許容されることになっていたが、この詔書において、良心の自由という原則そのものが認められたのである。これによって、少なくとも形の上では、信教国家confessional stateとしてのロシア帝国の歴史に新しい時代がもたらされることになった。

このように、近代ロシアの社会においても、自由主義的という言葉で語ることがふさわしい動きが見られなかったわけではない。19世紀末から20世紀初頭のロシアにおける法治主義の発展や市民的自由確立の程度を測る上で、それらを無視することは正当ではないであろう。しかし、そのような動きが、ロシアにおいては欧米諸国のように安定した制度として結実しなかったこともまた事実である。その原因を考えることは、きわめて興味深い課題である。英米の歩みを基準として歴史を考える思考法から距離をとりつつ、この国においては何が容易で何が困難であったのかを問い続けることによって、私たちの歴史認識はいっそう深くなるであろう。

（竹中　浩）

12 ユダヤ人問題

――ロシアとユダヤの複雑な関係

ロシア・ユダヤ史の始まり

現在のアメリカ・ユダヤ人の先祖の多くはロシア帝国出身である。そんな彼らが持つ典型的なイメージからすると、ロシアはユダヤ人を常に抑圧していた暗黒の地である。

帝政期においては、キリスト教国家ロシアの天敵として、ユダヤ人は政府からは法的に差別され、民衆からはとくに19世紀後半以降、幾度となくポグロム（おもにユダヤ人に対する暴動・虐殺）の対象とされた。帝政末期から内戦期かけて、３００万人以上のユダヤ人がロシアからアメリカに移住した。ソ連期に入ると、法的な差別は解消されたものの、ユダヤ教は宗教として弾圧され、「ソヴィエト的」なユダヤ文化さえ次第に形骸化していった。１９６０年代終盤からアメリカの協力の下で始まったソ連からの出国運動の中心を担ったのはユダヤ人だった。

現在のイスラエルの基礎をつくったシオニスト運動の母体もロシア帝国出身のユダヤ人であり、イスラエルから見ても、ロシアにあるのは暗い歴史である。シオニスト運動がロシア帝国各地で開始されたきっかけとなったのは、１８８１年から吹き荒れたポグロムだった。

少なくとも公的な文書から読み取れる歴史において、ロシア帝国のユダヤ人に対する扱いは、19世紀初頭にユダヤ人に対する法的差別を撤廃したフランスやドイツと比して苛酷なものだった。

ユダヤ人とロシア帝国の歴史は、18世紀終わりのポーランド分割に遡る。ロシアが併合した領土には、ポーランド貴族と農民をつなぐ社会経済的な役割から重宝されてドイツなどから集まっていたユダヤ人が多く暮らしていたのである。

だがキリスト教的な文脈でユダヤ人を狂信的な農民の搾取者と捉えていたロシア政府は、ユダヤ人の居住を旧ポーランド＝リトアニア王国領にとどめようとした。やがて、ロシアが南下して獲得したウクライナを含めた「定住区域」が設定され、ユダヤ人の居住は一部の特権的な者を除いてその地域（といっても広大だが）に制限された。

もっとも、ロシアにおいてユダヤ人だけが差別されていたわけでは必ずしもなかった。確かにこの居住制限に象徴される法的な例外措置はいくつか見られたが、そもそも帝政ロシアは身分制に基づく国家であり、民族や宗派、地域によっても帝国臣民の扱いは一貫していなかった。

むしろ、ロシア帝国の統治の実態は、各集団の支配層をツァーリが支配する間接統治であり、ユダヤ人の場合

タルムード・トーラー（初等宗教学校）（Eugene M. Avrutin, ed., *Photographing the Jewish Nation: Pictures from S. An-sky's Ethnographic Expeditions,* Waltham: Brandeis University Press, 2009.）

行商（Eugene M. Avrutin, ed., *Photographing the Jewish Nation: Pictures from S. An-sky's Ethnographic Expeditions,* Waltham: Brandeis University Press, 2009.）

も、法的には１８４４年に廃止された伝統的自治組織「カハル」は、実質的には機能し続けた。

もちろん政府は、そうした伝統的なあり方が、ユダヤ人が農民を搾取する根源であると考え、ユダヤ人をロシア化し、場合によってはキリスト教に改宗させようとした。だがそもそも「農民搾取」という捉え方自体が多分に偏見に基づくものであったように、政府がユダヤ人の実態を的確に把握していたとは言いがたく、また制度には抜け道もあり、その政策の効力にも限界があった。

しかし、ユダヤ人に対する抑圧政策が今一つ不徹底だった背景にはもう一つ、ユダヤ人がロシアにとって重要な役割を担っていたこともあった。最も目立つ役割を担ったのは、ペテルブルクやモスクワのユダヤ人銀行家である。彼らは政府要人と関わりを持ち、定住区域に暮らすユダヤ人のためにロビー活動も行っていた。ユダヤ人排除の声が内務大臣から出た際に、経済的観点から工業大臣が異を唱えたことがあったのも、政府がユダヤ人の経済的能力を認識（ときに過大評価）していたことによる。

しかし「ユダヤ人＝金持ち」というステレオタイプに違わない彼らの存在だけでは、ロシア・ユダヤ人の社会経済を語るにはあまりに不十分である。圧倒的多数のユダヤ人は、中・下層に位置していた。彼らは行商や手工業者として、あるいは小商店や旅籠を経営して都市や農村で日銭を稼ぐ一方で経済の潤滑剤となっていた。

「農民搾取」という偏見はこうした状況から持ちあがった。ポーランド時代、農民が対峙していたのは貴族の「手先」として徴税を担当したユダヤ人だった。ロシア時代に入ってからも、農村での商業にはユダヤ人が多く従事していたから、たとえ適正価格で商売していても（事実、ユダヤ商人が他の商人より暴利を得ていたことを示す証拠はない）、金に汚いイメージを持たれやすかったのである。

変革の動き

ペテルブルクのユダヤ・エリートは、そのような状況を変えることで、ユダヤ人のイメージを向上させようとした。その一環として、彼らはユダヤ人に宗教教育ではなく、ロシア語による啓蒙教育を受けさせようとした政府に賛同した。のちにシオニストになった者や社会主義者として専制を転覆しようとした者の多くは、この結果普及した世俗教育の直接的・間接的な影響下にあった。

しかし、19世紀終わりにユダヤ人の間で始まる大量の移民や社会主義・ナショナリズム等の運動の活性化は、エリートの一方的な先導だけでは説明できない。その際に鍵となったものこそ、ロシア・ユダヤ人の母体となっていた定住区域の中・下層のユダヤ人に押し寄せた社会経済構造の転換だった。

１８７０年代からロシアは急速に工業化をとげ、鉄道網が発達していった。だがそれはユダヤ人の伝統的な職業を奪ったのである。大工場の前に手工業は劣勢に立ち、鉄道が発達すると行商の需要は減った。失業したユダヤ人は都市に流れ、同じく都市に流入してきた農民たちとともにプロレタリ

市　場（Eugene M. Avrutin, ed., *Photographing the Jewish Nation: Pictures from S. An-sky's Ethnographic Expeditions,* Waltham: Brandeis University Press, 2009.）

アートとなった。アメリカなどへの大量の移民も、差別にもましてこうした経済的要因が大きな背景となっていた。

ユダヤ人に社会主義者が多かった背景にも、彼らが西欧の最新思想に明るく、都市居住率や識字率が高かったことにくわえ、ユダヤ人自身が資本主義経済体制で苦悩し始めていたことが深く関わっていた。

１８８１〜１８８２年と１９０３〜１９０６年の二つの時期に、定住区域各地でポグロムが発生した。啓蒙化によるユダヤ人解放を見通していたエリートは衝撃を受け、そこにナショナリズムの時代を嗅ぎ取った一部がシオニスト運動を始めるようになった。

もっとも、シオニストはロシアからの撤退を考えていたわけではない。彼らの念頭にもロシアに暮らし、そしておそらく今後も暮らし続ける５００万人以上（１８９７年の国勢調査）のユダヤ人の存在があった。シオニストは、ユダヤ人が尊厳を持つことができれば、ロシアでのユダヤ人の状況が向上するという見通しを持っていた。

ロシア帝国は実態として多民族帝国だったが、とりわけ１９０５年革命では、制度的にこれを整備し諸民族の平等な権利とその文化の庇護を明文化しようとする機運が高まっていた。それが達成されれば、ユダヤ人であることを堂々と掲げたままロシアの完全な市民として暮らしていくことができるはずだった。

しかしユダヤ人がここで言う「民族」に含まれるかは微妙な問題だった。ユダヤ人は、いずれ周囲に同化していくはずの単なる宗教集団や特殊なカーストにすぎないと見られる場合も多く、ポーランド人やドイツ人に匹敵する民族であるとは見なされていなかったのである。

さらに、ユダヤ人固有の職業が失われつつあった当時、ユダヤ民衆が進んで周囲の民族に同化する傾向が見られるようになっていた。そこでシオニストは、ユダヤ民族発祥の地とされ、ユダヤ人の間で語り継がれていたパレスチナにユダヤ人が拠点を得ることで、ユダヤ人が地に足を着けた民族と見なされ、さらにユダヤ経済を強化することができると考えたのである。

ロシアを愛したユダヤ人

このように、一見するとロシアからの移出運動の一つであるシオニスト運動を担ったユダヤ人でさえ、ロシアありきで思考していた。ましてや非シオニストのユダヤ人にとって、ロシアの存在がさらに大きなものだったとしても不思議ではない。

もちろん、自由主義者や社会主義者（とくに、ユダヤ人の言語イディッシュ語を核とした社会主義組織「ブンド」の成員）のなかには、ユダヤ人に対する帰属意識を同時に強く持つ者も少なくなかった。だがロシアとユダヤの双方に対する帰属意識は彼らのなかで——そしてロシアのなかでも——必ずしも矛盾しなかった。なかには、ユダヤ人だからこそロシアへの愛国心を強く持った者も少なからず存在したのである。

今では忘れられた少数派の歴史であり、冒頭のアメリカ・ユダヤ人が持つイメージからは想像しがたいが、例えば、ロシアのユダヤ人自由主義者のなかには、内戦期、白軍についてボリシェヴィキと戦い、パリやベルリンなどに亡命して以降もなお白系ロシア人と関わり、ロシア語で活動し続けた者がいた。彼らはユダヤ人であることやユダヤ人の利益を守ることを公言していたが、ロシアに対する並々ならぬ関心も示し続けた。

彼らの議論の行間から読み取れるのは、西欧知や経済的な力を擁したユダヤ人を発展途上のロシアが必要としているという自負であり、また、ロシアの地に生まれ育った者として、ロシア人に劣らないロシアに対する愛着である。

ユダヤ人であることを前面に掲げながらロシアにこだわり、そしてそのことにとくに矛盾を感じなかったユダヤ人が少なからず存在した事実、そしてそうしたユダヤ人と付き合い続けたロシア人も少なくなかった事実は、しばしば不平等を伴うとはいえ多様性が常態であるロシア世界の一つの特徴を示しているのかもしれない。

（鶴見太郎）

13 19世紀の日露関係

——通商関係樹立交渉から国境画定交渉へ

漂流民送還外交と鎖国祖法の創出

ロシアはクロテンの毛皮を求めてシベリアを征服し、17世紀後半には北太平洋岸に達して日本の隣国となる。さらにアリューシャン列島沿いに東進した一団はアラスカを領有し（ロシア領アメリカ）、一方、千島列島沿いに南下した一団はアイヌを臣民化し、毛皮税を課していった。日本は鎖国時代で遠洋航海は禁止されていたが、廻船による物流の活発化により海難事故が頻発し、ロシアへの漂流が増大していく。ロシアは漂流民を活用して日本語教育を開始し、対日交渉のカードとして通商関係樹立を日本にせまる漂流民送還外交を展開することになる。その嚆矢《こうし》となったのが大黒屋光太夫《だいこくやこうだいゆう》を送還して対日通商関係樹立を迫った第一回遣日使節ラクスマン（1792年）だった。日本は対露政策の方針を「礼と法」に基づくと定め、1793年、使節に礼をつくして長崎寄港許可書（信牌）を付与する。その一方で、通商拒否理由として鎖国祖法という伝統を創出した。これを機に従来の無自覚な鎖国状態が自覚的な「鎖国」政策として追求されることになり、国防への配慮も芽生えるようになる。防備のため大調査団を蝦夷地に派遣し、エトロフ島やウルップ島にそれぞれ1798年、1801年に標柱を建て領有宣言を行った。1799年、幕府は松前藩の東蝦夷地を7年間の直轄地とし、さらに、高田屋嘉兵衛《たかだやかへえ》に国後・エトロフ航路を開拓させ、彼を請負人としてエトロフ島の経営にのりだしていく。

露米会社と北太平洋植民地経営

１７９９年、ロシアでは20年間北太平洋の狩猟業独占権を持つ半官半民の露米会社が設立される。会社はカムチャッカやロシア領アメリカに食糧を届けるという役目も担ったので、安定的に食糧を供給するため対日通商関係を樹立する必要があった。露米会社は貿易拡大のため世界周航船の派遣を皇帝に要望した。第二回遣日使節として露米会社総支配人レザノフ自身が赴くことになる。１８０４年、レザノフは漂流民を伴い長崎に入港し、信牌を見せアレクサンドル一世の国書を日本皇帝（将軍）に奉呈することを申し出た。日本はラクスマンの江戸回航を避けるために信牌を与えていたのだが、ロシアは交易を認められたと解釈していた。レザノフは半年間長崎で待たされたあげく、鎖国祖法を理由に通商関係樹立を拒否される。十年余の間に鎖国策が強化されていたのだ。長崎通詞から民衆は対露交易を望んでいるとの情報を得ていたレザノフは武力による対日通商関係樹立計画をアレクサンドル一世に上申するに至る。

日露武力衝突とその沈静化

１８０６年、レザノフは皇帝の返事を待たずに部下のフヴォストフとダヴィドフに蝦夷地襲撃の極秘命令を下した。部下たちは樺太に上陸し領有宣言をし、ロシア国旗と標柱を建て、翌１８０７年にはエトロフ島、利尻島などを繰り返し襲撃し、日本人を拉致する。彼らの松前奉行宛書状は対露交易を始めないと「仇をなす」と脅迫していた。帰国後、二人は海賊行動により国益を損なったとして投獄されたが、二人は軍人として対スウェーデン戦で勲功をつむ。皇帝は叙勲を退けることで二人に軍法違反行為を償わせた。

豊原国周「山開目黒新富士」市立函館博物館蔵。
市川左団次が演じる近藤重蔵がロシアの十字架を引き抜き、熊を投げ飛ばし、「大日本ゑとろふ」の標柱を建て、見得を切っている。

「文化露寇」と呼ばれる、この「元寇」以来の国難事件は、蝦夷地が日露の係争地であることを認識させる。１８０８年の松田伝《まつだでん》十郎《じゅうろう》と間宮林蔵《まみやりんぞう》による樺太実地踏査は樺太が島であるという発見をもたらした。その一方で対露警戒心は１８１１年に千島列島測量に到来したディアナ号艦長ゴロヴニンたちを捕虜にするという事件を引き起こす。副艦長のリコルドは同胞を救出すべく観世丸の船長高田屋嘉兵衛をカムチャッカに拉致し、日露の緊張は頂点に達する。ロシアがナポレオン戦争に手をとられていたので、紛争は拡大せずに済んだ。高田屋嘉兵衛とリコルドの働きで、両国はフヴォストフとダヴィドフによる襲撃事件を個人的な海賊事件として処理し、ゴロヴニンたちを解放した。日露は国境画定の必要性を認識し、翌年エトロフ島での話し合いを約束し代表を派遣したがタイミングが合わず、国境問題の解決は先に持ち越されることとなる。１８２１年、ロシアは露米会社の活動領域を千島

朝暾齋「プチャーチン以下露国船来朝、戸田浦にて軍艦建造図鑑」（公財）東洋文庫所蔵
　日露が戸田村で建造した西洋式帆船の進水式。ロシアは感謝の意をこめて「戸田号」と命名した。

列島ではウルップ島南端までとし、ロシア船以外のその地域での航行と交易を禁止する。同年、幕府も直轄地としていた蝦夷地を松前家に復帰させる。こうしてウルップ島とエトロフ島の間で両国の千島列島をめぐる攻防は収まることとなる。

日露和親条約

19世紀中葉、アヘン戦争による中国の開国に見られるように西洋諸国が極東地域へ積極的に植民地進出していた。1852年、アメリカがペリー率いる日本遠征隊を派遣することを察知したロシアは、ただちに極東政策を審議するための特別委員会を設置し、プチャーチン提督を日本に派遣する。

プチャーチンは1853年、ペリー率いる大型蒸気船大艦隊が江戸に乗り込んだ直後に長崎に到着した。軍事侵攻をちらつかせ開国を迫るペリーの砲艦外交と違って、日本の法と慣習にそって平和的な姿勢を貫いたプチャーチンは日本の信頼を得る。交渉は約2年半にわたったが、その間ロシア使節団は何度か危険に遭遇する。1853年に勃発した対トルコ戦争へ1854年英仏が参戦することで、戦局は太平洋にまで拡大し、プチャーチンは情報収集のため何度か日本を離れる。外交交渉継続のため下田に来航した1854年、安政東海地震が発生し下田は全壊し、ディアナ号も沈没してしまう。難民となったロシア人に日本は避難所や食事だけなく、戸田村《へだむら》で代艦を建造するチャンスも提供した。日露共同で建造された船は「戸田号《へだごう》」と名付けられ、西欧式の造船技術を習得する場を提供した。1855年、日露和親条約が締結され、ウルップ島とエトロフ島の間に国境が画定されたが、樺太は境を分かたずとされた。これは先行の日米和親条約や日英和親条約同様の開港条約で、恒常的な通商関係を樹立する通商条約ではない。しかし、この条約には、先行の条約と異なって、友好な日露関係が刻印されている。例えば、日露和親条約は犯罪人規定に関し、不平等な片務規定ではなく、平等な双務規定になっている。

日露通商条約

1857年、プチャーチンは通商条約締結を打診するため来日する。オランダと最初の追加条約を締結した日本は開港地を増やす日露追加条約に調印した。1858年、プチャーチンはまたも長崎に入港する。アメリカが追加条約より有利な対日通商条締結を要求していることをつかんだのだ。7月の日米修好通商条約調印に続いて、8月、日露修好通商条約が締結された。経済後進国のロシアは長年追究してきた対日通商関係を樹立したが、実際の貿易額は平均して日本の輸出の約0・5%、輸入の3%強を占めたにすぎず、西洋列強の最下位に甘んじた。

江戸の国境交渉と対馬事件

１８５８年、東シベリア総督ムラヴィヨフは武力を背景に清国と璦琿《アイグン》条約を締結してアムール左岸を獲得し、沿海地方を清国との共有地にした。アムール川口に位置する樺太の地政学的重要性は増大する。ロシアにとり極東で残る問題は樺太であった。１８５９年、ムラヴィヨフはアムール艦隊を率いて江戸湾に現れ、樺太もロシア領になったと主張した。ムラヴィヨフの強引な外交手法に反発した攘夷派浪人がロシア水兵二人を刺殺するという事件を引き起こした。これは、幕末の外国人襲撃殺傷事件の最初のケースとなったのだが、ロシアはこの事件を口実に要求を無理押しすることはなかった。しかし、ムラヴィヨフの強引な外交手法はプチャーチンが平和外交により築いたロシアへの信頼を失墜させるものとなった。

さらにロシアはなおもアムール河口からの出口確保を目指し１８６１年、軍艦ポサードニック号が対馬を6か月間占拠するという挙に出る。事件の対策に苦慮した日本はイギリスの力を借りてポサードニック号の退去を実現し、これ以降ロシアに対する信頼はさらに地に落ち、イギリスが日本に大きな影響を持つようになる。

懸案の領土問題と明治の対等外交

樺太における日露の小ぜりあいに頭を痛めた幕府は１８６２年、遣欧竹内使節団にペテルブルクで樺太島の分界を協議させたが、合意に至らなかった。１８６７年、同居地で増大する日露紛争に苦慮した幕府は箱館奉行小出大和守《こいでやまとのかみ》をペテルブルクに派遣する。日本は樺太分界を望んだがロシアが受け入れず、雑居規則案が討議され、樺太島仮規則が締結された。条約により雑居を認めたことになり、ロシアのさらなる南下に道をひらくこととなる。

明治の世になると新政府は西洋国際秩序の枠組みで領土画定と不平等条約の改正に力を注ぐ。１８７４年、日本は榎本武揚《えのもとたけあき》をペテルブルクに派遣し、約1年弱に及ぶ交渉により樺太千島交換条約が締結された。この条約は約20年にわたる懸案の領土問題に平和裏にピリオドをうち、次の30年間の安定を保証する基本文書となった。しかし当時の日本の世論を対露脅威へと大きくシフトさせる契機にもなる。津田三蔵《つださんぞう》による大津事件も二葉亭四迷《ふたばていしめい》の東京外国語学校露語科進学も対露敵概心が動機となっている。

19世紀半ば以前の東アジアには西洋のような国境概念はなく、例えば琉球は日本と中国に両属していた。19世紀後半に西洋諸国が東アジアに進出してから国際秩序は徐々に国境を持つ主権国家が対等な立場で条約を締結する西洋型がスタンダードとなった。明治になりロシアとの対等性を公的に承認しあった形の樺太千島交換条約は日本が国際社会の一員として行動したことのあかしであり、その意義は大きい。外交関係の枠組みを日本型華夷秩序から西洋型国際秩序に交代させた日本は西欧社会の仲間入りを目指し、植民地獲得競争に乗り出す。クリミア戦争で英・仏・土に敗北を喫したロシアは矛先を転じ、アジアを帝国的野心の対象にする。20世紀に入ると領土的野心の対象である東アジアをめぐり両国は戦火を交えることになる。

（生田美智子）

14 日露戦争と日露関係
――敵国から同盟国へ

日露対立構造の形成

19世紀半ばに清国の弱体化が顕著になり、東アジアは激動の様相を示すようになった。そうした状況を背景に、世紀末から日露関係は次第に対立に向かった。

この頃、ロシアの指導部は、人口密度の低い極東領土の経営と安全保障に危惧の念を抱き、これに対処するために1891年からシベリア横断鉄道の建設に着手した。積極的な極東政策の中心人物となったのは、ロシア産業のために新たな市場を求めていたヴィッテ蔵相であった。彼はとくに清国への経済的膨張を願っていた。

1890年代半ばまで、ロシア首脳部は、日本との対立を招く根本的な要因は見当たらないと判断していた。だが、日清戦争の結果、日本を新たなライバルとして見るようになった。そこでロシアは三国干渉を主導し、日本に遼東半島を清国に返還させた。そして1896年6月には日本を仮想敵国とする露清秘密条約を締結し、満州を横断する鉄道の敷設権を獲得した。さらに、1898年3月に遼東半島・旅順の租借権を得た。こうした動きは日本で大きな波紋を巻き起こし、強い反発を招いた。

日露関係における最も重大な争点は朝鮮問題であった。軍部をはじめとする日本の指導部は、朝鮮半島を最重要戦略地域として見なし、他国に韓国の支配を許すことは国家の存亡に関わる問題だと考えた。一方、ロシアの対韓政策は必ずしも一貫しておらず、利権を取得し、不凍港を求める議論もあったものの、韓国を支配下に置くという具体的な計画は有していなかった。しかしながら、韓国皇帝高宗《こうそう》が親露的な姿勢をとっていたこともあり、朝鮮半島における日本の優位を認めないロシアは、日本にとって安全保障の最大の脅威と見なされるようになった。

義和団事件後、事態はさらに複雑化した。満州（中国東北部）を占領したロシアは撤兵せず、むしろ同地における立場を固める強硬な姿勢を示した。それは、イギリスやアメリカなど列強の不満を招き、対露不信を強めた日本は、ロシアを警戒するとともに、欧米諸国の対露批判を利用するようになった。

こうしたなか、ロシアは高宗の希望を考慮に入れ、韓国中立化を提案したが、日本はそれを拒否し、朝鮮問題を満州問題と結び付ける姿勢をとった。1901年、対露提携論者の元老伊藤博文《いとうひろぶみ》はロシアを訪れたが、既に満州で優位をとったロシアは、これから韓国を支配下に置きたいという日本の「満韓交換」案に消極的であり、交渉は失敗に終わった。1902年1月に日英同盟が成立し、日露の和解は一段と困難となった。

1902年春、ロシアは清国との協定に基づき、満州から撤兵を始めた。しかし、その一方で、東清鉄道の保護や国境防衛のために、韓国北部の森林利権を利用して対日拠点を構築すべきだと説くベゾブラゾフらの強硬派の声が強まり、皇帝ニコライ二世は動揺した。1903年4月に撤兵を中断し、ロシアは新たな対清要求を提出した。これにより国際的に対露批判が沸き上り、日本の対露脅威・開戦論が一層強くなった。

日露交渉と戦争

１９０３年8月に本格的な日露交渉が始まるが、この頃に両国において大きな政治的変化が起こった。日本では伊藤が枢密院議長となり、対露交渉では強硬論者の小村壽太郎《こむらじゅたろう》外相と桂太郎《かつらたろう》首相が主導的な役割を果たすようになった。他方ロシアでは、満州からの撤兵と韓国の譲渡を主張したヴィッテ蔵相が失脚し、穏健派のラムスドルフ外相の影響力が低下した。また、強硬派のアレクセーエフを太守とする極東太守府が旅順に新設され、日露交渉を含む極東外交政策を管轄するようになった。この異例の動きは、対日交渉の政策決定過程を混乱させたばかりか、日本指導部にロシアは鉄道建設のために時間稼ぎを図っているのではないかとする猜疑心を深めた。

ロシア指導部内では、あくまで対日戦を行うと主張する者は少数派であった。しかしその一方で、ロシアの特別な地位にこだわって満州からの撤兵を見合わせ、さらには朝鮮半島が対露戦略に利用されることを懸念して、韓国において日本の優位を認めるべきではないとする勢力が有力であった。彼らは日本の国力と対露戦争に踏み切る決意を過小評価していた。だがシベリア鉄道の完成でロシアの戦略的立場がより強まると危惧した日本は、交渉によるロシアとの合意は不可能であると結論づけ、開戦を決意した。こうして１９０４年2月、日本は宣戦布告をせずに旅順を奇襲した。

日露戦争は、ロシアに極めて不利に展開した。陸地の戦場では日本軍は早々と朝鮮半島を支配し、遼東半島を孤立させて旅順を包囲した。さらに、遼陽会戦に勝って沙河《さか》まで北進した。海上では、日本軍は仁川沖海戦や黄海海戦でロシア軍を破り、旅順にあった艦隊とウラジオストク巡洋艦隊の合体を防いで海上輸送路を確保した。

後退を繰り返したロシアはヨーロッパ地域から鉄道で兵力を輸送し、大軍を満州に集結するとともに、バルティック（バルト海）艦隊を太平洋に派遣し、打開を図った。ところが、1905年1月に旅順が陥落し、戦局はさらに悪化した。3月の奉天会戦で敗北したロシア軍は四平街《しへいがい》まで後退した。

こうしたなか、ロシア国内では政治体制に対する不満が高まった。1905年1月、サンクトペテルブルクで「血の日曜日事件」が起こり、各地の工場や鉄道でストライキが広がった。混乱が革命的様相を見せるなかで戦争の継続は次第に困難になった。

一方、国力の限界に達した日本にとっても戦争の負担は重くなっており、政府は講和の斡旋を米国大統領ルーズヴェルトに依頼することを決めた。ところが、ロシアは内乱に苦しみながらも、まだ十分の兵力を有し、戦争の行方を変える期待を捨てなかった。しかしながら、5月27日から28日にかけて起きた日本海海戦（対馬海戦）で、日本の連合艦隊がバルティック艦隊を打ち破った。ロシアにとって海軍力なしで日本に勝利することは不可能であった。海軍がほぼ壊滅状態になり、最後の希望を失ったロシアは、講和会議の提案を承諾せざるを得なくなった。

ポーツマス講和条約とその後の日露関係

日露講和会議は、1905年8月に米国のポーツマスで開かれた。日本側は、とくに国家の安全を重視し、絶対的必要条件として、韓国における日本の自由な行動の承認、日露両国による満州撤兵、遼東半島・東清鉄道南方支線の租借権の譲渡を求めた。ロシア側は、譲渡する鉄道の区間を日本軍の占領地域に限定し、韓国と清国に関わる問題に関しては、双方の政府の承諾が必要であるという修正

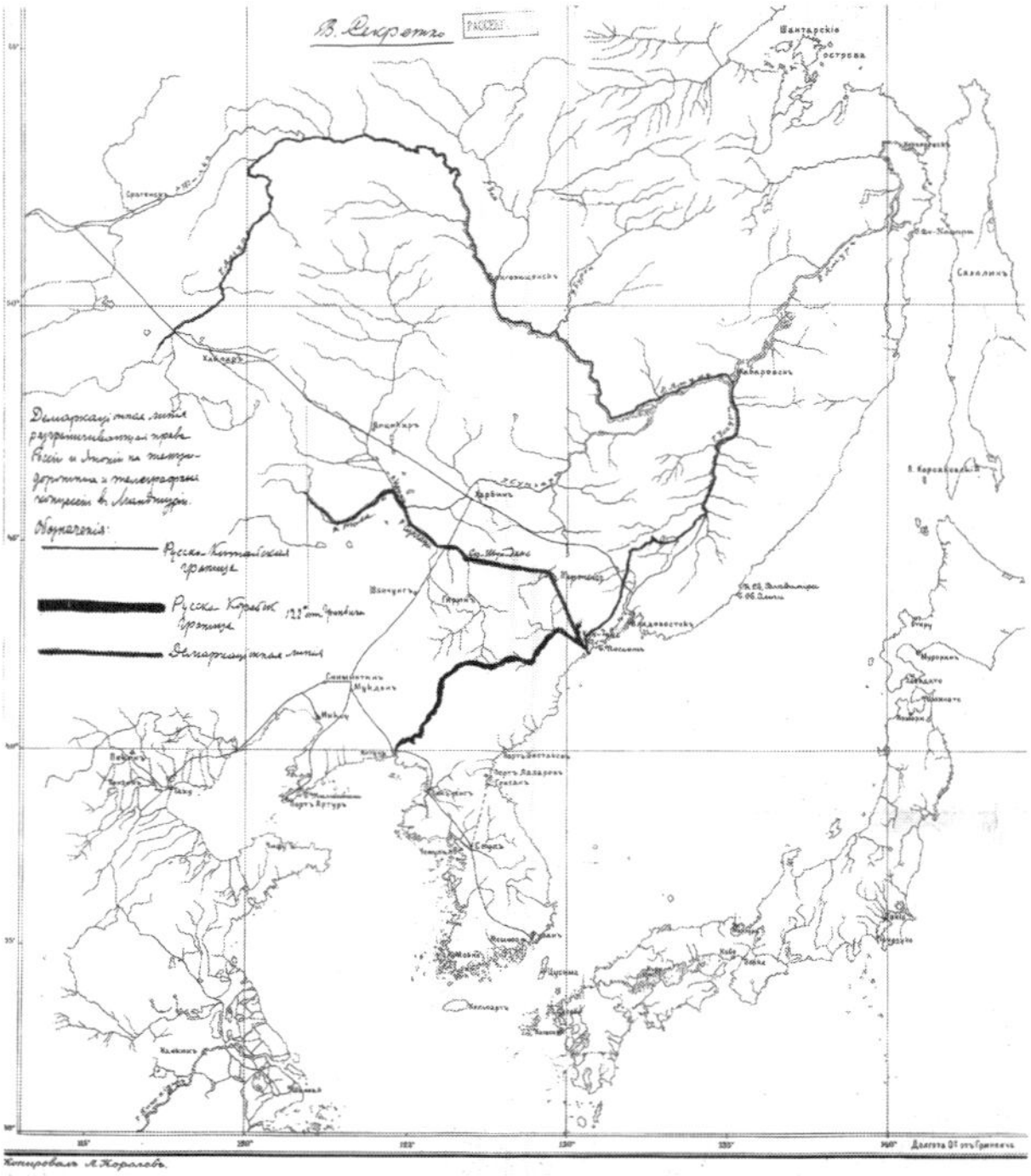

東アジア地域における日露勢力圏の境界線（1907-1910）（Шулатов Я.А. *На пути к сотрудничеству: российско-японские отношения в 1905-1914 гг.* より）

を加えた。他方で、絶対的必要条件を比較的容易に受け入れ、またロシア太平洋水域における日本側の漁業権も約束した。最大の対立点は、日本が比較的必要条件として示した賠償金の問題とサハリン（樺太）の割譲であった。当初、皇帝ニコライ二世らは、賠償金と領土の割譲は一切認めないと主張したが、早期講和の締結を主張したロシア全権ヴィッテは、賠償金問題の方が重要であると考え、サハリン島については柔軟であった。講和会議は一時決裂かと思われたが、9月に講和条約が成立した。サハリン島南部は日本領の樺太となり、日露間の国境が戦争によって変更される悪例が作られた。

日露戦争は、東アジアにおける地政学的状況（パワーバランス）に重大な変化をもたらした。軍事的に弱体化し、国内の統治に苦しむロシアは内政改革に力を入れるようになり、外交面でヨーロッパ方面を優先にし、極東地域では消極的な姿勢をとるようになった。これに対して日本は、東アジアの海域における支配権と大陸における戦略的拠点を獲得し、積極的な外交政策によってリーダーシップをとるようになった。

戦争直後の日露関係は不安定な状態にあった。ロシアは日本による韓国保護国化を阻止しようとしたが、これに失敗した。ロシアの復讐戦を危惧した日本は、戦後の財政難に苦しみながらも陸海軍の増強に努めた。それは、軍部をはじめとするロシアの指導部と極東地域に大きな不安を抱かせた。

一方、日露両国には敵対関係を維持する力が不足していた。また、満州及びその周辺地域において相互の地政学的利害は調整可能だと考えるようになった。激変する欧州情勢も影響し、英仏両国も日露両国の和解を積極的に支持した。１９０７年、両国は、外蒙古と北満州をロシアの勢力圏とし、朝鮮半島と南満州を日本の勢力圏とする第一次協約を締結し、接近の基盤を生み出した。

その後、満州・中国をめぐる国際的競争の激化を背景に、日露両国は第三者（とりわけ米国）に対する連携を強め、１９１０年に新たな協約を締結した。さらに、１９１２年にも新たな勢力圏を設定し、国際舞台における提携を深めた。第一次世界大戦中には日本がロシアに武器・軍需品の供給を行うなどした結果、両国の協力関係は深まり、１９１６年に同盟条約に当たる協約を正式に締結した。この状態は１９１７年末のボリシェヴィキ政権樹立まで続いた。

日露戦争後、ロシアと日本は東アジア地域の運命に多大な影響を与える連携関係を構築した。しかし、双方の国内においては様々な勢力、とくに両国の軍部が強い不信感を抱き続けた。日露双方に「同盟国」観と「仮想敵国」観が交錯したことが、この時期の日露関係の最大の特徴であった。

（シュラトフ、ヤロスラブ）

15

20世紀のロシア
──帝国崩壊からソヴィエト体制へ

「陸の帝国」ロシア

ロシアは、統治密度は低いがヨーロッパ大陸、アジア大陸にまたがるユーラシア国家であり、また国内植民地を持つ「陸の帝国」であった。その対外関係の特質は他の帝国と陸上で直接接するための軋轢が生まれることである。19世紀前半にはザカフカースを征服し、後半にはバルカン半島、中央アジアへ進出しようとしてハプスブルク帝国、オスマン＝トルコ帝国、イギリス帝国（インド）との対立が生まれた。帝国間の軋轢は、緩衝地帯設置による安全保障の考えを生んだ。その表れとしてプロシア、ハプスブルクとの間で行われたポーランド分割、スウェーデンからのフィンランド割譲、イギリスとのアフガニスタン国境策定とペルシアでの互いの影響圏設定、清とのアムール国境設定などをあげることができる。また内域にはモスクワを中心に植民地のザカフカース、トゥルキスタン、先進地域のバルトとポーランド、太平洋への回路となるシベリア・沿海州などの辺境地域が設定された。これらの地域との中央＝辺境関係は、帝国統治の重要課題であった。

そしてユーラシア国家であるがゆえに、19世紀末のロシアは諸列強の関心を集める地域とアジア、ヨーロッパ両域で領域を直接接することとなった。南では衰えを見せるオスマン＝トルコ帝国、東で同じく列強の進出対象となっていた清帝国である。オスマン帝国については露墺秘密協定でバルカン半島の現状維持を約した。この一時的安定を受けてロシアは、中国への関与を強め、これは、対外進出を目指す日本との戦争に結果した。新興国日本は、ロシアを朝鮮半島領有の障害と見ていたからである。

両国は、満州と朝鮮半島の支配をめぐって四次にわたってそれぞれの提案をやり取りしたが、日本は、最終的にロシア案を黙殺して開戦した。戦争は、周到に準備した日本軍の優位に経過した。日本海海戦の敗北を受けてニコライ二世は、日本はまだわが領土に踏み込んでいないとして米大統領の和平斡旋を受け入れたのである（第14章を参照）。

こうして日露戦争は決着し、中国を目指したロシアの帝国主義的進出は挫折した。これは、ロシア領ではなく満州と朝鮮半島で戦われた戦争だったが、帝国統治に与えた影響は大きかった。戦時下の１９０５年に革命が起こり、ロシア帝国の変革を生んだからである。

１９０５年革命とロシア帝国の変革、ストルイピン時代

ロシア社会は、20世紀初め種々の社会課題を抱えていた。都市住民・労働者の問題、疲弊した農民の問題、辺境との中央＝周辺関係、植民地・少数者問題である。また皇帝専制への批判と立憲主義要求が社会各層から提出された。この立憲改革は、ロシア帝国の世紀来の課題であった。政府は、１９０５年の「狂った夏」と呼ばれた社会運動の高まりからヴィッテ起草の「10月詔書」で立憲議会設置を約し、翌年春に二院制議会を定めた「憲法」（国家基本法）を制定して議会を招集した。議会は、上

院は勅選議員と社会団体代表から成るが、下院は工場、村、住民代表大会を選挙単位とし、国内植民地代表（少数民族・エスニシティ）も帝国全域から代議されていた。このため初期の二次の議会は、反政府気分が強く、短期間で解散されることになった。

革命で社会運動鎮圧に辣腕をふるったストルイピンは、1906年から内相を兼務する首相となった。ここから5年後に暗殺されるまでの時期をストルイピン時代と呼ぶ。

ストルイピンが目指したのは、戦争により低下した国力と国際的地位の回復である。このためにとられたのが国内の安定と統治近代化、対外関係のヨーロッパ重視への転換であった。外相イズヴォリスキーは、ヨーロッパ問題で声を上げられない場合ロシアは「二級国家」となると述べた。内政では議会を政府支持に変えるため「6月3日クーデター」で選挙制度を変更した。また皇帝勅令によって農村共同体解体・個人農民創出が図られた。しかし、近代化のための信教自由化、地方自治体の設置地域拡大などはいずれも民族主義・右派勢力の強い反対にあった。対外関係では、軍事力が弱体化し、取り得る手段が限られているので紛争回避が基本であった。極東、アジアでは露日協商、露英協商によって情勢の安定を得たが、ヨーロッパでは墺によるボスニア＝ヘルツェゴビナ併合に同意せざるを得なかった。ストルイピンは、皇帝の関与を排除する政治運営を進めたが、政権末期には孤立し暗殺された。

他方でロシア産業は、混乱から回復した。1907～1909年と比べて1913年の生産財生産は、1・74倍、消費財生産は1・37倍に増大した。回復を支えたのは、輸出額の61％を占める穀物の、殊に欧州向け輸出である。

輸出のこの構造は、ボスフォラス、ダーダネルス両海峡、マルマラ海が持つ意味を重要にした。輸出で海上輸送の約6割を黒海・アゾフ海ルートが占めたからである（バルト海は3割）。バルカン問題の重要性は地政学的のみならず、経済・財政的にもはるかに強まった。

第一次世界大戦とロマノフ朝崩壊

伊土戦争の結果は、列強にオスマン帝国解体が迫りつつあると改めて印象付けた。和平締結直後ブルガリア、ギリシア、セルビアは、トルコに宣戦しバルカン戦争が本格化した。一次、二次のバルカン戦争は、ロシアとオーストリア、ドイツとの関係を悪化させ、13年秋の独軍事使節団問題は対独強硬論をロシアで強めた。ドイツとの戦争は「ヨーロッパ戦争」に拡大すると認識され、「世界大戦」に向かう雰囲気が醸成された。サライェヴォ事件は、この雰囲気の下では戦争のきっかけにすぎなかったといえよう。

墺のセルビア宣戦から半月余りで諸国は戦争になだれ込んだ。ロシアでも戦時意識の高まりが顕著で、開戦後の上下院総会でニコライ二世は、これはスラヴの兄弟のための戦争であると宣言し、下院議長ロジャンコは「すべての国民の団結」、首相ゴレムイキンは「大国の地位」維持を訴えた。各国政府の開戦責任を問うたのは、後の臨時政府首相ケレンスキーら少数に過ぎなかった。

戦争の影響を見ると、ある統計では参戦国28か国のうち最大の戦死者は、150万人のロシアである（表参照）。これに負傷、捕虜・安否不明などを含めると、308万人となる（別統計では17年12月までのロシアの人的損失は2倍の700万余人とされる）。時期的には犠牲は、15年夏から秋に急増した。これは、

参戦国の人的損失

	国　名	戦死者（千人）	負傷・退役者（千人）	捕　虜（千人）	計
協商国	イギリス	205.4	102.5	107.5	415.4
	フランス	870.0	540.8	400.0	1,810.8
	ロシア	1,500.0	784.2	800.0	3,084.2
	イタリア	105.0	49.0	55.0	209.0
	ベルギー	50.0	22.0	40.0	112.0
	セルビア	60.0	28.0		88.0
	計	2,790.4	1,526.5	1,402.5	5,719.4
同盟国	ドイツ	893.2	450.0	245.0	1,588.2
	オーストリア=ハンガリー	523.1	355.0	591.0	1,469.0
	トルコ	127.0	110.0	70.0	307.0
	ブルガリア	7.5	7.0	6.0	20.5
	計	1,550.8	922.0	912.0	3,384.8
	総計	4,341.2	2,448.5	2,341.5	9,104.2

ロシアの戦死者及び負傷・退役者数は過大、捕虜については過小とされる：В. Ефремов. *Россия в мировой войне.1914-1918 года (в цифрах)*. М.,1925, с.92. ロシアの人的犠牲についてはこれ以外の統計数字もある。

ロシア軍が東部戦線から「大退却」を行った時期で、損失は捕虜を含み200万人である（別統計による）。敗退の原因は、兵器が不足し、さらに数か月分の弾薬備蓄しか持たなかったロシア軍の弱体にあったが、大退却が社会に及ぼした影響は大きかった。一つは、ヨーロッパ＝ロシアの約1／3が敵占領地となり、鉄道網が失われたこと（地図参照）、第二に銃後地帯の縮小で流通、とくに食糧の円滑供給が失われたこと、第三に多くの男子が徴兵され、深刻な労働力不足になったことである。17年には帝国全域で見た50県州平均で所帯あたり50歳以下男子人口1・3人中の半数0・6人が召集されていた。第一次世界大戦の影響は、その規模において、また領土内が戦場となったという点で日露戦争のそれとは質的にも大きく異なっていたのである。

戦争経過は、国内政治に大きな影響を与えた。06年以降統治は皇帝専制と異なる性格を持ってき

1915年大退却

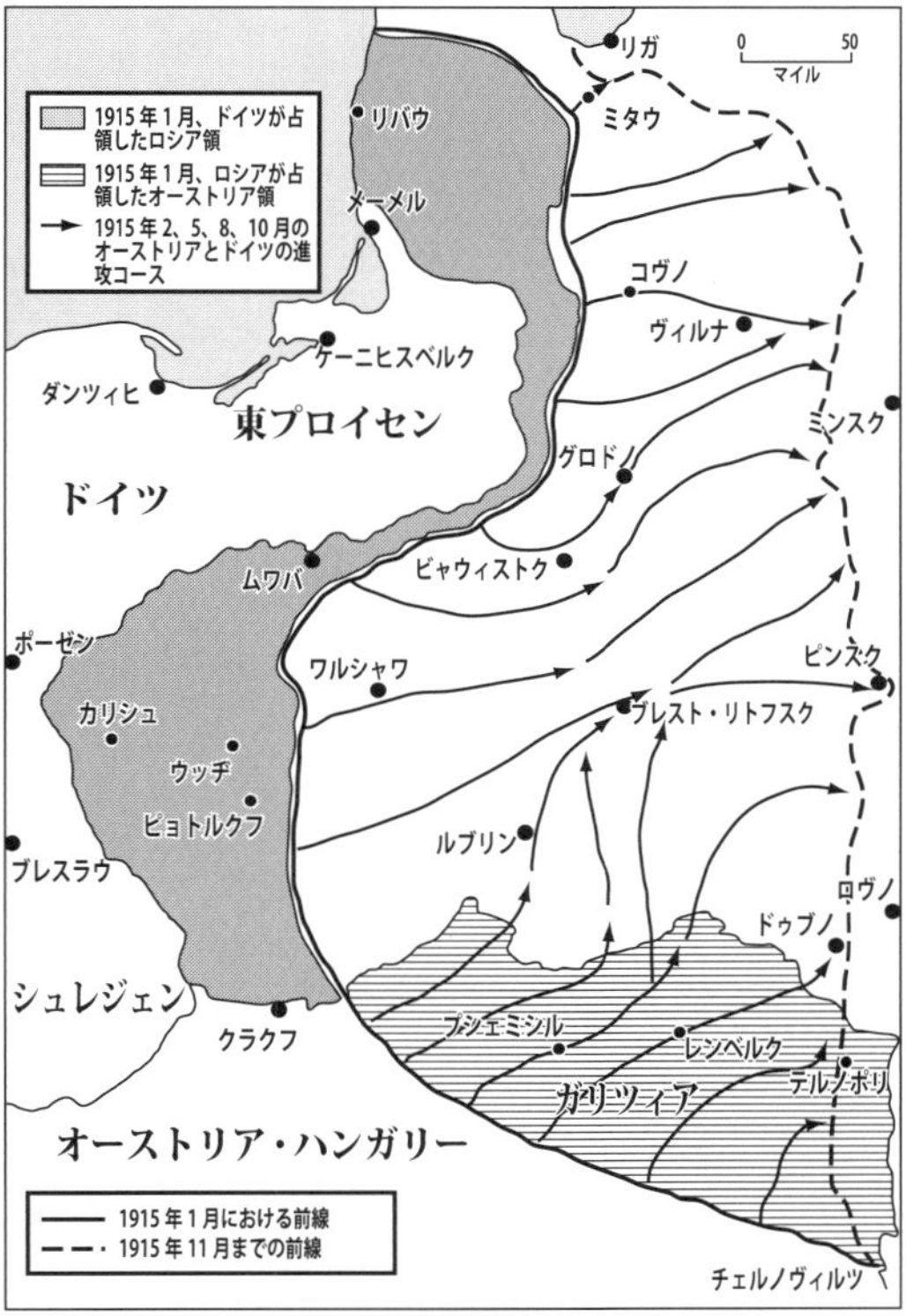

典拠：Martin Gilbert, *Imperial Russian History Atlas*, L., Routledge & Kegan Paul, 1978, p.82. をもとに作成。

ており、社会と反政府諸党の批判は活発であった。これにより皇帝権力、政府が動揺したのが15年夏の「政治危機」であった。ここには二つの要素があった。一つは社会勢力、反政府諸党の動きで、結成された「進歩ブロック」は社会信任内閣と戦争可能な体制の形成を求め、新聞には下院議長を首班とし現職閣僚も含む内閣名簿案が掲載された。これは、「大臣の反乱」と呼ばれる事態であった。もう一つは、宮廷皇族内の動きで、意に沿わない閣僚の罷免を求める皇后アレクサンドラとラスプーチンの政治介入が強まったことである。介入のより一層の強まりを懸念する多くの閣僚の要請を受け入れずに皇帝は、最高司令官に就任して首都から大本営へ去ってしまった。

　ロシアの政治、社会の混乱は強まった。16年2月の両院総会で新首相シュチュルメルは、食糧問題の深刻さを認めた。陸相ポリヴァノフは、ドイツ軍の戦力は優越しているが、戦争の主要な武器は人間であり、わが国の兵士数はなお十分であると断言した。しかし、実のところ労働力不足はより深刻化しており、鉄道を含む施設建設、農業に捕虜が使役されていた。そして16年6月には異族人動員令が出された。これは中央アジア植民地の不満を呼んで民族反乱を惹き起こした。この反乱が、「陸の帝国」崩壊の始まりを告げたのである。

このなかで議会と合意して政治転換を求める声は、皇族も巻き込んで一層高まった。17年2月、ロジャンコは、皇帝謁見で「12時の鐘」が既に打たれており、社会的信頼ある人物に権力を委ねて国を救うよう懇願した。しかし、皇帝はこれにも応えようとしなかった。日を置かずして首都に革命が起こりロマノフ朝は倒れることになる。

二月革命により臨時政府が成立し、各国政府はこれに承認を与えた。臨時政府は、憲法制定会議招集、ロシア共和国大統領制制定などの国家建設を準備した。だが、戦争にあって社会状況は一向に改善せず、ロシアはボリシェヴィキ中心の政権を成立させる十月革命（近年「10月クーデター」とも言われるようになった）に向かうことになる。

その後社会主義政権は、権力の暴力的発動の形で食糧問題を解決する道を選んだ。これは、憲法制定会議の強制解散、遠心化した辺境の再統合とともに権力の正統性に疑問が付される行動であった。この結果、旧ロシア帝国の版図では内戦・干渉戦争が展開し、終結までに多くの戦死者、餓死者、難民が生まれることになった。

立憲制確立、中央＝周辺関係、国家統合といった20世紀初頭の問題は、ソ連末期に再燃し、体制崩壊の要因となるのである。

（加納　格）

16 ベルジャーエフの時代
――精神的転換と新たな世界観の探求

20世紀初頭のロシアでは、政治的・社会的にばかりでなく、精神的・思想的にも大きな変動と動揺が生じた。そのうねりのなかで、数多くの独創的な哲学者・思想家たちが登場し、独自の哲学体系と世界観を競いあった。ロシアの歴史のなかでとりわけ創造的で多彩な思想・文化運動が展開された時期であり、それらはロシア独自の精神文化の開花と評価され、「ロシアの精神的ルネサンス」とも呼ばれている。しかし、こうした思想家の多くは十月革命後には祖国を離れることを余儀なくされ、その思想的所産もかつてのソ連の公式歴史学の下では総じて否定的な評価を受けていた。ニコライ・アレクサンドロヴィチ・ベルジャーエフ（1874～1948年）はその代表的存在である。

マルクス主義哲学をめぐる模索と論争

ベルジャーエフは1890年代末に、マルクス主義の理論家として登場し、逮捕・流刑を体験した。おりしも、ロシア知識人の間では、1860年代以来主流であった実証主義、唯物論、無神論、リアリズム芸術に代わって、観念論と宗教思想、象徴主義に対する関心が高まっていた。マルクス主義においても、若い理論家たちが、プレハーノフ（1856～1918年）に代表される既存の歴史理論（歴

ニコライ・ベルジャーエフ（1912年）

史の過程を生産力の発展に帰着させる決定論）や認識理論（「物自体」が感覚器官に作用するとする主観・客観、精神・物質の二元論的図式）を批判して、新たなマルクス主義哲学の構築の試みを始めていた。

　ストルーヴェ（１８７０〜１９４４年）、ブルガーコフ（１８７１〜１９４４年）、フランク（１８７７〜１９５０年）たちは、当時の最新の西欧哲学であった新カント派の批判主義によってマルクス主義哲学を補強しようとした。彼らは、絶対的な真理や倫理的価値を目指す人間の能動的な意志行為を歴史理論に導入した。ベルジャーエフもまたこのグループに属し、現象を超えた「物自体」の実在性を否定し、現象のみに基づく認識理論を構想した。また、著書『社会哲学における主観主義と個人主義』（１９０１年）では、絶対的な善の実現を人類の歴史の目的としながらも、進歩的階級をその担い手とすることで、カント的な道徳理念とマルクス主義の階級的視点や史的唯物論との結合をはかっている。

　１９００年代に入ると、ボグダーノフ（本姓マリノフスキー、１８７３〜１９２８年）やルナチャルスキー（１８７５〜１９３３年）が、やはり西欧の最新思想である経験批判論とマルクス主義との融合を試み、客観的物理世界を人々の労働と交流による社会的・歴史的構築物と見なす共同主観的世界観を提唱した。彼らの思想は、十月革命後のプロレタリア文化運動の理論的支柱となった。

　これら新たな二つのグループと、プレハーノフとの間で、三つどもえの激しい哲学論争が展開された。こうした理論的試みと論争は、重要な哲学的論点を提起し、マルクス主義の多様な解釈と多彩な理論を開花させたが、多くの場合、論争はかみあわず、非生産的な非難の応酬にとどまった。

西欧近代文明の超克と新たな宗教哲学の探求

ベルジャーエフら、カント哲学とマルクス主義との結合を試みた思想家たちは、1900年代初頭からは急速にマルクス主義とは距離をおき、政治的には自由主義へと立場を移すとともに、マルクス主義を含めた西欧近代的実証主義全体を批判するようになる。論集『観念論の諸問題』（1902年）やブルガーコフ『マルクス主義から観念論へ』（1903年）などが、彼らの転換を体現している。ロシアの革命知識人の精神性を批判した論集『道標』（1909年）もよく知られている。さらに、ベルジャーエフやブルガーコフは、1905年頃からは、観念論哲学をも批判して、独自の宗教哲学を探求する。当時、宗教哲学者ソロヴィヨフ（1853〜1900年）の影響もあって、知識人の間で「新たな宗教意識」の高まりが見られ、伝統的正教会の公式教義を批判し、新たな宗教哲学を探求する動きが盛んになった。ローザノフ（1856〜1919年）、象徴主義文学者メレシコフスキー（1865〜1941年）、ブルガーコフ、フロレンスキー（1882〜1937年）などが代表的だが、ベルジャーエフもその一翼を担った。また、この時期は芸術・文学においても大きな転換があり、象徴主義が勃興した。メレシコフスキー、イヴァノフ（1866〜1949年）、ブローク（1880〜1921年）、ベールイ（本姓ブガーエフ、1880〜1934年）などが知られている。ベルジャーエフは、象徴主義者たちと共に雑誌『新しい道』『生の諸問題』の編集に携わり、イヴァノフのサロンにも参加していた。

宗教哲学への転換後、ベルジャーエフは、現象世界を超えた形而上学的世界の存在を主張し、現象世界をその象徴と見なすようになった。しかし、形而上学的世界を認識不可能と見なすカントを批判し、主観・客観の分離以前の神秘的直観によってそれを感得できると主張した。また、形而上学的な絶対的原理が、人間の能動的な活動によって、現実社会の歴史に具現されていくと考え、著書『創造の意味』（1916年）では、創造は、神の呼びかけに対する人間の応答であり、人間の自由な活動を前提とすると説いた。形而上学的本質世界を、通常の認識ではなく、神秘的直観や芸術的象徴によって知覚できるとする考えは、この時期のロシアの宗教哲学や象徴主義芸術理論に共通している。また、神による宇宙創造の過程に人間が能動的な役割を果たすとの主張も、死者の復活を説いたフョードロフ（1829～1903年）やソロヴィヨフなど、ロシア宗教哲学者に広く見られる。

ベルジャーエフは、当時ロシアで影響力を持ったマルクス主義、観念論哲学、宗教哲学、象徴主義のすべてと接触・交流を持ちながらも、そのいずれにも完全には一体化しなかった。また、マルクス主義から新カント派観念論、さらに宗教哲学へと自身の思想的立場を大きく移したが、問題意識は一貫していた。彼は常に、西欧近代文明が閉塞状況に陥っているとの危機意識を抱き、それを超克する新たな世界観を探求していた。そして、西欧近代文明の崩壊と新たな世界観の実現の兆しを、第一次世界大戦に見てとった。戦争が新たな「宇宙的世界感覚」への転換をもたらすと予言し、その際、ロシアが重要な役割を果たすと主張した。ロシアの世界史的使命という理念自体は、19世紀のスラヴ派以来のもので、第一次世界大戦期には新スラヴ主義と呼ばれる運動もあった。ただし、ベルジャーエフは、スラヴ派の称揚するロシアの文化的特殊性には批判的で、世界大戦がロシア精神を変容させ、能動的精神と国民意識を覚醒させることも期待していた。

十月革命と亡命知識人

十月革命後、ベルジャーエフは、モスクワ大学の教授に就任するが、2度にわたる逮捕を経験し、1922年に多くの知識人とともに国外追放され、当初ベルリン、1924年からはパリに移り住み、雑誌『道』を刊行し、旺盛な言論活動を続けた。ベルリンではシェーラー、パリではマリタンやマルセルといった西欧の哲学者と交流を持った。追放後の著作の多くが、日本語を含む各国語に翻訳され、我が国でも比較的広く読まれてきた。代表的なものとして、『人間の使命について』（1931年）、『我と客体の世界』（1934年）、『終末論的形而上学の試み』（1947年）があげられる。

西側ではかねてよりマルクス主義に対する批判者として知られてきたが、彼が最も強く批判したのは、西欧近代文明全体と資本主義社会であり、この点ではマルクス主義と社会主義に一定の評価を与えており、ソヴィエト政権打倒を目指す動きには反対した。ソ連体制を肯定した亡命ロシア知識人としては、ユーラシア主義者たち（西欧ともアジアとも異なるユーラシアとしてのロシアが、新たな文明を構築すると主張した）がいる。ベルジャーエフは、現代を非人間化の時代、ヒューマニズムの危機の時代と診断し、歴史の終末を待望した。後年には、存在ではなく、精神の自由を根源と主張し、客観的存在の世界を自由精神の「客体化」の産物と見なし、その超克を説くようになった。

ベルジャーエフに代表される20世紀初頭のロシア思想家の多くは、ソ連体制の終焉とともに、ロシアの文化的遺産として再び注目を浴び、彼らの著作の多くが改めて出版され、研究も盛んになっている。しかし、彼らの思想をロシア特有の精神性の表れと見るだけでは不十分であろう。彼らは、西欧近代文明全体の精神的諸問題を独自のやりかたで解決しようとしていた。20世紀初頭のロシア思想家たちの思想的探究とその所産は、西欧近代の世界観を批判的に再検討し、それを超克しようとする大胆な試みでもあったのであり、今日の我々にとっても意義ある論点と示唆を数多く含んでいる。

（佐藤正則）

第Ⅲ部

ソ連邦の時代——「ユートピアの逆説」

17 レーニン
――後進ロシアを社会主義の道へ

理論の力を信じた革命家

ヴォルガ流域の都市シムビルスクの視学官という教育官僚の家に生まれた。父は進歩的だが貴族となった。兄アレクサンドルが皇帝アレクサンドル三世暗殺陰謀の廉で処刑されたことが社会運動への強い動機になったという。カザン大学法学部を卒業して弁護士資格を得たが、ペテルブルクに上京してマルクス主義のサークルに入った。ヨーロッパでの亡命革命家との交流、シベリア流刑を経て革命家の道に本格的に進み、1898年に結成されたロシア社会民主労働党のなかで頭角を現した。師のプレハーノフを批判し、合法マルクス主義（論壇と労働組合のみの活動）、経済主義（労働者の経済闘争を重視し、政治闘争を回避）を論敵とした。党の第二回大会（ロンドン）では、厳格な規律を持つ「職業革命家の党」という規定を規約に盛り込み、ボリシェヴィキ（多数派）を率いるようになった。1905年革命では、ブルジョア革命をプロレタリアートが尻押しするメンシェヴィキの理論に対し、弱体で帝政に妥協的なブルジョアに代わって少数のプロレタリアートが多数の農民と同盟して主導する「労農民主独裁」論を唱えた。革命敗北後も亡命を繰り返しながら理論的研鑽を積み、党内闘争をリードした。

第一次世界大戦が始まり、第二インターナショナルの多数派が「祖国防衛」に走ると、これに反対する左派を結集し、帝国主義論や民族・植民地問題の理論的著作を発表した。とくに「帝国主義戦争を内乱へ」テーゼ、ロシア＝「帝国主義の最も弱い環」という把握（ロシアから革命を始められる）、「祖国防衛」＝社会排外主義を唱える「労働貴族」（帝国主義の超過利潤のおこぼれに与る組合官僚）という認識は、実践的に重要だった。ロシアで三月革命が起こると、スイスからヘルシンキ経由でペテルブルクに入り、「四月テーゼ」（全権力をソヴィエトへ）を打ち出してブルジョア革命を社会主義革命へと転化する展望を示した。戦争を継続する臨時政府とメンシェヴィキ、エスエル右派に反対し、コルニーロフ反乱を機に党勢を伸ばし、十一月武装蜂起による革命に成功した。

社会主義への直進と迂回

ウラジーミル・レーニン
（1870 ～ 1924年）

ロシア革命は、ボリシェヴィキらが依拠した労働者、エスエルの支持基盤である農民、民族主義政党が率いる諸民族の「複合革命」だった。労働者・兵士ソヴィエトも地域自立的で、アナーキーでさえあった。中央の政権はボリシェヴィキ、左翼社会革命党（エスエル左派が独立）の連立であり、国有化は銀行・大企業に限定されており、十一月革命は社会主義の「控えの間」にすぎなかった。しかし、翌年内戦・干渉戦争が始まると、全企業の国有化と統制経済、食糧徴発に進まざるを得ず、中央集権的な軍隊が再建された。

「プロレタリアート独裁」の機関たる労兵ソヴィエトの直接民主制は空洞化し、共産党が実権を掌握し、反革命派に対する赤色テロルが横行した。諸民族地域では民族主義政権が共産党と赤軍に打倒された。この戦争は約3年間続いて共産党の勝利に終わったが、一党支配と統制経済が社会主義の骨格として以降70年も維持されることになる。

レーニンは農民反乱とクロンシュタット反乱に直面して、市場経済を部分的に導入するネップ（新経済政策、第20章参照）を導入し、さらに資本主義諸国との貿易を始め（国家独占下で）、利権導入をさえ許可した。レーニンはまた、第二インターに対抗して結成された第三インターー（コミンテルン）の指導下でドイツ革命等が失敗すると、コミンテルンが「余りにロシア的」と指摘し、各国支部（共産党）に「大衆のなかへ」「統一戦線政府」（社会民主党との協力）を勧めた。しかしレーニンは１９２２年病床に臥し、２年後この内外両面の政策変更の結果を目にすることなく死去したのである。

ここで、レーニンの思想がマルクス主義のなかで占める位置について整理しておく。よくレーニン主義はロシア的マルクス主義と言われる。たしかに、ボリシェヴィキの「職業革命家の党」は、ナロードニキ急進派の「人民の意志」党の伝統を継いだものであり、ロシア専制の下では非合法活動中心にならざるを得なかった。専制ロシアには議会制度もなければ（１９０５年の革命でようやく生まれるも形骸化）、市民社会も幼弱だったため、革命は西欧マルクス主義者（カウツキーやベルンシュタイン）の理論的想定とは異なるものにならざるを得なかった。レーニンが、そのロシアの亜流ストルーヴェやマルトフを敵視したわけである。

と同時にレーニンは、マルクスの革命論をいかに後進ロシアに適用するかに腐心した。すでに言及した「労農民主独裁」論がそれであり、第一次世界大戦中には、自らの「帝国主義の最も弱い環」認識からロシアで労農民主革命を始め、それをヨーロッパ革命の支持の下に社会主義革命に連続的に転化する理論（トロツキーの「永続革命」論にヒントを得た）に仕上げたのである。内戦・干渉戦争中のボリシェヴィキ独裁と赤色テロルも、ジャコバン独裁とテロル（恐怖政治）に倣ったものであり、レーニンはそう公言してはばからなかった。

レーニンの歴史的功罪

次いでレーニンの歴史的功罪に言及する。レーニンほどソ連崩壊で評価が逆転した人物はいない。ソ連崩壊で、ロシア革命は「偉大な社会主義革命」から、国民を貧困と抑圧に追い込んだ「ボリシェヴィキのクーデタ」という認識に変わったからである。ロシア国民の歴史的アイデンティティの根拠としては「大祖国戦争」（対独戦争、第24章参照）が唯一残ったため、その指導者スターリンはなお一定の支持を受けているのに対して、レーニンは全面的に否定された。内戦・干渉戦争期に白軍派のコサックの村を皆殺しにせよという命令にレーニンが署名した公文書も明るみにされた。しかし、ロシアの専制政治を終わらせ、帝国主義戦争から離脱させ、「諸民族の牢獄」を少なくともいったんは解体した革命の指導者だったことは、否定し難い。

レーニンが指導したロシア革命は、壮大な、結局は失敗に終わった「社会主義の実験」の始まりであった。彼が唱えた「共産主義＝ソヴィエト権力＋電化」のスローガンは、資本主義の最新の成果の上に、搾取と抑圧のない社会を建設する意思表明であり、マルクス主義の正統を自任するものだった

（ソヴィエトのモデルは1871年のパリ・コミューン）。マルクスが共産主義はもとより、計画経済の青写真を示さなかった以上、それは試行錯誤で築く他なかったが、スタートが内戦期の「戦時共産主義」だったことが不幸であった。レーニン後の社会主義建設も、資本主義の包囲と戦争の下で「戦時共産主義」的な性格を継承することになった。政治的には共産党独裁であり、まもなく独裁とテロルのスターリン体制が生み出された。対外的には、暴力革命としてのロシア革命が絶対視され、レーニン最晩年の反省にもかかわらず、各国共産党の「ボリシェヴィキ化」と社会民主主義に対する敵視がコミンテルンの活動の特徴となった。

レーニンが独自の帝国主義論に基づいて打ち出した「民族自決」スローガンは「諸民族の牢獄」ロシア帝国を解体し、全世界の植民地・従属国の民族運動を促した。しかし、内戦・干渉戦争中に共産党と赤軍により各地の民族主義政権は打倒され、名目は連邦制でも実質的には「自治」さえも不十分な中央集権的なソ連（ソヴィエト社会主義共和国連邦、ロシア語は緩やかな結合を示す同盟）が結成され、やがて15の共和国に拡大した。世界各地の民族独立運動や国民革命もソ連の国家的利益に従属させられるようになり、各国共産党からモスクワに従順でない指導者が排除、粛清されるようになった。

最後にレーニン個人の性格に言及する。レーニンは、ある時ベートーヴェンのピアノ・ソナタを聴いて、こう言った。「アパッショナータよりいいものを知りません。これなら毎日聴いてもいい。じつに驚くべき、人間のものとは思えない音楽です。……」「しかしたびたび音楽を聴くことはできません。神経に影響して、愛すべき愚にもつかぬことを言いたくなったり、汚い地獄に住んでいながら、こんな美しいものを創ることのできるひとびとの頭を撫でてやりたくなったりするんでね。だが今日は、だれの頭も撫でてはいけない――手を噛みちぎられる。頭はぶたねば、無慈悲にぶたねばならない。よしんば理想においてわれわれは、ひとびとに加えられるあらゆる暴力に反対であるにしても。フム、フム、――義務というものは地獄のようにつらいものですよ!」(M・ゴーリキー『追憶』下、岩波文庫)。日付がないが、ゴーリキーがロシアで暮らした1913年から21年までの、おそらく内戦期のエピソードと思われる。ベートーヴェンを好む西欧的知識人でありながら、求道的・禁欲的なロシア・インテリゲンツィヤの一面も垣間見せたものである。

(富田　武)

コラム 1

ロシア革命と古儀式派

ロシア史での古儀式派研究は新しくはないが、革命と古儀式派というテーマは無神論を標榜した共産党のイデオロギーによりこれまでタブーに近かった。もちろんナロードニキの祖ゲルツェンは、流されたビヤトカ（現キーロフ州）で彼らに会って革命運動と古儀式派の連携を模索した。20世紀初めには同派の信者は２０００万人以上と推定された。クリミア戦争や日露戦争などで帝国が敗北するとその宗教敵とされた同派が政治的、経済的にも台頭する。繊維工業を中心とした古儀式派が注目された。１９０５年から17年の二月革命までの古儀式派の「黄金期」の時期を中心に研究は始まっている。だがボリシェヴィキ革命、共産党権力との関係が研究から落ちていた。

古儀式派とは本書第5章で示すように、１６６６年の儀式論争で「モスクワは第三のローマ」という古い信仰儀式を信じ、ニーコン改革やその後のピョートル大帝とロシア帝国をカトリックの圧力に屈した「アンチ・クリスト」であると反対、弾圧された正教の潮流である。ラスコリニキ（分離派）とも呼ばれた。弾圧下でも信仰を保持、西欧のプロテスタント的な役割を演じ富も蓄えた。経済史家のD・ラスコフによれば、同派は禁欲、勤勉、倹約、相互信頼と共同体精神、といった徳目が顕著であった。

実際古儀式派資本家（グチコフ、リャブシンスキーやソルダテンコフ）などは、市場経済の先達、土着的企業家として脚光を浴びている。例えばモロゾフ一族は繊維の大帝国「サッバ・モロゾフ兄弟工場」を19世紀末に作るだけでなく銀行、保険から通商貿易、さらには鉄道にも手を広げ、取引所を指導し、病院など慈善事業からサッカーまで導入した。同時にモロゾフは19世紀末からのニージニー・ノヴゴロドの博覧会、定期市や産業・工業者同盟などの行動を通じて拡がった。財務大臣ヴィッテを通じて政治工作も行われた。

彼らはクリミア戦争や日露戦争で帝政が敗北すると勢いを盛り返す。モスクワを中心とする古儀式派は1905年革命に際し、ソヴィエトを組織しツァーリから政教分離の勅令を勝ち取った。1905年から二月革命の大立て者、資本家A・グチコフは無司祭派の巨頭で、二月革命時の陸海軍大臣となるものの、今度は急進化するソヴィエトとぶつかり十月革命で海外に亡命した。

最近になって古儀式派がボリシェヴィキ革命にも大きな影響を与えていたことが次第に明らかになった。レーニンの秘書でソヴィエト権力の最初の官房長官が古儀式派専門家であったボンチ＝ブルエビッチであった。作家ゴーリキーなどは1905年革命に至る過程で同派の大企業家サッバ・モロゾフらから革命党への資金援助を仲介した。なかでもレーニン、メンシェヴィキのポトレソフら「イスクラ」派は古儀式派や宗派との同盟を模索した。ちなみにポトレソフの党名はスタロベール（古信仰）であった。古儀式派など異端的宗派は革命派の印刷物の印刷や海外からの持ち込みを支援した。

抑圧のなかでも、非妥協的な無司祭派は教会組織が許されなかったが、信徒のネットワークとして集会を意味するソヴィエトを作って、様々な問題を集団で解決する伝統があった。しばしばその解釈でもって分派から対立まで生じた。なかでも19世紀末フェドセーエフ派は信徒集会を重視し、ソヴィエトを作った。そのソヴィエトの統制下のもと配下の信徒集団はしばしば工場単位で組織され、「工場」を通じて大衆そのものを捕捉しているという組織が作られていた。またベグン派の最高ソヴィエトは、下部ソヴィエトに指令を送って指令に違反したら殺害に至る最も厳しい追及を行ったとボンチ＝ブルエビッチは指摘している。革命期のソヴィエトの組織の原型もこの無司祭派の世界から生まれたと言えよう。

このソヴィエト組織は１９１７年二月革命時、主としてロシア地域に再度現れた。このことを証言していたのは１９１７年７月、第六回社会民主労働党大会で政治報告にたったスターリンである。ちなみにウクライナでは「ラーダ」と呼ばれ、議会のこととされた。

実際イヴァノヴォ・ヴォズネセンスク、モスクワ、ヴォルガ沿岸のビヤトカでソヴィエト活動が盛んになった。このような宗教的背景から、「赤軍」にはせ参じた革命兵士が出てきた。赤軍の政治教育にあたり、その後ルナチャルスキーにかわってスターリン時代の教育人民委員となるＡ・ブブノフ、赤軍元帥として１９４５年の極東軍司令官となったヴァシレフスキーである。

なかでもモスクワは「第三のローマ」、古儀式派の首都、そして１９０５年の革命、武装蜂起の中心地であった。蜂起の地クラスナヤ・プレスニヤにあるマモントフ工場やシュミット工場も古儀式派系でシュミットは社会民主労働党員だった。彼に近づいて献金させたのは、両親が古儀式派であり、そして革命後レーニンの次のソ連首相になるアレクセイ・ルイコフである。彼は１９２０年代首相として親農民政策で知られたが、党内右派として１９３０年代後半には粛清される。

古い信徒が多い兵士の間ではソヴィエトは容易にできた。二月革命後にできたモスクワ・ソヴィエトの議長は古儀式派系のビクトル・ノギン（１８７８～１９２４年）であったが、内戦期の１９１８年10月から26年まではカーメネフとなる。古儀式派のモロゾフ一族とも関係があったノギンは、モロゾフの繊維企業で働くが、最初のソヴィエト政府の商工（貿易産業）人民委員となり、ソ連期には繊維シンジケートを担当した。もとは「イスクラ派」、１９０５年後の建神論争でもルイコフ、トムスキーらとともにレーニンの無神論に反対で、むしろソヴィエト議長としてその正当性を強調した。研究者Ｒ・サクワは１９２４年のノギンの死をフルンゼの死に先立つスターリンによる政治的暗殺であると指摘している。

十月革命の戦士をうたったブロークの詩『12』が、キリストのもとへと言った時、そのイエスとは古儀式派流のISUSであった。1917年の政治過程における農民兵と古儀式派世界の密接な関係を示す雄弁な表現であった。また1918年1月に農民ソヴィエトと合体したソヴィエト権力をベルジャーエフが「ヴェリコ・ルーシ」の台頭と議論したこともその論証と言える。「第三のローマ」モスクワも革命の首都、第三インターナショナルの拠点となる。

革命政権が首都をクレムリンのあるモスクワに遷都した理由もまたここにあろう。レーニンは、古儀式派信者がアンチ・クリストの町と見なしたペトログラード（ピョートルの町）から、信者には「第三のローマ」であったモスクワに遷都した。1924年のレーニン死後、ペトログラードがなぜ「レニングラード」と改称されたかという問いの背景には、ピョートル大帝を「アンチ・クリスト」と毛嫌いし、モスクワを聖都と見ていたこの派の世論があった。

じつはソ連の初代首相レーニンの後継者であるルイコフ（在任1924～30年）とモロトフ（1930～41年）がヴォルガのビヤトカ出身でしかも隣同士である。モロトフの母方の祖父、ネボガチコフは、同地の古儀式派工場主であった。彼の工場で働いた流刑人に、非常委員会＝NKVDの初代議長フェリックス・ジェルジンスキー（1877～1926年）がいる。ウリュジュムで生まれ育ったのがセルゲイ・キーロフであるが、キーロフの両親が古儀式である証拠は未だ見つかっていない。1905年には革命派であったが、十月革命には批判的だった。このようにビヤトカは古儀式派の拠点であり、そこからソヴィエト権力への支持勢力が育った。この地に近いニージニー・ノヴゴロドからも、フルシチョフ期のブルガーニン首相（1955～1957年）が古儀式派と言われる。ヴォルガ沿岸のトヴェーリもまた古儀式派の拠点であって、最初のソヴィエト国家を代表するカリーニン（1875～1946年）がでている。

　ソヴィエト論を考えるとき、１９１７年10月のソヴィエト人民委員会議（ソブナルコム）についても触れざるを得ない。最初のソヴィエト政府は、１９１７年10月25日の全ロ・ソヴィエト大会の決定を経てレーニンを首班として形成された。人民委員と呼ばれた政府閣僚には古儀式派を含むロシア人が多かった。内務委員で古儀式派系のアレクセイ・ルイコフ、農業委員ウラジミール・ミリューチン、労働委員で両親が古儀式派のシリャプニコフ、貿易産業委員で古儀式系のノギン、教育委員のルナチャルスキー（建神派）、財務人民委員ステパノフ（古儀式?）、その他郵便逓信委員（グレボフ・アビロフ）、司法委員ロモフ、はいずれもロシア人である。

　中心にいたのが人民委員会議の官房長官ボンチ＝ブルエビッチであった。１９２０年に解任されるまでテロ対策、とくにモスクワへの遷都、兄ミハイルを通じた赤軍形成などを指揮した。兄は二月革命以降ソヴィエトと協力「ソヴィエト将軍」というあだ名があった。コサックにも古儀式派が多かった。十月革命後１９１８年半ばまで赤軍参謀総司令部を指揮した。旧帝国軍が赤軍に転換する過程での古儀式派の問題も新しい研究を必要としている。

　ソヴィエト権力が共産党の独裁になる過程では「共産主義者なきソヴィエト」を呼号するいくつかの民衆反乱と対峙しなければならなかった。生来反対派的な古儀式派は党内でも反対派がいた。１９２１年の労働者反対派のシュリャプニコフなど古儀式派的な要素の関与は興味深い。しかしスターリンの台頭とともに古儀式派世界は隅に追いやられる。それでもソ連期とくに末期にもグロムイコやウスチノフなど、外交、軍事産業などでこの関係者の影響が再び感得された。（下斗米伸夫）

18 戦時共産主義とユートピア
——新しい人間の創造

内戦の始まり

1917年の十月革命ののち、ロシアでは数年にわたって内戦が繰り広げられた。内戦の起点はどこで、それはなぜ始まったのだろうか。臨時政府を支持するエスエル党やメンシェヴィキなどから見れば、十月革命こそが権力の簒奪であり、内戦の発端であった。民衆の多くは十月革命に好感を持っていたから、ボリシェヴィキはこうした見解を退けることができた。だが、憲法制定会議の解散は、はるかに正当性が疑われる行為であった。新憲法を制定するために、自由選挙によって議会を召集することは臨時政府の公約であった。戦争中ということもあって、臨時政府はなかなか選挙を実施できず、ボリシェヴィキはそれを非難してきた。なので、十月革命のあとではもはや時節外れの感もあったが、レーニンは11月に憲法制定会議の選挙に踏み切った。蓋を開けてみると、農民は昔から馴染みの深いエスエル党を支持し、この党が第一党となり、ボリシェヴィキは第二党に甘んじた。レーニンは一日で解散する腹で、1918年1月に憲法制定会議を召集した。ボリシェヴィキがさっさと退場してしまったあと、議員たちは土地・講和・政体について議事を続けた。深夜4時過ぎ、警護隊長が「歩哨は疲れた」といって議員たちを追い出し、これで憲法制定会議はお開きとなった。ロシア初の

図1　サマーラのチャパーエフ広場（旧劇場広場）。内戦の英雄チャパーエフの記念碑が見える。

自由選挙の結果を踏みにじるこの行為は、諸政党に反ボリシェヴィキの大義を与えた。

本格的な戦闘の開始という点では、内戦の起点は1918年5月、チェコスロヴァキア軍団の反乱に見ることができる。第一次世界大戦中、オーストリア帝国のチェコ人・スロヴァキア人兵士は大量に連合国に投降した。彼らはロシアで部隊に、ついで臨時政府の下でより大規模な軍団に編成された。1918年3月のブレスト＝リトフスク講和でロシアは大戦から離脱したが、チェコスロヴァキア軍団はドイツ・オーストリア相手に戦い続けることを望んだ。交渉の結果、彼らはシベリア鉄道で極東まで運ばれ、そこからヨーロッパの西部戦線に向かうことになった。だが5月、武器の引き渡しをめぐって軍団はウラル山脈の麓で反乱を起こし、瞬く間に支配領域を広げた。ヴォルガ河沿岸のサマーラ（図1）では、エスエル党と軍団が提携して、憲法制定会議議員委員会（コムウチ）による政府が樹立された。反共産党政府は他にも各地につくられた。ロシアの戦線離脱を苦々しく思っていた連合国にとっても、チェコスロヴァキア軍団の保護という派兵のための口実ができた。8月、日本をはじめ連合国の部隊が極東に上陸した。

戦時共産主義

レーニンはロシアで武装蜂起を起こせばヨーロッパ革命が続くと思っていた。それゆえ十月革命後の最初の数か月、ボリシェヴィキは新秩序の具体的な青写真なしにロシアを統治していた。暫定的な国名にはすでに「社会主義」という語が入っていたが、あくまで目標であって、直ちに社会主義建設に着手するという意味ではなかった。1917年12月には「反革命およびサボタージュと戦うための全ロシア非常委員会」（ヴェチェカー）がつくられたが、この種の抑圧措置もこの時点ではあくまで「非常」措置であった。

1918年3月、ブレスト＝リトフスク講和とあわせて、より安全なモスクワへの遷都が行われた。資本主義に融和的なヨーロッパ社会民主主義との絶縁をはっきりさせるために、ロシア社会民主労働党（ボリシェヴィキ）からロシア共産党（ボリシェヴィキ）への改称もなされた。こうして党名に共産主義が掲げられたが、目標を示すに過ぎない点では国名と同じであった。むしろ、レーニンが当面の方策として考えていたのは、国家が企業家の活動を統制する「国家資本主義」であった。第一次世界大戦中のドイツにおける戦時統制経済（皮肉混じりに戦争社会主義とも呼ばれた）がそのモデルとなった。

内戦の本格化とともに、共産党は徐々に社会生活に対する統制を強めていった。経済面では、企業の国有化と中央集権的な管理、労働組合の動員機関化、穀物徴発の強制割当などがなされた。政治面では、共産党以外の政党が弾圧され、ソヴィエトでの議論も形式化していった。反革命組織ばかりか、政治的・経済的理由で抗議活動を行う民衆に対しても暴力が行使された。これらは戦時統制策であると同時に、いまだ体系だってはいないものの、反市場経済のイデオロギーによっても方向づけられていた。国名は1918年夏の憲法で、ロシア社会主義連邦ソヴィエト共和国に確定した（語順はのちに変わる）。

中央集権的な再編成は、共産党の内部でも進んだ。十月革命の段階では首都の中央委員会と地方で活動する活動家集団の間には、緩やかな結びつきしかなかった。だが、1919年春までに、政治局・組織局・書記局を頂点とする、垂直的な党内秩序が形成された。同じ頃に第三インターナショナル（コミンテルン）がつくられたことも、党中央の下部党員に対する求心力を高めたと言える。

戦闘能力のある赤軍の編成も進んだ。ここでは旧ロシア帝国軍の将校が、家族を人質にとられるなどして強制的に協力させられたことが大きな役割を果たした。1919年末までに、反共産党勢力はおおむね倒された。連合国の干渉も、第一次世界大戦の終結によって大義がなくなり、収束していった（日本のみ1925年まで北サハリン占領を続けた）。

強調すべきは、内戦が一応の終息を見たにもかかわらず、1920年に入っても統制的な政策は緩和されず、むしろいっそう体系化されたことである。大企業だけでなく小規模の作業場までもが国有化された。「労働の軍事化」が謳われ、勝手な職場の移籍は脱走と見なされて処罰された。春からのポーランド軍の侵入、それにクリミアでの最後の戦闘を経て、1920年末からは穀物播種も国家機構を通して監督することになった。戦時統制として始まったものは、明確なイデオロギー的方向性を持った政策体系となったのである。社会生活の全領域において一挙にユートピアを達成しようとするこの政策体系を、すでにその破綻が明らかとなった1921年春に、レーニンは皮肉を込めて「戦時共産主義」（戦争共産主義とも訳せる）と呼んだのだった。

共産党のユートピア

では、１９２０年に明確な体系となるに至った戦時共産主義は、どのような理想社会を目指していたのであろうか。第一義的には、市場経済が否定された社会がそうであった。市場経済とはエゴイズムが優先する、非合理でアナーキーな秩序であり、労働力を商品とすることで人間性も否定する。共産党はこのように考え、国家が生産と分配を合理的に管理する経済秩序の創出を目指した。

だが、共産党は経済面の秩序のみを刷新しようとしていたのではなかった。「土台」である経済秩序を再編すれば、社会関係全般、それに人間の意識をもつくりかえることができる。彼らはそのように考えていた。新しい人間像を特徴づけるものは集団主義である。内戦中のロシアでは様々な種類の集団労働が実践された。無償の自発的超過労働である土曜労働スボートニク（図2）、赤軍を労働用に転換した労働軍、老若男女や所属階級を問わず、障害者までもが引き入れられた全般的労働義務制。これらは労働力の活用だけを狙いとしていたのではない。集団労働を通して個人を全体のなかに融解させ、「わたし」ではなく「われら」を自意識とするような新しい人間をつくること。そうすれば労働共同体＝コミューンが社会の基礎となり、階級支配の道具たる国家も死滅に向かうだろう。これがレーニンやトロツキーをは

図2　1920年の全ロシア・メーデー・スボートニクのポスター（『ソ連における内戦と軍事干渉：百科事典』モスクワ、1983年刊）

じめとするボリシェヴィキが戦時共産主義のなかで追求していたユートピアであった。

集団労働による人間の刷新というユートピアをめぐっては、文化活動家や芸術家も創意をこらした。ケルジェンツェフやガスチェフのような理論家や詩人が集団労働を讃える創作を行い、同じリズムで大勢が作業をするといった実験を組織した。赤軍を動員して行われた、十月革命や世界革命をモチーフとする巨大な野外演劇も、集団主義を讃える点で労働のユートピアと相通ずるものがあった。

１９２１年春以降、民衆の不満に押されて市場経済の再導入（新経済政策：ネップ、第20章参照）が始まり、戦時共産主義の諸政策や集団労働は放棄されていった。他方、集団主義を目指す芸術活動や実験は、ネップ期を通して続いた。１９２０年代末にスターリンが「上からの革命」を始めると、戦時共産主義と似た統制体制が再び構築された。ただし、スターリン時代の集団労働のユートピアは、新たな要素を帯びていた。それは、矯正労働収容所での囚人更生のように、強大な国家の存在を前提とし、あるいはノルマの超過達成を目指すスタハーノフ運動のように、集団のなかでの個人の役割により焦点を当てていたのである。

（池田嘉郎）

19 共産党の支配
――「党＝国家体制」の成立と党内政治

ソ連における共産党を頂点とする特殊な中央集権統治の形態は、「党＝国家体制」と呼ばれる。十月革命の数年後からペレストロイカ期に「党の指導的役割」が放棄されるまで、ソ連の歴史のほぼ全ての期間を通じて共産党と国家権力が癒着し、党が独占的に権力を行使する体制であった。

十月革命直後の政府（人民委員会議）は、ボリシェヴィキの活動家のみならず、左派エスエル党員も参画した連立政権だった。しかし、ドイツとの単独講和（ブレスト＝リトフスク条約）と農村からの穀物徴発に反発した左派エスエルは、１９１８年末までに連立政権から離れていた。十月革命時において、形式的にはロシア社会民主労働党の一派だったボリシェヴィキは、第七回党大会（１９１８年3月）の決議によってロシア共産党（ボリシェヴィキ）と名乗ることになった（その後も何度かの党名改称があり、１９５２年からはソ連共産党）。内戦のなかで、党による中央集権的な統治システムと、その党が国家権力を独占する支配体制が築かれた。

党支配の確立

しかし、共産党の誕生と党による行政機構の独占によって、「一枚岩の党」による独裁的な支配が容易に成立したわけではない。むしろ、初期のボリシェヴィキ権力は、内部では政治・経済・外交などの路線や方針をめぐっての論争が続き、党の外部からの抵抗・反対運動にもさらされた時期でもあった。

１９１８年にはブレスト＝リトフスク講和、１９１９年には赤軍の路線をめぐっての党内対立が激しくなり、党幹部や中央委員会が党員から激しい批判を受けることになった。１９２１年の第十回党大会開催へ向けた準備段階では、Ａ・シュリアプニコフやＡ・コロンタイが中心となった労働者反対派などが、それぞれの勢力を結集した。労働者反対派は一部の党員たちの支持を集めたが、第十回党大会に向けた論争と党大会での決議によって敗北した。結果的に第十回党大会は、党内の反対運動を制御するために、労働者反対派を糾弾し、また「分派の禁止」を決議した。しかし、党内の路線対立は、１９２０年代を通じて度々引き続くことになる。

党の外部からの反対派の急先鋒にたったのは、ボリシェヴィキがその前衛として導いているはずの労働者たちであり、また十月革命の際に重要な役割を果たした兵士たちだった。１９２０～１９２１年の初頭にかけて、都市部では労働者によるデモが頻発するようになっていた。１９２１年３月の第十回党大会開催中には、ペトログラード近くのクロンシュタット軍港における兵士たちが蜂起するまでに至った。

これらの党内外からの反発や内戦という状況を背景に、党は様々な手段を講じて独裁的な体制を構築していった。暴力を伴う措置としては、革命直後に創設されたチェカ（非常委員会）が、反対派の弾圧に威力を発揮した。ボリシェヴィキではない党の活動家たちの多くは逮捕され、内戦が終わるころ

チェカの主要メンバー：左から、Ya.ペテルス、I.ウンシリフト、A.ベレニキー（立っている人物）、F.ジェルジンスキー、V.メンジンスキー（1921年）

にはボリシェヴィキ以外の党が無害化されていた。また強制収容所には数万〜数十万人が拘束されていたと言われている。並行して党・政府以外が発行する出版物も非合法化された。

地方における反ボリシェヴィキ分子の排除と地方における党権力の浸透のためには、任命人事が最大限に活用された。１９２０年代には、地方の党幹部は各地域における民主的な選出ではなく、中央から任命される仕組みへと変わっていた。「ノメンクラトゥーラ」と呼ばれるこの人事任命権システムの定着に伴い、書記長となっていたスターリンは自身の意向に沿う人物を推薦・任命し、また彼らが地方党組織の幹部として党大会などの意思決定機関に参画することで自身の立場を揺るぎないものとし、反対派勢力を排除していくことになる。

党内機構の整備

他の組織・機関に対して共産党が独裁的な支配を確立する一方で、党内部の統治機構も整備されていった。

党綱領において、党の最高意思決定機関とされたのは党大会だった。１９２０年代半ば以降になると党大会の開催は数年おきになるが（１９６０年代以降は5年間隔）、１９１７年から１９２５年までは党大会は毎年開催され、党と国家の将来にかかわる重要な案件について議論し、新たな方針を示し、執行部を選出する場として機能していた。１９１８年の第八回党大会ではブレスト＝リトフスク条約への調印を決議し、第十回党大会では新経済政策（ネップ）の導入がレーニンから報告された。１９２２年に体調不良によって政治の舞台から姿を消したレーニンの病状が党員に初めて伝えられたのも第十二回党大会中の非公開会議においてであったし、レーニンの「遺書」が党員に公表されたのは彼の死去直後に開催された第十三回党大会中の特別会合においてであった。

党大会の主要な役割の一つが、次の党大会までの執行部の選出にあった。各党大会において代議員による無記名投票での選挙が行われ、中央委員らが選出された。選挙は無記名投票で行われていたため、レーニンやトロツキーのような党・政府の中心人物であり、革命の立役者であっても反対票を受けることも珍しくなかった。

１９２４年1月にレーニンが死去すると、「党の一体性」を内外に示すことが最優先事項となり、党大会の意思決定機構としての役割は形骸化していく。党の重要な方針は表舞台の党大会ではなく、中央委員会や政治局の場で決められるようになった。それに伴い党大会の開催頻度は減少し、既成事実化された決定を承認する場と変わっていった。第十三回党大会からは、党員ではない人々も党大会に参加するようになり、討論よりもそれに先立つパレードやフェスティヴァルが中心となるプロパガンダの機会へと変貌していった。

行政機構としての党機関が整備され始めるのは、１９１９年頃からである。それまで党の事務任務を一手に引き受けていたYa・スヴェルドロフが死去し、また党員増大による事務的・官僚的作業が増加するのに伴って、第八回党大会において党内に新たな機関が設置された。それらが政治局・組織局・書記局である。これらの局員の人選は各党大会で選出された中央委員会による任命とされた。

1922年に書記局のなかに書記長のポストが創設されると、スターリンが任命された。先述の通り、この立場を最大限に利用することで、スターリンは党内における自身の立場を強化していった。またこの時期以降、中央委員会に代わって政治局が実質的な意思決定機関となり、構成員数が拡大し続けた中央委員会の権限は縮小する。1920年代中頃以降、重要事項は政治局の決定に委ねられ、その政治局決定が事後的に中央委員会でも承認されるというプロセスが確立した。政治局による国家運営は、スターリンと彼の側近らによる独裁的支配が確立する1930年代まで引き続くこととなった。

党員の拡大と市民のボリシェヴィキ化

党によるソヴィエト国家の支配は、しかし、政治・経済に関する独占的な支配権の拡張によってのみ達成されたわけではない。革命直後から、党の幹部は市民の価値体系、倫理観、精神面の社会主義化によってのみ、真の共産党支配体制は貫徹できると繰り返していた。ボリシェヴィキにとって生活様式や倫理観を含む広義の意味での「文化における革命」は、政治・経済に次ぐ「第三の戦線」と認識されていた。

内戦期において、党は赤軍勢力の拡大と革命権力の正統性を誇示するために、様々な分野における新たな規範の制定に努めた。まずは、政権掌握の直後にカレンダーを新しく制定し、グレゴリオ暦を

スボートニク（1920年6月、The Kathryn and Shelby Cullom Davis Library）

採用するとともに、革命記念日（11月7日）やメーデーを祭日とした。また、これらの祭日には、ペトログラードやモスクワにおいて大規模なプロパガンダ・イベントが開催され、野外劇やフェスティヴァルを通じて新しい権力の浸透が図られた。都市部では、革命や共産党権力を表象する銅像の建立や、新たな倫理観（例えば、衛生管理の概念など）の市民への定着が急がれた。モスクワを中心とした都市部では、労働を賛美しそれに動員することを通じてソヴィエト市民意識の涵養を促したり（共産主義土曜労働、スボートニク）、パレードへの参加などが奨励された。次世代を担う若年層や子供たちのボリシェヴィキ化も革命直後から企図されており、1918年には党の青年組織であるコムソモール（共産主義青年同盟）の原型が創設され、1922年には少年少女を対象としたピオネールも結成された。

都市の外部でも、アジテーションやプロパガンダに従事するカードルを送り込み、映画・演劇・読書（時に読み聞かせ）・ポスターなど、様々な媒体を活用してのボリシェヴィキ文化の拡大と浸透に傾注した。しかし、1920年代の末までに、全ての労働者や農民らが共産党に完全に従属的な存在になったとは言い難く、これらの課題は1930年代にドラスティックな形で変革を迫られることとなる。

（瀧口順也）

20 ネップの農村
――農民との「結合」の試みとその破綻

歴史のなかのネップ

のちに「新経済政策（ネップ）」と通称されることになる1921年2～3月の政策転換は、社会的な多元性を特徴とする平和な経済建設の時代の始まりを画した。かつては旺盛だったこの時代への関心はソ連解体後低落し、近年の研究は、そこでの厳格な一党支配の貫徹に注目して、むしろ前後の時代との連続性を強調する傾向にある。しかしなおもそれは、多分に不安定ながらも、復興と発展を目指し、イデオロギーとプラグマティズムの間で多様な可能性が模索されたソヴィエト・ロシア史上ユニークな時代であり、とりわけ農村、農民にとってはそうであった。

農民との「結合」を目指して

政策転換そのものが、内戦終結後も続く強権的支配に抵抗し、これまでにない規模で広がりを見せた農民反乱に直接的に影響されていた。ゆえに第一の施策はまず農民への態度を改めること、具体的には、従来の軍事的な食糧徴発を食糧税に代え、生産者に残余の自由な処分を認めることだった。後者は農民の生産意欲の刺激をも見込んだもので、やがて商業と市場の完全な復活へとつながり、ネッ

戯画「結合（スムィチカ）」
労働者と農民の「結合」がブルジョアを挟撃する。しかしボリシェヴィキは、「同盟者」たる農民自身のなかから新たな「階級敵」が成長してくることを恐れ、警戒した。（*История глазами Крокодила. XX Век. Слова. 1922 -1937*. M., 2014.）

プ的な多元性の基礎となる。理念的には「労農同盟」、労働者と農民との「結合《スムィチカ》」が大原則として確認された。経済的緩和の一方で政治的には引き締めが図られ、他党派や批判的知識人、宗教勢力等の弾圧が強化されたが、同時に農民の利害を表出する「ソヴィエト的農民同盟」の公認が真剣に検討されたことは、「同盟者」への独自の配慮が存在したことを窺わせる。まもなく制定・施行された土地法典は、農民の慣習法に沿った内容を備え、「土地利用形態の自由」を謳っていた。「ヨーロッパ革命」の退潮により革命の一国的孤立が決定的となるなか、人口の大多数を占める農民を敵に回すことの危険は内戦期の苦い教訓として刻まれ、ネップの最大の根拠の一つを形成した。

　しかしながら、農民は一筋縄ではいかない「同盟者」であった。農民は勤労者と小所有者の二つの顔を持っており、ボリシェヴィキは後者に「階級敵」であるブルジョアの胚胎を見た。さらに当該期のロシア農民のほとんどが革命期に劇的復活を遂げた伝統的共同体の影響下にあり、ここでも集団志向と個人志向が錯綜していた。農民層の内的分化を前提として、貧しき者（農業労働者・貧農）と連帯し、もう一方の極でブルジョア的発展を遂げつつある富農《クラーク》と対決するというボリシェヴィキの階級的アプローチは、農村の現実を前に空回りした。そもそも「クラーク」の観念自体が彼らの観点からする農民の否定的諸属性の擬人化の性格が濃厚であり、外圧に対する農民の共同体的一体性のなかにすら「クラーク」の影が見出されていた。農民の原初的共同性の表現である共同体は、「平等」を構成原理として土地の定期的割替をも行い、ソヴィエト体制下の奇妙な「小宇宙」であり続けた。

「新コース」への展開

新政策は農民農業の復興に大きな期待をかけて始動したが、天候の不順も相俟って、1921年から22年にかけて深刻な飢饉が襲った。穀物をはじめとする一次産品は貴重な外貨獲得源でもあったから、生産回復の兆しが現れると、帝政期にならってすぐに輸出が試みられた。しかしその規模は往時には遠く及ばず、以後、復興・再建を急ぐボリシェヴィキにとってもどかしい状況が一般化する。ネップ的な市場関係を前提とする以上、目当ての工業製品の絶対的不足の下では農民の市場供出意欲は高まらず、彼らの需要に応ずるための大規模な増産には本格的な工業化が必要だったが、現状ではその原資は、専ら農村地域から獲得されるものの輸出にかかっているのだった。このディレンマは、20年代半ばに遊休設備の再稼働等による「安価な工業化」が限界に達し、「商品飢饉」が顕著になるとさらに深刻化した。

1924年夏、不作と飢餓がまた到来し、農村情勢は再度緊迫化した。全般的な不満の兆候を前に党指導部は、「農村に顔を向けよ」のスローガンを掲げ、「労農同盟」の実質化に取り組むことを余儀なくされる。やがて実行に移されたのは、ソヴィエト体制の末端に農民をつなぎ止める試み、すなわち「ソヴィエト活発化」の掛け声の下、有権者が関心を失って投票率が低落した農村ソヴィエトの再選挙をこれまでになく外的干渉を排した「自由な」形で行い、農民の民主主義的な体制統合を図ることだった。諸官庁への農民の抜擢登用や上級ソヴィエトへの代表増も企てられた。時あたかも西方では「ルール危機」が終息し、資本主義の「相対的安定」が生じていた。スターリンは、農民が「現下において我々の革命に直接的支援を与え得る唯一の同盟者」だとして、いわゆる「一国社会主義」論を展開していく。晩年のレーニンが描いた穏健路線を継承して農民農業の協同化を通じた漸進的な発展戦略を示し、新理論を支えたのはブハーリンであった。今や党指導部は、進取の気風に富み、生産拡大の意欲と能力がある「勤勉な農民」の耕作を奨励することが経済政策的に最も有望であると考え始めた。それは、農業人民委員部の非党員専門家たちが描く発展戦略にも沿っていた。１９２５年春、農業税の引き下げとともに、土地の賃貸借と賃労働雇用の条件が緩和され、事実上の「ネップの拡張」へと舵が切られた。

　当時「新コース」と呼ばれたこれら一連の親農民政策は、ネップの現実主義を突き詰め、従来「クラーク」という表象に閉じ込められてきた農民の致富への志向と、それを基礎とした社会的・政治的活動性の高まりに応えようとするものだった。しかしそれは、党内、とりわけ地方末端の活動家たちの強い反発を招いた。農村党員《コムニスト》の多くは内戦期に入党し、内戦期のやり方に慣れた人々で、彼らは、眼前に現れた「農民化」されたソヴィエトに強い不安を覚えた。さらに、新年度の穀物調達が豊作にもかかわらず不振を示したことも影響した。党指導部は分裂し、新たな反対派は左派的観点から「親クラーク」路線を厳しく攻撃し始める。主流派も早急に軌道修正を図り、かくて20年代半ばの「農村の春」は短命に終わった。

後期ネップ――閉塞、危機、破局

1926年に入ると風向きの変化が明白となる。社会主義政権は都市へと「向き直り」、工業化に活路を求めた。「復興」から「再建」への移行、「ネップの第二期」が語られた。市場や価格形成に対する規制的措置が積極化し、ネップ的な諸原理は減退していった。そしてボリシェヴィキは、自らのアイデンティティを再確認するかのように、農村に対する階級的アプローチへと立ち戻る。租税の累進性が高められ、階級的指標による選挙権の剝奪も強化された。これらは、直前期に称揚された「勤勉な農民」へと重くのしかかる。さらに彼らに「背を向ける」ように貧農の政治的組織化が試みられ、社会主義的大経営への再注目も始まった。この時期から国際関係が著しく悪化したことも国内の緊張を増幅した。統合国家保安部《オゲペウ》は、農村地域における様々な「反革命」を積極的に取り締まり始めた。

1927年の秋に穀物調達が危機的な水準にまで下落した時、こうした直前期の状況を背景に、調達価格の引き上げというネップ的な解決策を忌避するような気分が支配的となっていた。地方の活動家からは、事態打開のために早々と強硬策が提言された。そして党指導部が「非常措置」の名目で農村に久方ぶりに「拳を向け」、強制を厭わずに穀物を獲得することを決断した時、ネップの終わりが始まった。従来の政策的前提に反して行使された強制力は悪循環を生み、何度かの「正常化」の試みは頓挫し、「非常措置」が「常態化」した。「結合解体《ラズムイチカ》」の危機を目の当たりにして党指導部は再び分裂したが、スターリン派は、地方活動家の支持を背景として既成事実を追認し、「毒食らわば皿まで」と、臆せずその論理を突き詰めることを選択する。彼らはまもなく強権による問題の抜本的解決へと、すなわち小農民的農業構造の変革を意味する「全面的集団化」へと進み、その過程でネップは最終的に打ち捨てられ、抵抗する農民は「クラーク」として容赦なく弾圧された。のちにスターリンは、この一大転換を、「十月革命」そのものに匹敵する「上からの革命」と自賛したが、多数者への広範な暴力の行使を経て一新された体制は、「鉄の手」による支配を一層構造化していた。

ネップと農村社会

ネップの農村は、それ自体も過渡期にあった。何よりもそれは若く、1926年の全連邦センサスによれば、農村人口の約6割が25歳未満で、50代より上は1割強しかいなかった。また戦争の惨禍や出稼ぎ等により、女性の方が男性より1割ほど多かった。革命は女性の解放を宣言し、従軍や就労などで外部の新しい空気に触れた若者たちは、伝統的な農村社会に対して自己主張を始めた。生産や消費、そしてそれらの基礎単位である農戸＝家族のあり方も転機にあった。総じてボリシェヴィキは、得意の階級的アプローチも含め、こうした農村の内的発酵状況をその内発的変革へとうまく結び付けることができなかった。他方で彼らが権力的便宜として時に躊躇なく活用したのは、自身も批判的に見ていた共同体の伝統的規制力だった。多くは強制を前提としながらも、共同体的な意思決定を通じて農民の民主的「合意」をともかく確保するという手法は、ネップ末期の穀物危機への対応のなかで「ウラル・シベリア方式」として一般化し、続く農業集団化においても貫徹していく。かくて「労農同盟」の建前は堅持され、転換は形式上、共同体の「自己清算」として演出された。しかし、共同体に宿った旧きロシアの断片は未克服のまま新たなコルホーズ農村へと遺され、伝統的要素は、「社会主義体制」の最基層部へと組み込まれたのであった。

（浅岡善治）

21 笑顔のプロパガンダ

――１９３０年代の政治・文化

楽しいスターリン時代

スターリン主義最盛期として知られる１９３０年代のソ連は、「幸せな生活」の時代でもあった。１９３４年の中央委員会書記セルゲイ・キーロフ暗殺事件、１９３６年の新憲法制定（いわゆる「スターリン憲法」）、社会主義の実現宣言、そして１９３７年から38年にかけてピークに達する大粛清といった出来事を通して、スターリンによる独裁が確立していく。この支配体制は市民生活のあらゆる側面にまで及んだが、このとき鍵となったのは、「幸せで豊かな、楽しい生活」という不自然なほどに明るいイメージだった。これまでのソ連では、社会主義建設のために自己犠牲の精神で労働にいそしむことが至上命令であったが、１９３０年代後半になると消費を楽しむことは、許されるどころか、国民の義務と見なされるようになる。きわめて個人的な感情であるはずの「幸せ」が、党によって規定され、与えられるものとなったのだ。

それと同時に、「個人の能力」への期待が高まった。１９３１年に賃金システムが出来高制へと移行したほか、社会階層を作らないために廃止されていたはずの、名誉称号の認定が復活する。とくに１９３４年には、ソ連最優等の栄誉等級「ソ連邦英雄」が創設され、英雄をたたえることが一大ブームとなった。以下では「幸せな生活」と「個人の能力」という二つのキーワードを軸として、1930年代ソ連の政治・文化にアプローチしたい。

新しい生活、新しい文化

世界中が大恐慌の打撃を受けているのに、唯一無傷のままでいるソ連社会主義経済は、実際のところ、資本主義よりも優れているのではないだろうか？——1930年代にソ連を訪れた欧米の知識人のなかには、そんなふうに思った人も少なくなかったという。確かにこの頃のソ連は、「未来」に満ちているように見えた。1932年、モスクワを近代的な巨大都市に作り変える建設計画が採択され、1935年には「地下宮殿」と呼ばれるモスクワ地下鉄が開通した。1937年にはコンベンションホール「ソヴィエト宮殿」の建設が開始される。これはエンパイア・ステートビルを凌ぐ、高さ415メートルの建築物で、そのうち80メート

1937年の広告。「ホームデリバリーを使おう！注文するだけで、あなたの時間と労力を節約できます。」(Снопков А.Е., Снопков П.А., Шклярук А.Ф., *Советский рекламный плакат*. М., Контакт-культура, 2013, С.151)

ルを占めるのは、キング・コングのようにビル上部にそびえ立つ、巨大なレーニン像となるはずだった（未完成）。

「同志たちよ、生活はより良くなった。生活は楽しいものとなった」。これは１９３５年、スターリンが演説で述べ、１９３０年代を象徴するスローガンとなった言葉だ。まず重視されたのは、人間のとてもシンプルな欲求、すなわち、おいしいものを食べるということだ。１９３５年、食料配給制が公式に廃止されると、様々な嗜好品が人々の暮らしに入ってきた。１９３６年にはスターリンが「シャンパンは物質的豊かさと良い生活を示す重要な印である」と述べ、ソ連産の発泡性ワイン「ソヴィエツコエ・シャンパン」の生産を急ピッチで進めた。食糧工業人民委員アナスタス・ミコヤンは、アメリカで食べたフランクフルト・ソーセージとアイスクリームをそのままソ連に輸入しようと、帰国後はアメリカ産の機械を備えた食品工場を次々に建設した。これまでぜいたく品であった食品が大量生産されることとなり、新しい「ソ連的」食生活の伝統がつくりだされていく。

1938年の広告「どこでもみんな、アイスクリーム」。(Снопков А.Е., Снопков П.А., Шклярук А.Ф., *Советский рекламный плакат*. М., Контакт-культура, 2013, С.181)

1937年の香水の広告。（Снопков А.Е., Снопков П.А., Шклярук А.Ф., *Советский рекламный плакат*. М., Контакт-культура, 2013, С.131）

外国人のみに向けて営業していたレストランは、ソ連の市民もジャズを楽しみながら食事を楽しめる場所になった。ダンスがたしなみとなり、赤軍将校たちはせっせとタンゴのレッスンに通うようになる。若者たちの間ではテニスが流行し、女性たちに向けてオーデコロンが宣伝された。１９３５年以降、モスクワの市民たちは、夏になるとゴーリキー文化レジャー公園で野外の仮装パーティーを楽しんだ。同じ年には、これまで宗教的であるとして禁止されていたモミの木のデコレーションが大々的に復活した（ただし、新年のお祝いとして）。このような「幸せな生活」プロパガンダを可能にした背景には、メディアの発達がある。ラジオの大衆化が進み、グラフ誌が発売され、トーキー映画が隆盛を誇った。１９３４年に社会主義リアリズムが唯一公認の芸術様式と規定されると、ソ連芸術は「英雄的」「楽観的」、そして未来志向であるように求められ、党が理想とする「幸せな生活」イメージが、芸術を通して普及していくことになった。

その裏で、１９３２年から１９３３年にはウクライナ人の居住地域、北カフカースや中央アジアで大飢饉（「ホロドモール」）が起こっていた。その他の地域においても1930年代前半は物資不足が深刻であり、人々は食料品や日用品を手に入れるのに苦労していた。広告やショーウィンドウにはきらびやかな商品や嗜好品が並んでいても、実際の店頭にはなにもないか、あっても庶民にはとても手の届かない値段であった。街を歩いていて必要な品物を偶然見かけたらすぐに購入できるよう、「アヴォーシカ（「もしかしたら」という意味のロシア語に由来）」と呼ばれる網状の袋を人々が持ち歩くようになったのも、この時代からである。1937年頃には生活水準がかなり改善されたが、「反政府」のレッテルを貼られた人々は職に就けず、貧しい生活を送らざるを得なかった（例えば、ソ連の現実を不条理として描き、のちの「不条理文学」を先取りしていた作家ダニイル・ハルムスは、あまりに生活が困窮していたため、かつて舞台用に作った派手な服を普段着として着ていたというエピソードがある）。

英雄と粛清

公的なイメージとその「裏」に激しいギャップがあったのは、個人の能力をたたえるキャンペーンにおいても同じだ。この時代の最も重要な「英雄」は、やはりスターリンだろう。スターリンへの個人崇拝をコントロールするために、1930年には党機関紙『プラヴダ』のスターリンに関する記事は、すべて書記局で事前に許可をとることが決定された。当局からの注文は多岐にわたっており、例えば1935年以降は、スターリンの写真にはキャプションの「スターリン」という文字をつけない方針が採られた（他の政治家とは別格で、スターリンを知らぬ者はいない、というわけである）。

政治家以外でも優れた活躍をした人々は、「新しい人間」として様々な優遇措置を与えられていた。

グスタフ・クルツィスによるポスター案（1935年）。スターリンの肖像の下に、創設されたばかりの「ソ連邦元帥」の四人を配置したものの、うち二人（ヴァシーリー・ブリュヘル、ミハイル・トゥハチェフスキー）が大粛清のときに逮捕・処刑されたため、二人の部分のみ切り取られている。David King, *The Commissar Vanishes: The Falsification of Photographs and Art in Stalin's Russia* [New Edition] (London: Tate Publishing, 2014), p.190.

ソ連邦英雄の最初の受賞者は、六人の飛行士たちであった。空を飛ぶということは、ソ連の技術とイデオロギーの優位を示す一種の「展示用テクノロジー」であり、「スターリンの隼」と呼ばれた空の英雄たちは、子どもたちの憧れの職業となる。また、ノルマを著しく超過する成果を挙げた、優れた労働者が、「労働英雄」として賞賛された。彼らは高級マンションや最新の自動車などを与えられ、一種のセレブリティとして人々の羨望を集めていた。当時の流行歌「陽気な連中のマーチ」（1935年）は、「私たちは誰だって、英雄になれる！」（ヴァシーリー・レーベデフ＝クマーチ作詞）と歌うが、これはあながち誇張ではなかった。貧しい生まれの労働者が、工場での労働成果を認められ、ノルマ達成の記録を更新し、労働英雄として報道され、最終的にはモスクワでスターリンに会うというのが、当時のサクセス・ストーリーだ。

その裏で、1934年12月にソ連を震撼させたキーロフ暗殺事件は、犯人探しという名目で粛清の渦を生み、それはあっという間に全国民を飲み込んだ。スターリンとの近さは何も保障しなかったどころか、権力に近い人間から粛清された。下剋上の展開を喜んでいた人もいたそうだが、いつ身に覚えのない罪状で逮捕されてもおかしくない社会で、人々は夜中にドアをノックする音におびえる日々を過ごした。

そして、告発された人々にも「個人の能力」が求められたというところが、1930年代のソ連社会に独特な点である。政治犯とされた人々は、モスクワ裁判に代表される「見せしめ裁判（公開裁判）」において、嘲笑の響くなか、自分の罪について詳細に告白しなければならなかった。その罪はほとんどがでっちあげであったが、それを自分の犯した罪として認め、犯罪の動機や経緯を説明しなければならなかったのである。

さらに告発された人を社会から抹殺することも、市民たちの「個人の能力」にかかっていた。市民たちは、告発された人の写真を塗りつぶしたり、切り抜いたり、削り取らなければ、スターリンへの忠誠心を疑われかねなかった。政治的理由による写真の改ざんはソ連のお家芸とも言えるが、これが私的なレベルにも広がったのである。とくに身近な人が逮捕された場合は、ファミリーアルバムの写真であっても、顔の部分を塗りつぶすなどして、その人とのつながりを否定しなければならなかった。

（亀田真澄）

コラム 2

ハリウッドとコルホーズ――「楽しい生活」の映画プロパガンダ

１９３０年代ソ連の表向きの顔は、豊かな生活を楽しむ笑顔であった。このイメージを普及させるうえで最も重要な役割を果たしていたのは、ミュージカル映画だろう。１９３０年に設立された映画協会ソユーズキノ（製作会社に映画製作の年次計画を割り当てる機関）のトップ、ボリス・シュミャツキーは「ソヴィエト映画は観衆たちに、楽しいソヴィエトの笑いを届けなければならない」と述べ、ミュージカル・コメディ映画を量産することが決められた。当時はハリウッドのミュージカル映画が全盛期だったので、シュミャツキーはハリウッドに倣えとばかり、アメリカから帰国したばかりのセルゲイ・エイゼンシュテインに映画製作を打診するものの、きっぱりと断られる。代わりに白羽の矢が当たったのは、エイゼンシュテインと共に渡米していたグレゴーリー・アレクサンドロフだった。アレクサンドロフの出世作『陽気な連中』（１９３５年公開）冒頭のスタッフクレジットは、次のように始まる。

チャーリー・チャップリン
ハロルド・ロイド
バスター・キートン
は、この映画には出てきません！

このユーモラスな演出には、ハリウッドからの影響を隠さないだけでなく、それに打ち勝とうという意気込みすら感じられる。アレクサンドロフは他にも『サーカス』（１９３６年）、『ヴォルガ・ヴォルガ』（１９３８年）などのヒット作を世に送り出し、ソ連ミュージカルの代表的監督となった。その特徴はやはり音楽で、民謡と軍歌の双方にルーツを持つ曲に、イデオロギー色の強い歌詞をつけたテーマソングが用いられた。歌詞が政治的なぶん、映画のほうは肩の力が抜けたコメディに徹することもできた。

シュミャツキーはさらに、「ソヴィエト版ハリウッド」計画を唱え始める。これはカリフォルニアの気候的条件と近いクリミア半島南西部に広大な映画村を建設し、内部には多数のスタジオを備えることで、映画をハリウッド式に大量生産しようという計画だ（結局、1937年のシュミャツキー逮捕により、計画倒れに終わる）。

このころ、ソ連に独特のサブジャンルも生まれた。『アコーディオン』（イーゴリ・サフチェンコ監督、1934年）に始まる、「コルホーズ（集団農場）・ミュージカル」というジャンルだ。コルホーズを舞台に、一人の女性をめぐる恋愛模様が喜劇タッチで描かれるというもので、女性たちは稲穂を刈りながら、そして男性はもっぱらトラクターを運転しながら、収穫の豊穣さをたたえて楽しそうに合唱するというがおなじみのシーンである。

映画史家リチャード・テイラーはその特徴として、①三角関係、②勘違いに基づく展開、③テーマソングの効果的な使用を挙げている。このジャンルを代表するイヴァン・プィリエフは、『素敵な花嫁』（1938年）、『トラクター仲間』（1939年）、『クバンのコサック』（1950年）などの作品を発表し、コルホーズでの豊かな日々を力強く表現した。これらの映画は、コルホーズの現実とはかけ離れたものではあったが、単なる誇大広告的なプロパガンダではなかった。困難な時代にあって、希望を見たいと願う人々が多かったからこそ、コルホーズ・ミュージカルは貧しい人々からも絶大な支持を得ていた。なおスターリンは、多いときには週に2度以上、夜通しの映画鑑賞会を開いていたほどの映画好きであったが（1991年のアンドレイ・コンチャロフスキー監督『インナー・サークル』はこのことをテーマにしている）、一番のお気に入りはアメリカのミュージカル映画だった。

（亀田真澄）

22 飢饉とテロル
――1930年代の悲劇

飢饉は農業集団化の結果

1932〜33年ソ連は大飢饉に見舞われたが、それは1921〜1922年のそれを上回る規模だった。気候条件の悪化は要因としては小さく、農業政策の誤りの結果であった。ソ連政権は、1927年末に始まる穀物調達危機に対して2年後に全面的な農業集団化で対応したものの、農民の激しい抵抗を招き、暴力的に多数をコルホーズに加入させると、今度はコルホーズが穀物調達に抵抗した。共同労働の播種を拒否し、生育中の穀類を窃盗した。当局はこれを処罰しながら調達を強行し、翌年春の播種用の種子まで持ち去った。政権は欧米からの機械・技術輸入代金のために穀物輸出を続けた（飢餓輸出）。こうしてウクライナ、北カフカース、ヴォルガ流域の穀倉地帯で飢饉が広がった。カザフスタンのような遊牧地域にも飢饉は及び、強引な集団化を嫌う人々が中国に流出した。大飢饉の事実は厳格な情報統制によりひた隠しにされたが、死者は500万人にも達したという。政権は国内旅券制度を導入し、旅券を持てない農民の都市流入を防ごうとしたが、飢えた人々は都市に流れ込み、浮浪児や売春婦が激増し、社会不安を醸成することになった。この集団化への抵抗と飢饉への対策が、1935年初めに作成された模範アルテリ定款である。コルホーズ員は僅かな宅地付属地と小家畜の所有を許され、共同労働には消極的に参加することでコルホーズ制度を受け入れた。

１９３４～36年政権は、第一次五ヵ年計画の重工業中心に対する不満と大飢饉後の社会宥和のために比較的穏健な政策をとった。第二次五ヵ年計画で消費財生産に配慮したこと、右の模範アルテリ定款制定のほか、１９２９年以来の配給制を廃止したこともその一環である。対外的には満洲国成立に続くドイツ・ヒトラー政権の登場により、対独・対日安全保障のためにイギリス、フランスとも、アメリカ、中国とも友好関係を形成しようとした。コミンテルンが１９３５年の第七回大会で「反ファシズム人民戦線」戦術を打ち出したことも、これと連動している。同年に憲法改正が発議され、１９３６年6月から改正案の「全人民討議」が約半年間行われた。その改正案は、ソヴィエト選挙を間接多段階選挙・公開投票から直接選挙・秘密投票に改め、欧米憲法に倣って人権規定を充実させたもので、ソ連もまたファシズムに反対する民主主義の陣営にいることを示そうとしたのである。むろん、共産党が社会の「指導的中核」であると明記され、人権規定のすべてに「共産党と社会主義に反対しない限り」という留保がつけられ、さらには「人民の敵」「祖国に対する裏切り」という弾圧の口実も盛り込まれた。

ジノヴィエフ（左）とカーメネフ（右）

一般国民にも及んだ恐怖政治

果たせるかな、憲法改正「全人民討議」と並行して、8月にジノ

ミハイル・トゥハチェフスキー

ヴィエフ・カーメネフ裁判が行われた。翌37年1月にピャタコフ・ラデック裁判、6月にトゥハチェフスキー裁判、１９３８年3月にはブハーリン・ルイコフ裁判が行われ、革命の大立て者が「スパイ」「反革命」などの廉で有罪とされ、銃殺された。１９３７年2～3月の党中央委員会総会は、党そのものに対する弾圧の出発点となった。赤軍首脳に対する弾圧はトゥハチェフスキー裁判以降、高級将校の半数に及び、国防力に大きな打撃を与えた。弾圧されたのは党・政府・軍の幹部ばかりではない。１９３７年7月の政治局決定により、旧クラーク分子一掃を名目とする弾圧が一般国民を広く巻き込み、密告が奨励され、人々は「夜中にノックがある」＝「ＮＫＶＤ（内務人民委員部）が逮捕に来る」恐怖に囚われた。

１９３６年9月にヤゴダが手ぬるいとして罷免され、エジョフが内務人民委員に就任して以降2年余りの大量弾圧は、とくにエジョフシチナと呼ばれた。エジョフ率いるＮＫＶＤは、スターリン、モロトフ、カガノヴィチ、ヴォロシーロフの最高指導部（当時の言葉でインスタンツィヤ＝党政治局内部のインナー・キャビネット）の承認のもと、党・政府・軍の中央部のみならず共和国・地方・州レベルで「人民の敵」を摘発した。拷問を含む苛酷な取調べにより自白させ、物証なしで略式裁判にかけるか、裁判手続きさえ抜きで、銃殺し、矯正労働収容所に送り込んだ。産業分野におけるスタハーノフ運動に

エジョフ（左）とスターリン（右）

倣って、上部から与えられた目標数字を超過達成するよう競争が行われ、大量弾圧が自己運動する様相すら呈した。ソ連崩壊直後に公開された資料によれば、１９３６年の銃殺は35万３０７４人、収容所及び監獄送り約42万９３１１人であり、１９３７年は各32万８６１６人、20万５５０９人だった。さすがに、有為な人材まで「人民の敵」として抹殺することが経済運営上も国防上もマイナスと判断したスターリン指導部は１９３８年1月の党中央委員会総会でブレーキをかけ、11月にはエジョフを罷免してベリヤを内務人民委員に任命した。

ところで、矯正労働収容所は１９２９年末に開始された農業集団化に抵抗する「クラーク」（土地と役畜を数多く所有する者だけではなく、集団化に強く抵抗した中農を含む）を収容し、労働によって社会主義的に矯正することを建て前としていた。１９３４年の時点で収容者は51万３０７人であった。彼らは、集団化開始時の内務人民委員ヤゴダによって第一次五ヵ年計画の巨大建設プロジェクトの労働力として動員された。白海・バルト海運河、モスクワ・ヴォルガ運河などであり、貧しい食事で苛酷な労働に従事させられ、死者も少なくなかった。一般の農民の一部はシベリア・中央アジアなど遠隔の「特別居住地」に移送され、農業に従事させられた。ベリヤ内務人民委員の時期には、銃殺刑は減ったものの矯正労働収容所送りは増え、１９３９年１３１万７１９５人、１９４０年１３４万４４０８人であった（刑期３年未満の者向けの矯正労働コロニーを併せて両年とも約１７０万人）。この時期に、ラーゲリ経

白海・バルト海運河建設に従事する労働者（1931 ～ 1932年）

済は国民経済の不可欠の部分となり、1940年には中央政府投資額の14％に及んだという。

　さて、大飢饉については、農業集団化強行と苛酷な穀物調達、飢餓輸出に因るものであることに異論はなく、その死者数についても専門家が確定に努めている。ただし、ソ連崩壊に伴ってウクライナではこの飢饉をスターリンによる意図的なエスノサイド（民族絶滅）政策だとする主張が支配的になり、この点が国際的な論争を呼んでいる。この飢饉でロシア人やカザフ人等も大量に死亡した事実からエスノサイド論は成立し難いが、1932年夏にウクライナ共産党から民族主義的な傾向の者が排除され（スクルィプニクが自殺に追い込まれ）てから、苛酷な穀物調達が実行された点には留意してよい。

　これまでは1936～1938年の大テロルを取り上げたが、1934年末キーロフ暗殺以降の弾圧はその前段と考えられるし、広義には農業集団化自体も、それにやや先行するシャフトゥイ裁判、産業党裁判、メンシェヴィキ裁判もテロルに位置づけられよう。その原体験が内戦・干渉戦争中の赤色テロルにあることは言うまでもない。ただ、ここでは範囲を広げすぎて認識がクリアでなくなることを避けるため、大テロルに焦点を当てる。

　大テロルの第一に原因ないし、発動した指導部の動機としては、①対外関係の悪化、②政策不調ないし失敗の糊塗、③スターリンの猜疑心、が挙げられる。①としては、36年11月の日独防共協定締結

＝日独挟撃の恐怖が大きく、スターリン指導部は年初から情報をキャッチしていた。37年8月の極東地方在住朝鮮人の中央アジア強制移住に始まる国境地帯の諸民族のシベリア・中央アジアへの追放も、大テロルの並行現象である。②としては、1936年のやや小規模の飢饉、1937年の燃料不足による工場の操業停止が挙げられる。③は、言うまでもなくスターリンのスパイ恐怖症である。

第二に大テロルの重層性、対象の多様性について、「レーニン親衛隊」をはじめとする党・国家・軍の幹部と一般大衆はすでに指摘したが、中間の共和国・地方・州のボスも「独立王国」支配者、「潜在的抵抗勢力」として排除された。

第三に大テロルの帰結としては、①スターリン個人権力の強化と指導部の世代交替、②経済のラーゲリ依存と軍の弱体化、③国際的孤立化が挙げられる。①の後者は、ヴォズネセンスキー、コスイギン等の若いテクノクラートの進出、②は、人海戦術に頼りがちで技術革新による合理化が後回しになったこと、経験ある司令官クラスの激減で対独戦争遂行能力が落ちたこと、③は仏ソ相互援助条約が空洞化し、孤立化したことである。

最後に、大テロル期の社会は相互監視と密告を特徴とする一方、家族・友人の「親密圏」においては獄内外での交流、コミューンの試み、当局に対する訴えなど、私生活に閉じこもらない活動があったことが、ヘルベックや松井康浩の研究によって明らかにされている。

（富田　武）

23 スターリン
――20世紀が生んだ独裁者

カフカースの革命家

のちにスターリンとして知られるヨシフ・ヴィッサリオノヴィチ・ジュガシヴィリ（愛称ソソ）は、グルジア（現ジョージア）の小さな町ゴリに生まれた。ゴリのウスペンスキー大聖堂には出生日を1878年12月18日とする記録が残っているが、ソ連の公式文書では1879年12月21日とされており、この謎についてはいくつかの説がある。腕のいい靴職人だった父ヴィッサリオンは飲酒と暴力で家族を悩ませるようになり、ソソがまだ幼い頃に家を出てしまう。母エカチェリーナは働きながら息子を育て、地元の有力者たちの援助を得て念願の教会学校へ入学させた。

優秀な成績を修めたソソはチフリス（現トビリシ）神学校に進み、幅広い教養と神学の問答を身につけた。詩や文学、歴史も好きで、革命後に学生時代の歴史の教師が逮捕されたと知って、治安機関に釈放を頼んだこともある。ロシア帝国南部の最良の正教の教育機関であったチフリス神学校は厳しい校則でも有名で、グルジア語やグルジア史だけでなく、プーシキン以降のロシア文学の授業もすべて禁じていた。帝政への批判や自由主義思想、民族主義がロシア全土に広まるなかで同校は多くの退学者と無神論者、革命家を生み、ソソもまた1899年に退学してロシア社会民主労働党（1903年にボリシェヴィキとメンシェヴィキに分裂）に加わった。

　退学後の地下活動の舞台となったカフカースでは、ロシアや西欧の石油財閥と様々な民族からなる労働者、莫大な富と悲惨な貧困、残忍な犯罪、民族間の衝突と革命運動が交錯していた。秘密警察と密告の網のなか、ソソは労働者の扇動や武器の強奪、党員の脱獄の援助、大企業との取引や強盗による党の活動資金の調達に携わり、逮捕とシベリアの流刑地からの脱走を繰り返した。１９０６年には同じ神学校で学んだボリシェヴィキ党員スワニゼの妹エカチェリーナと結婚して息子ヤコフを授かるが、幸せな結婚生活は彼女の死によって2年足らずで終わりを告げる。

　強靭な精神で地下活動に従事したソソは、しだいにスターリン（「鋼鉄」という意味）として知られるようになる。この名で発表した論文「マルクス主義と民族問題」はレーニンに高く評価され、民族問題でボリシェヴィキを代表する存在になった。17年に二月革命が起こるとすぐに流刑先から首都に戻り、4月に亡命先のスイスから帰還したレーニンと協力しながら党の運営に専念した。十月革命後には新政府の民族問題人民委員部を率いるとともに、党の最高機関である政治局に加わった。少数民族の支持が国家建設に不可欠だと考えたスターリンは、筆記文字の作成や新聞の出版、学校

ヨシフ・スターリン（1878 ～ 1953年）

建設を積極的に支援した。

しかし革命の理念と現実の差はあまりに大きく、帝政の復活を目指す白軍や宗教組織、民族主義組織などの相次ぐ蜂起と、西欧諸国やアメリカ、日本の干渉がボリシェヴィキを苦しめた。深刻な食糧不足に直面した党指導部は農民から強制的に穀物を取り上げ、抵抗する者を容赦なく弾圧した。ロシア南部へ派遣されて食糧調達と白軍との戦いを指揮したスターリンは、赤軍で働く旧帝政軍の将校たちの裏切りを疑い、モスクワからの指令を無視してその多くを処刑した。

１９１９年にはカフカースの革命家で友人アリルーエフの娘ナジェージダと再婚し、のちにヴァシーリーとスヴェトラーナという二人の子どもに恵まれる。ナジェージダは23歳年上のスターリンを子どもの頃から知っていて、革命後にはレーニンの執務室で働いた。１９２２年に党中央委員会書記長に就任すると、スターリンは人事を通じて急速に党内での地位を固めていく。晩年のレーニンはスターリンの権力の拡大に危惧の念を示したが、１９２４年1月に彼が死ぬとスターリンは後継者の一人に名乗りを上げ、ブハーリンらと協力して市場経済を部分的に導入し、内戦からの復興を目指した。

権力の頂点へ

１９２７年のイギリスとの国交断絶が国内で戦争のうわさとなり、市場への穀物の供出が減少すると、スターリンは再び過酷な軍事的措置で穀物挑発を断行した。さらに29年以降に本格的に推進した農業集団化は、北カフカースやウクライナなどの穀倉地帯に飢餓を広めることになる。工業分野では第一次五ヵ年計画を開始し、それとともに政敵トロツキーを国外に追放し、ブハーリンら協力者も指導部から排除していった。急激な政策転換は、資本主義諸国の干渉を危惧して工業化を早めるべきだと考える党員や、それまでの経済政策を革命からの後退と見なす党員の支持を集めたものの、同時に批判も起こった。32年に妻ナジェージダが自殺したのは、こうした党内の批判の高まりや農村の悲劇的な実態を知ったためだとも言われている。妻の死に強い精神的打撃を受けたスターリンは、これ以降不眠に悩まされるようになった。

1934年12月に政治局員キーロフが暗殺された事件は、ソ連社会に大きな影を落とした。スターリンは実行犯だけでなく、かつて自分と対立した党指導者たちの逮捕と処刑を指示した。弾圧は赤軍指導者や経済部門の管理者、外国との結びつきを疑われたドイツ人、朝鮮人などの少数民族、外国での滞在経験を持つ人々にも及んだ。抑圧の波は個人間の権力争いや不和など多数の要素が絡み合いながら拡大し、1938年までに134万人余りが逮捕され、68万人以上が処刑された。他方で、平等で無償の普通教育が実現し、孤児のための施設や成人を対象とする教育機関が増加したのもこの時代だった。1926年に56・6%だった識字率は1939年には87・4%になり、失業は解消された。さらに政治的抑圧が生んだポストの空白を埋めるために若い世代が登用されたことは、かつてない規模での国民の社会的上昇をもたらすことになる。

戦争と晩年

政治的抑圧の広まりにはナチ・ドイツや日本の軍事的脅威も影響を与えていた。イギリスやフランスがドイツとソ連を戦わせようとしていると考えたスターリンは1939年8月にドイツと不可侵条約を結び、秘密議定書に基づいてポーランド東部等を併合した。スターリンはドイツとの戦争を想定してはいたものの、各地の諜報員から届く情報を信頼しようとしなかった。この頃には政治局の会議も招集しなくなり、彼に異議を唱えられる指導者はすでに排除されていた。１９４１年6月にドイツ軍侵攻の知らせを受けたとき、スターリンは茫然自失の状態に陥ったという。二日後に他の政治局員たちが「国家防衛委員会」の創設と委員長への就任を依頼すると、ようやく立ち直り、かろうじてソ連を勝利に導くことに成功する。しかし４年に及ぶ戦争の被害はあまりにも大きく、戦後復興は困難を極めた。莫大な数の犠牲者のなかには作戦の失敗の責任を負わされた軍の指揮官や、利敵協力の容疑で故郷から遠く離れた地へ追放された諸民族も含まれた。

終戦直後、スターリンは軽い心臓発作に見舞われ、２か月間の療養生活を余儀なくされた。戦争だけでなく、喫煙や深夜に側近とともに飲食し、明け方に眠るという長年の習慣も、体調の悪化と判断力の低下を招いた。１９４９年12月には70歳を祝う大規模な祝賀行事が開催され、デモ行進が彼を称える言葉を掲げたが、戦後のより良い生活や政治的自由化を期待した国民には不満が広まっていた。国外の現状を見た兵士はソ連の生活水準の低さに気づき、戦争の前後に新たに併合された領土では武装組織が抵抗を続けていた。こうした状況のなかでスターリンは、民主化を求める運動や民族運動を弾圧し、戦時中に国民の支持を集めた知識人や将校を批判し、あるいは左遷することで権力を維持しようとした。

戦勝は彼を国際政治の中心に引き上げたが、戦時中の同盟国との関係は次第に緊迫化していった。冷戦という新たな対立構造が形成されると、イスラエル建国をきっかけにアメリカとの結びつきを警戒してユダヤ人を批判するキャンペーンを広め、戦時中に作られた反ファシスト・ユダヤ委員会の代表者たちの逮捕や暗殺を命じた。対外政策では戦後初期の方針を転換して東欧の社会主義諸国の独自路線を禁じるが、このことはユーゴスラヴィア共産党の離反を招き、ソ連に批判的な国際世論を生み出すことになる。

晩年のスターリンは猜疑心に憑りつかれ、1952年には自分や側近の暗殺を企てたとしてクレムリンの医師団の逮捕を命じる。この事件が公表されると人々は新たな弾圧の始まりを予感したが、翌年3月に脳卒中で倒れたスターリンは意識を回復することなく、4日後に息をひきとった。彼の死は国民に大きな衝撃を与え、葬儀には圧死者が出るほどの群衆が集まった。人々にとってスターリンは数えきれない犠牲者を生んだ独裁者であるとともに、国家を近代化し、国民に社会的上昇の機会を与え、第二次世界大戦でソ連を勝利に導いた指導者でもあったのである。

かつて姓を悪用したとして息子ヴァシーリーを非難したスターリンは、「お前はスターリンではない。そして私もスターリンではない！　スターリンとはソヴィエト権力なのだ！」と言い放った。彼を作ったのはその個性や生い立ち、教育だけではなく、大衆の政治参加や社会主義思想の広まり、計画経済や科学への信頼といった同時代の世界的潮流、ロシア帝国が生み出した政治的・社会的矛盾、革命と内戦、資本主義諸国やファシズムとの戦いのなかでボリシェヴィキが内面化した思考様式でもあった。スターリンとは何だったのか？　この問いは20世紀という時代の本質を知るための知的な挑戦でもあり、今も多くの人を捉え続けている。

（立石洋子）

24 大祖国戦争
――偉大なる戦勝体験

大祖国戦争とは第二次世界大戦におけるソ連軍（労農赤軍）とドイツ軍との国家存亡を賭けた総力戦（独ソ戦）のことであり、ソ連全体が国土の壊滅的破壊や夥しい数の犠牲者などの甚大な被害を蒙りながらも、最大規模の作戦計画と兵力動員により大戦果を収めたことで、ソ連史上最大の戦勝体験として記憶されている。ロシア軍事科学アカデミー元教授のグリゴリー・クリボシェーエフによれば、大祖国戦争における民間人を含めたソ連国民の死傷者数は約２６６０万人であり、当時の人口の13・5％に相当する。大祖国戦争はまたソ連が連合国の一員として英米両国と共闘することで戦後国際秩序の形成に大きく寄与する機会となり、ソ連は東欧地域および極東アジアに新たな領土権益を獲得することに成功した。こうした軍事・外交戦略上の勝利はソ連の大国としての地位を確立しただけでなく、歴史認識においては20世紀後半の冷戦での敗北をカムフラージュするかのように、戦勝国としての輝かしい栄光として深く刻み込まれている。２０１5年5月9日にモスクワで開催された対独戦勝70周年記念式典において、ウラジーミル・プーチン大統領はナチズムと日本の軍国主義と戦った国に感謝を述べるとともに、戦勝国という立場から戦後国際秩序に挑戦する動きをけん制し、抗日戦争に勝利した中国の歴史認識に同調する姿勢を見せた。

独ソ開戦

独ソ開戦について、近年の研究成果ではバルバロッサ作戦に関する機密情報やドイツ軍の動向に関し、ヨシフ・スターリン首相（人民委員会議議長）は参謀本部情報総局などのインテリジェンス活動を通じて事前に察知していたようだ。しかしながらスターリンは開戦に至るまで具体的な戦争準備や防衛・迎撃態勢を整えずに、ドイツとの外交交渉の成立を信じて宥和政策を明確化することに固執した。このため１９４１年６月22日に開始されたバルバロッサ作戦にて前線のソ連軍は壊滅的な打撃を受け、ドイツ軍のソ連領内への侵攻を簡単に許してしまった。

ドイツ軍のその後の快進撃は北方軍集団によるレニングラード方面、中央軍集団によるモスクワ方面、南方軍集団によるウクライナ方面の三方面へと展開してゆくが、なかでも同年10月から開始されたモスクワ攻防戦においてソ連軍は苦戦を強いられ、ドイツ軍の装甲部隊はモスクワ南方１６５キロメートルに位置するトゥーラにまで到達した。このため10月中旬には党幹部および政府諸機関をクイブィシェフ（現在のサマーラ）へ疎開する命令が下されたものの、スターリン自身はモスクワに留まる決断をし、そこに極東地域からシベリア鉄道で緊急輸送された約40万人の兵員、１０００輌の戦車、１０００機の航空機が到着したことにより形勢が逆転した。また冬将軍の到来によりドイツ軍はモスクワ攻略が継続不可能となり、12月８日にモスクワからの撤退を余儀なくされた。この日は偶然にも日本海軍の連合艦隊が真珠湾攻撃を開始して太平洋戦争へと突入する日でもあった。

ソ連の戦争指導に関し、制度面ではスターリンを頂点とした垂直的な権力構造が構築された。独ソ開戦直後の１９４１年６月30日に国家防衛委員会が設立された。初期の構成員は党政治局の高級幹部

マネージ広場のジューコフ元帥像

で占められ、スターリン（議長）、ヴャチェスラフ・モロトフ外相（副議長）、ラブレンチー・ベリヤ内相、クリメント・ヴォロシーロフ副首相、ゲオルギー・マレンコフ党中央委員会書記であった。１９４２年にニコライ・ヴォズネセンスキー国家計画委員会（ゴスプラン）委員長、ラーザリ・カガノヴィッチ運輸相、アナスタス・ミコヤン貿易相が、１９４４年にニコライ・ブルガーニン副国防相が新たに加わった。国家防衛委員会は軍事・外交戦略の決定と戦時動員体制を管理運営する戦争指導機関となり、同委員会の付属機関として運輸（兵站）委員会、戦利品委員会、作戦局、ラジオ放送局、ウラン・エネルギーの活用に関する専門委員会などが設置された。

また同年7月10日には独ソ開戦の翌日に創設されたソ連軍総司令部（スタフカ）が改編されてソ連軍最高司令部となり、国家防衛委員会に直属した。初期の構成員はスターリンとモロトフ以外はソ連軍の高級将官で占められ、ボリス・シャポシニコフ元帥やゲオルギー・ジューコフ参謀総長のほか、セミョーン・ティモシェンコ元帥、セミョーン・ブジョンヌイ元帥、ニコライ・クズネツォフ海相などであった。7月19日にスターリンが国防相を兼務する形で最高総司令官へと就任したことに伴い、

8月10日に最高司令部は再改編されてソ連軍最高総司令部が誕生した。最高総司令部は各方面軍（戦線）および艦隊の作戦計画や実戦指揮を担当し、参謀本部がこれを実質的に下支えした。こうして大祖国戦争ではスターリンに全ての権限が集中する戦争指導体制が構築され、スターリンは党書記長でありながら首相、国防相、国家防衛委員会議長、ソ連軍最高総司令官を兼務することで共産党、政府、軍隊の全てを掌握した（1943年には自ら元帥となった）。

さらに大祖国戦争での強固な動員体制を確立するため、戦時下の愛国主義が高らかに叫ばれた。大祖国戦争という表現自体はスターリンが1941年7月3日のラジオ放送で国民に直接伝えたもので、ナポレオン軍に勝利した祖国戦争になぞらえることでナショナリズムの喚起を目的とした。また1943年6月には英米両国との協調路線のためコミンテルンの解散に踏み切り、同年9月にはロシア正教会との和解の方針を示して総主教制の復活を認めた。これらはドイツ軍に勝利するための不可欠な精神的紐帯となった。

スターリングラード攻防戦での勝利

大祖国戦争の戦況がソ連軍の優勢へと大きく転じたのは、1943年2月に終結したスターリングラード（現在のヴォルゴグラード）攻防戦での勝利であった。この戦いはドイツ軍が1942年6月から開始したブラウ作戦にてカフカース油田地帯を占領するために補給線上の要衝都市であったスターリングラードの攻略を目指したもので、激しい市街戦へと発展してゆくなかで独ソ両陣営が100万人以上の兵力動員を実施した、まさに死力を尽くした戦いであった。同年11月から開始されたソ連軍の

スターリングラード攻防戦（1942年）

ウラヌス（天王星）作戦が発動されてドイツ軍の主力部隊は大打撃を受けて降伏し、この戦いでドイツ軍の死傷者数は80万人以上にも及び、32個師団および3個旅団が全滅した。また9万人以上の兵士がソ連軍捕虜となり中央アジアやシベリアなどで過酷な収容所生活を送ることとなった。

そして1943年7月からのクルスク戦車戦では、ドイツ軍は約90万人の兵員、2700輌の戦車、2050機の航空機を動員して攻勢作戦に出たものの、ソ連軍は約130万人の兵員、3444輌の戦車、2172機の航空機を動員してこれに応戦した。この戦いでソ連軍はドイツ軍を上回る損害を受けたもののドイツ軍の侵攻を食い止めることに成功し、大祖国戦争の主導権はソ連軍へと移動していった。同年12月にソ連軍はドニエプル右岸の戦いでキエフを奪還し、翌1944年1月からはウクライナ全土およびクリミア奪還作戦を開始した。とくにクリミア半島ではドイツ南方軍集団との死闘が繰り広げられ、現代ロシアとクリミア半島の歴史的な結びつきを考察する上で、この戦いの経験は示唆に富む。

1944年1月には約900日間続いたレニングラード（現在のサンクトペテルブルク）封鎖が解除され、ドイツ軍の東部戦線での敗北は決定的となった。ソ連軍はその後にフィンランド軍の打倒とバルト三国の再占領を果たした。また同年6月6日には連合国軍によるオーバーロード作戦（ノルマンディー上陸作戦）が実行され、フランス北部への欧州第二戦線（西部戦線）が開設された。さらにバルバロッサ作戦からちょうど3年後にあたる6月22日には、ベロルシア（現在のベラルーシ）でソ連軍の約120万人の兵員による「バグラチオン作戦」が決行されてドイツ中央軍集団が崩壊し、ソ連領内のドイツ軍は駆逐された。しかしながらソ連軍がこの機に乗じてドイツ軍からの「解放」の名の下、ルーマニアやポーランドなどに軍事進攻して東欧地域での勢力拡大を図ったことは、英米両国との戦後国際秩序の形成における大きな争点となった。

対日参戦

1945年5月8日のベルリン陥落により大祖国戦争は幕を閉じたが、勝利を収めたソ連軍を待ち構えていたのは、スターリンがヤルタ会談で合意した対日参戦（満州侵攻作戦）であった。ソ連崩壊後に公開された一次史料によれば、ドイツ敗北前から対日参戦準備は水面下で進められ、欧州から極東地域への大規模な兵力移動が段階的に実施された。そして同年6月3日の国家防衛委員会では大祖国戦争で活躍したカレリア方面軍や第二ウクライナ方面軍などの精鋭部隊の再編成と極東派兵が決定され、6月28日の最高総司令部の特別指令により3個方面軍による関東軍の壊滅を目的とした侵攻作戦計画が極秘裏に伝えられたことが明らかとなっている。独ソ戦研究で有名なデイヴィッド・グランツは対日参戦を大祖国戦争の「満州でのアンコール」と表現したが、まさに延長戦として対日参戦は1945年8月9日に決行され、ソ連はヤルタ秘密協定に基づき南樺太、千島列島、北方領土、満州での鉄道・港湾など東アジアでの権益確保に成功したのである。

（花田智之）

25 米ソ冷戦と抑留問題
――ソ連による捕虜の「ソヴィエト化」と米占領軍の「防衛網」

ロシア公文書史料の戦況報告によると、１９４５年８月９日から始まった日ソ戦争でソ連赤軍の捕虜となった日本人将兵は61万１２３７人いた。スターリンは、大日本帝国がポツダム宣言を受諾した後の１９４５年８月23日、「ソ連国家防衛委員会決定第九八九八」に署名、50万人の労働に適する日本人捕虜をソ連へ移送し、ソ連経済の労働力として使役することを命じた。スターリンが日本人将兵を抑留した第一の目的は、戦後のソ連極東及びシベリアにおける経済復興のための労働力として日本人捕虜を使役することで、そして第二の目的は、捕らえた捕虜を教化し再教育することであった。ソ連の教化は、最終的に捕虜をソ連に忠実な「兵士」として日本へ送り帰し、米占領下の国内で革命を主導させ、日本をソ連寄りの国として新たに再建させていくという意図を含んでいた。

日本人捕虜の「ソヴィエト化」

ソ連政府は日本人捕虜の抑留開始から祖国送還完了まで、軍国主義者の日本人捕虜の「ソヴィエト化」を全ての収容所で行った。これに最も貢献したのは、収容所で定期的に配布されたプロパガンダ用の『日本新聞』であった。まだ多くの捕虜が満州や北朝鮮で行き先を知らされずに、ソ連からの移

日本人捕虜（モスクワ公文書館所蔵）

送用貨車の到着を待っていた1945年9月4日、共産党中央委員会は日本人捕虜用に日本語で新聞を発行していくことを承認した。第一号が発行されたのはそれから間もなくの15日であった。ソ連政府が捕虜の労働使役の次に再教育を重要視していたことは、この準備の早さから十分説明することができる。8月23日の日本人捕虜移送決定後1か月未満で日本語の新聞を発行できたのは、日ソ戦争開始後に満州で日本語が打てる印刷機をソ連軍が奪取していたためである。新聞の編集長を務めたのは、日本事情に詳しいイヴァン・コヴァレンコであった（彼は1960年以降からソ連共産党日本課長として対日部門のキーパーソンとなる）。ヴァシレフスキー極東ソ連軍総司令官の通訳を務めていたコヴァレンコは、同総司令官より『日本新聞』の編集長に任命され、編集部門だけでなく、収容所内の様々な政治工作の計画立案、指針表明、成果の向上に尽力した。

『日本新聞』は、最初はタバコの巻紙やちり紙として、そして徐々に母国の活字に触れる貴重な手段として広まった。軍国主義思想に侵された日本人捕虜が、日本の財閥や軍閥批判、日本人戦犯問題、天皇制批判を掲載する『日本新聞』に、どれほどの衝撃と刺激を受けたか、そしてそれがいかに受け入れがたいものであったかは容易に想像できよう。ソ連政治部も日本人捕虜の教化に最初大きな戸惑いを抱えていたという。しかし読み書きのできる捕虜や左翼的思想を持つ捕虜を取り込み、学習会への参加者に労働免除のインセンティブを与えながら、ソ連は着々と教化を進めていった。

米ソ間の対立が激化する１９４８年になると、『日本新聞』は米国や資本主義批判の記事を増やし、47年から段階的に始まっていた日本人捕虜の祖国帰還が遅れている責任を米国に転嫁、捕虜の反米感情をさらに煽っていった。ロシア公文書史料によれば、47年と48年の政治教育活動の参加者比は、政治学校：２・４倍増、反ファシスト者養成コース：２・９倍増（収容所では日本軍国主義者をファシストと呼んでいた）、１か月短期政治コース：15倍増であった。どれほどの日本人が真剣に参加していたかは不明だが、ソ連の教化の浸透スピードが表れている。祖国へ帰還する捕虜の思想チェック体制も、厳格に行われていた。例えば、ソ連送還事業全権代理の報告書によると、１９４８年11月に送還予定の１万１１４５人のうち、２４８人がソ連に反動的であるとしてナホトカ港からハバロフスクの収容所へ逆送されていた。逆走者にはさらに厳しい政治教育プログラムが待ち受けていた。

米占領軍による捕虜の思想調査

米国はソ連から帰還する「ソヴィエト化」された大量の日本人捕虜を、米国の占領を妨害する脅威と捉えていた。米ＧＨＱの陸軍対諜報部隊（ＣＩＣ）は、９００人体制で帰還した捕虜の調査を行った。彼らのまとめた報告書「スティッチ」によると、日本人捕虜の「赤化」のピークは１９４８年で、とくに後半になるにつれ拡大していったという。例えば、１９４８年10月に帰還した捕虜は、ソ連と共産主義の両方にシンパシーを感じていた者が49％であったが、11月は52・６％、12月には54・６％いたという。1948年は月平均で2万1000人が帰還、そのうちソ連の教化のターゲットとされた若い捕虜（21〜30歳まで）は9万9612人いた。しかしCICが彼らを調査するにつれ、実際に「ソヴィエト化」された捕虜は米国が脅威を抱くほど数が多くないことが分かってきた。若い一兵卒であった捕虜は、共産主義の理論を理解せずソ連を支持していて、「赤化」ピーク月前後の3か月だけでも、その数は一定して20％程度いた。また、収容された地方別に見ても、共産主義とソ連の社会構造に反対していた割合は、教化が盛んに行われていたハバロフスクで29％、コムソモリスク25％、イルクーツク50％という結果が出た。

教化の最終仕上げが行われていたナホトカ港では、帰還する捕虜がソ連での出来事を口外しないという誓約書にサインした（させられた）ケースが多々あったようだが、舞鶴へ帰還してみると、一部の者を除き、日本人捕虜は米国の調査員へソ連で見聞きしたありとあらゆることを暴露した。米調査員の厳しい尋問の成果という側面と、ソ連の教化が捕虜を根っこの部分から変えられなかったという結果の裏返しでもあった。反抗的な態度を予測していたところ、予想に反して捕虜が「協力的」であったおかげで、CICはソ連の政治活動の詳細を分析できただけでなく、共産主義に感化され政治活動を主導していた日本人捕虜の情報を彼らが舞鶴へ帰還する前に揃えることができていた。あとは港で下船した当事者を捕まえ、収集した情報を確認するだけでよかった。

米政府は公の場でソ連を批判する材料に日本人捕虜問題を使った。それは日本の留守家族が連日のようにGHQのマッカーサー宛てに嘆願書を送り家族の早期帰還を訴えていたことも影響していたかもしれない。ジェームズ・F・バーンズは、ノース・カロライナ州で1947年11月「現在ソ連には

82万８０００人の日本人捕虜がいる」と演説した。事実とは異なる数字だが、当時の日本はそれをセンセーショナルに報じた。対日理事会でも、早い段階で米国は日本人将兵の抑留がポツダム宣言違反にあたるとソ連を批判した。しかし、ソ連の態度は軟化しなかった。ソ連は日本人捕虜を移送したことは認めても、捕虜の早期帰還には非協力的で、抑留中に死亡した人数を公表することさえもなかった。彼らの第一の目的である経済復興にはまだ時間を要したし、日本人の教化は発展段階にあったからである。

しかし日本人捕虜の本格的な帰還が開始された１９４７年には、既に多くの捕虜が死亡していた。死亡者名簿をロシア側の史料に基づき独自に作成した元抑留者の故・村山常雄《むらやまつねお》のデータによれば、抑留初年度に抑留全期間の死亡者総数の75%以上が亡くなっていた。ソ連が正確なデータを公表しなかったことは、既述のような米国の誤った報道を促す要因を作った。それはほとんどの捕虜が帰還した１９４９年12月でも変わらず、米国は対日理事会で「ソ連で死亡した日本人は37万人である」と堂々と発言した（実際の死亡者数は約6万人である）。

スパイの帰国

ＣＩＣが調査した捕虜のなかに、日本で諜報活動を行う指示をソ連から直接受けていた元大本営参謀らがいた。米公文書史料では、志位正二《しいまさつぐ》、種村佐孝《たねむらすけたか》、朝枝繁春《あさえだしげはる》、板垣正《いたがきただし》らが監視対象のカテゴリーに入れられていた。例えば志位は、ソ連と協力する誓約書にサインして１９４８年11月に舞鶴へ帰還、１９５１年にソ連のユーリー・ラストヴォロフと接触を開始してから１９５４年まで、計44回にわたり同氏に当時勤めていた米軍民間情報教育局で得た情報や日本政府の情報を提供していた（しかしＣＩＣは志位をダブルスパイとして利用、ソ連の情報を米側にも提供するよう指示していた）。１９５０年1月に帰還した種村は、ソ連から諜報活動のためのコードネームが与えられ、年2回の情報提供を指示され、日本での活動資金の受け渡し方法も告げられていた。しかし彼はナホトカから帰還してすぐに、自身がソ連のスパイであるとＣＩＣに告白している。おそらくＣＩＣは尋問時に様々な情報筋から集めたデータを基に種村を追い詰めていったのだろう。朝枝に関しては、米側の十分な史料がそろっていないものの、中国共産党や外国政府との特別な関わりがあったとされ、ＣＩＣは彼を監視下に置いていた。板垣は、米公文書史料によると、１９５２年1月にソ連のスパイであることをＣＩＣの取り調べ中に認めている。板垣は抑留中ソ連側から「山田」という偽名を与えられ、収容所内で政治活動のリーダーとして活躍、講義を行っていた。１９５０年1月に帰還するとすぐに日本共産党へ入党したが日本の実情を見て考えが変わり１９５４年に脱党、その後１９８０年に自由民主党から参議院議員選挙に出馬し当選を果たしている。

このようにソ連が米国を意識し、そして米国がソ連を意識するなか、日本人捕虜という存在は両国にとって最も重要で有益な集団であった。彼らは米ソ間のパワーゲームの駒として翻弄され、アジアで初めて冷戦の影響を最も受けたのである。

（小林昭菜）

26 冷戦とソ連の核開発
――米国製原爆のコピーから独自体制の構築へ

ソ連は、米国に遅れること約４年後の１９４９年８月29日に最初の原子爆弾の実験を行った。この実験に用いられた原子爆弾「RDS-1」の主任技師を務めたユーリー・ハリトンは、ソ連製原爆第一号がスパイ情報を基にした米国製原爆の「コピーであった」ことをソ連崩壊後に明らかにしている。

原子爆弾が実現する可能性は第二次世界大戦が勃発した頃からソ連の首脳レベルにおいても認識されていたが、ナチス・ドイツによる侵略が始まった１９４１年６月を境にしてソ連は国の総力を戦争遂行に振り向けていたため、原爆については外国における情報収集以上のことはしていなかった。イーゴリ・クルチャトフ（「ソ連原爆の父」）がソ連科学アカデミー第二研究室長に任命され、ソ連が原爆開発を正式に開始したのは１９４２年10月のことである。これにはスパイ活動の成功が大いに関係していた。

スパイ情報の入手で米独にキャッチアップ

１９４２年の夏頃、英国の核開発に加わっていたクラウス・フックスがソ連の情報将校Ｖ・Ｂ・バルコフスキーとロンドン市内で密会し、核開発の内部資料を手渡しながらソ連側への協力を自発的に申し出た。この資料を目にしたソ連指導部が核開発を決定し、先述したクルチャトフの第二研究室長起用へとつながっていくのである。話はこれにとどまらず、米国のマンハッタン計画に加わるため１９４３年末にフックスが渡米した後は米国の原爆情報もソ連側に筒抜けとなった。ソ連政府はスパイ活動で得た情報と、敗戦後のドイツから「戦利品」として没収・連行した設備・研究者を動員することで原子爆弾の開発に必要な時間を短縮させることができた。ドイツが敗北した１９４５年５月以降、ソ連政府はナチス政権下で原爆開発に従事していた約３００名、ミサイル開発に従事していた約１５０名のドイツ人を家族ごとソ連国内に連行した。また、２５０トン以上のウラン化合物と約７トンの金属ウラン、各種設備、ミサイル部材、「ニューヨークやワシントンを爆撃するためのミサイル」の設計書もドイツ側から押収した。

ユーリー・ハリトン

ソ連の諜報機関が得た情報によると、第二次世界大戦中の米国とドイツでは核ミサイルの開発が既に視野に入っていた。戦後のソ連政府も、原爆実験成功前に「核ミサイル」を開発目標に設定し、ミサイル開発チームには「将来の原爆と同等の重量」を搭載できるミサイルを開発するよう命令が下された。また、最初の原爆の製造と並行して、原爆の大量生産のための工場建設、水爆の設計も進められた。

ソ連政府は、遅くとも１９４４年３月までに、米国の核攻撃の標的が日本であること、当面はソ連に対して核攻撃が行われない見通しであることを把握していた。ポツダム会談中の1945年7月24日、議場から退室しようとするスターリンに対し、トルーマン米大統領は米国による新兵器（原爆）保有の事実を伝えた。スターリンは至って冷静に、新兵器が日本に用いられることを望むと述べた。ソ連時代、「ヒロシマとナガサキの悲劇が我が国（ソ連）に核開発を強いた」とするプロパガンダが盛んに流されていたが、第二次世界大戦の終結に伴って国の総力を戦争遂行から核開発へと振り向けることができるようになったというのが実態である。対日作戦が終了しつつあった1945年8月20日、戦時中のソ連の最高機関「国家防衛委員会」は「人民委員会議附属第一総局」へと改組された。この機構には、原子爆弾の製造のために国家の人材・資源を無制限に使用できる絶大な権限が与えられ、戦争終結から4年間での原爆開発を可能にした。

核兵器の関係者は「秘密都市」に生涯隔離

冷戦下でソ連の核兵器開発に従事した科学者とその家族は、秘密保持の観点により、一般社会から隔絶された都市で暮らすことを要求された。厳重に警備され、核実験のための出張や物資の搬入などの必要時を除いて出入りが許されない閉鎖的な都市ではあったが、住民たちは、公園、プール、劇場、映画館、スーパーマーケット等が優先的に整備された環境で豊かな生活を楽しんだ。こうした「秘密都市」は、ソ連崩壊前後に情報公開がなされるまで、ソ連国民にも存在が伏せられていた（勿論、地図にも記載されなかった）。核開発において最も重要な役割を果たした10か所の旧「秘密都市」（いずれも現在のロシア連邦の領域内にある）について、「ソ連時代の主な名称（郵便私書箱）」、現在地名（2002年の市域人口）と概要を記しておく。

(1)「アルザマス16」……ニージニー・ノヴゴロド州サロフ市（9万2047人）。原爆の設計を行うために1946年に創設された「第十一設計局」、現「ロシア連邦核センター・全連邦実験物理研究所」の所在地である。ソ連最初の原爆の設計と組み立てが行われた。かつてこの地にあったサロフ修道院は世界的名声を有していたが、1930年代に収容所となり、その後に核開発の中心地となったことでこの一帯の地理・歴史情報は「回収」され、事後的に秘密の地となった。前述のハリトンが活躍した他、核廃絶運動に転じてノーベル平和賞を授与された「ソ連水爆の父」サハロフ博士もこの研究所にいた。

(2)「チェリャビンスク70」……チェリャビンスク州スネジンスク市（4万9186人）。「アルザマス16」と双璧をなす核兵器開発の拠点で、「ロシア連邦核センター・全連邦理論物理研究所」が置かれている。潜水艦発射式の核ミサイル弾頭、巡航ミサイル弾頭、核砲弾などを開発してきた。

(3)「チェリャビンスク40」……チェリャビンスク州オジョルスク市（9万3044人）。ソ連最初の原爆のためのプルトニウム製造工場が建設され、現在は「マヤーク」生産合同が操業している。1957年には「ウラルの核惨事」として知られる爆発事故を起こしたが、グラスノスチ（情報公開）の頃まで事故は隠蔽された。

(4)「ズラトウスト36」……チェリャビンスク州トリョフゴールヌィ（3万3670人）。核弾頭の製造能力を有する「機器製造工場」がある。世界初の人工衛星「スプートニク1号」もこの工場で最終加工がなされた。

(5)「スヴェルドロフスク44」……スヴェルドロフスク州ノヴォウラルスク市（8万8308人）。1940年代後半に建設が開始されたウラン濃縮工場「ウラル電気化学コンビナート」を中心とした町。自動車工場もある。

(6)「スヴェルドロフスク45」……スヴェルドロフスク州レスノイ市（5万2476人）。核弾頭製造コンビナート「エレクトロヒムプリボール」の所在地。ミサイルの関連部材も製造できる。

(7)「ペンザ19」……ペンザ州ザレチヌィ市（6万3601人）。核ミサイルに関連した電子機器や警備関連装置を製造する生産合同「スタート」が操業している。

(8)「トムスク7」……トムスク州セヴェルスク市（11万5331人）。同地の「シベリア化学コンビナート」は兵器用ウラン・プルトニウムを製造し、ソ連の核兵器大量生産に寄与した。

(9)「クラスノヤルスク26」……クラスノヤルスク地方ジェレズノゴルスク市（9万3841人）。プルトニウム製造工場「鉱山化学コンビナート」が山の地下に建設された。宇宙産業も盛んである。

(10)「クラスノヤルスク45」……クラスノヤルスク地方ゼレノゴルスク市（6万6056人）。ウラン濃縮工場「電気化学工場」が所在し、現在は発電用のウランを生産している。

この他に、核ミサイルの運用を担う軍人と家族のための都市（集落）がロシア全土に分布している。また、核ミサイル搭載の原子力潜水艦等の運用や保守を行う海軍関係の町がムルマンスク州、カムチャツカ州、沿海地方にそれぞれ複数ある。かつてはロシア以外の旧ソ連の各地にも核ミサイル基地・潜水艦基地のための町があったが、ソ連崩壊後に核兵器がロシアに移転したことで町は衰退し、住民の多くも失われた。

ロシア連邦の時代になってから核実験は行われていないが、ソ連時代には空中、水中、地中等において715回の核爆発が実施された。1954年9月14日、40キロトン（TNT換算、以下同）の大気中核爆発を伴う軍事演習（オレンブルク州）が行われ、多数の兵士が被曝した。ミサイル発射による宇宙空間核実験（1961年10月27日、1・2キロトン2発、アストラハン州カプスチン・ヤル実験場）では、爆発の痕跡として生じたまだら模様が数日間にわたって実験場上空に漂った。この3日後（10月30日）、北極海のノーヴァヤ・ゼムリャ島では「ツァーリ・ボムバ（爆弾の皇帝）」の異名をとる巨大水爆（57メガトン）の実験が行われ、全高67キロメートルのキノコ雲が出現した。1ギガトン（広島型原爆6万7千発以上）の威力を有する水爆が計画されたこともある。

さらに、地震探査法による地質調査、石油・ガスの湧出、鉱脈の破砕、地下空間の爆発形成、ガス田火災の消火等、「平和的核爆発」のためにソ連全土の124か所で計129発の核爆弾が使用された。

近年、ロシアのプーチン大統領は、他国に類を見ない新型核兵器の開発、「あらゆる迎撃ミサイルを回避できる」核ミサイルの実現に意欲を見せており、核の使用に関する言及回数を増やす等、核保有国としてのステータスに一層の比重を置くようになっている。

（片桐俊浩）

27 ソヴィエト農業の悲劇と勝利
――最後の緊張の年１９４５～１９７０年

ソ連農業は悲劇的であると思われているのはもっともである。しかしいくつかの点では勝利とも言えよう。容易に解決策がないような極度に困難な問題を、成功裏に解決したからである。ソ連国民全体だけでなく農民にとって、この悲劇は代償を伴った。しかしそれなくして当面した課題を乗り切ることはできなかったことも事実だ。

西欧では現代の経済成長とは当然で容易な過程であり、必要なこととは経済を成り行きに任せて市場の力を利用することだという見解がしばしば提示される。とりわけ西欧のような好調な経済にとってはこのことは事実だろうが、他の経済、とりわけソ連・ロシア経済にとっては、このことは決して事実とは言えない。

ロシアにとっての困難な事情とは、第一に、主要都市地域に運ぶことができる採取可能な鉱物資源が当初はなかったこと、第二に、主要都市地域は主として食糧の不足地域にあったこと、第三に、ロシアは国境近くで機会があれば国を占領することのできる強力な敵が存在したこと、である。

このような三つの事情から、西欧のリベラルな方針に沿った解決策は取れなかった。ロシアは侵略者に対して自分を発展させ、養い、そして防衛する必要があったからである。またこれらのことが起きれば国家は大規模な行動を強制することが求められた。このためには民衆にも大きな負荷となり、主要な負荷は主として農業と農民の上に課せられ、そして大いに被害をこうむることになった。この不利な条件にもかかわらず、ソ連国民は戦争に耐え、現代に対応することになった。

この章では第二次世界大戦後という、このような発展の最終段階を考察する。新しい鉱物資源が新テクノロジーの利用によって発展の起動因となった時代、そして農業がこのことから解放され、いな補助を受ける側になった時代を扱う。もっともこの可能性は利用されることなく、１９７０年代には改革はなされずもっぱら停滞することにもなる。

コルホーズでのキャベツの収穫（1938年）

ここでは五つの問題を議論しよう。第一に、発展の問題を解決し第二次世界大戦を成功させる上での農業、第二は、農業発展への課題と１９４６〜１９４７年飢饉の問題、第三は、戦後復興における農業の役割、第四は１９５０年代の農業改革と処女地開拓、第五は、農業からの離脱、である。

第一に、19世紀までにロシアは生存のために工業化が不可避であることが判明していた。それは武器と機械を生産するために現代的な鉄鋼生産を必要とした。しかしロシアの炭鉱は、鉄鉱石生産地とは遠く隔たっており、これらを結び付けるための水上交通網もまた簡単ではなかった。工業化が起きる前に鉄道インフラを建設することが国の発展のためには主要な挑戦となった。軍備のための石炭や鉄鋼は不可欠であった。しかもそれらの生産地が離れていた。しかし市場はこれらの課題には適しておらず、国家はそれらの課題を遂行するために外国のテクノロジーと原材料とを輸入する必要があった。このためには代価が必要であり、このために農業と農民とには余剰を生み出すために課税され、また穀物輸出が必要ともなった。こうしてソ連期の30年間に3回もの飢饉が襲ったものの（1918～1922、1928～1933、1941～1947年）、課題はかろうじて成功したのである。

ポーランドの経済学者オスカー・ランゲは、ソ連経済とはつまるところ戦争経済だと言ったことがある。戦争中レニングラードなどを除いては、ソ連国家の存在を脅かすような飢饉はなかった。それでもソ連統計では1945年の農業生産は1940年から40％低下した。耕地面積は43％、家畜は36％、トラクターは25％、荷馬車は73％、化学肥料に至っては80％、それぞれ少なくなった。

第二に、戦後すぐには農業は回復せず、1946年の天候は悪化、干ばつがモルドヴァと西ウクライナを襲った。ロシアの歴史家ジマは、飢饉が人為的なものであり、スターリンが戦争中の農民の利益を罰するものであったと論じている。しかし筆者の見るところこれは間違いであり、穀物のストックは驚くほど低かったのである。戦争中コルホーズは十分耕されなかったからである。スターリンが規律を押し付けたもののこの時は効果がなかった。

第三に、真の回復は1947年にやってきた。1950年には戦前水準に回復した。この年の穀物調達（3200万トン）は1940年（3600万トン）のそれより低かったが、家畜生産はすこし上回った。戦争が終わるとともに農業雇用者数は1945年の3240万人から1950年は3300万人に至ったものの、１９４０年の３６３０万人には至らなかった。１９５０年にはトラクター数は１９４５年の50％増、１９４０年水準よりも12％多かった。化学肥料消費は１９４０年の３２０万トン、１９４５年の60万トンと比すと、１９５０年は５４０万トンであった。

第四として、１９５０年代の農業改革と処女地開拓、１９５３年にスターリンが亡くなったことで、スターリンと結びついた農業の機能不全を改革する機会が訪れた。農民に生産向上をさせ、農場を改革する真の刺激を与えるために価格が引き上げられた。もっともスターリン死後の指導権を争うためもあり、これらの変化を評してマレンコフ首相は、「穀物問題は解決された」と早急に論じた。このことから共産党第一書記フルシチョフは、さらにこの誤りを訂正し、マレンコフの信用を落としたのである。１９５３年からは、農業の実態についてより現実的な評価、そして生産物価格での現実的刺激を与えるために価格政策への変化を見ることができる。

しかし同時に否定的傾向も存在した。フルシチョフは集団農場を広げ、国営農場に近づけた。集団農場数は、１９４０年の23万６９０００から、１９４５年21万９３００を経て、１９５０年には12万３７００、１９６０年には４万４９０００、１９７０年には３万３６０００となった。そこで働く農戸数は１９５０年の２０５０万から、１９７０年には１４４０万となった。その間、これら集団では１９４０年には80経営だったのが、１９４５年には82、１９５０年の１６６を経て、１９６０年には３８１、そして１９７０年には４２９にもなった。

フルシチョフの否定的な政策とは、変わり者の農学者ルイセンコを支持したこと、そして気まぐれなトウモロコシ栽培への過度の促進であった。より問題であったのは北カザフスタンと西シベリアでの処女地開拓であった。この計画は当初はうまくいったが、その後干ばつと土壌の悪化により問題が生じ始めた。このことで大いに批判され1964年の失脚につながった。このことは多少性急であった。穀物生産地域は確かに干ばつにかかりやすかったが、当時考えられたよりも期待の持てない地域でもあった。

第五として、農業からの離脱、がある。1960年代末までに農業は20年ほど前よりも遙かに少ない労働力人口を抱え、国民所得も遙かに小さかった。当時の公式見解ではソ連は依然として穀物輸出地域と考えられ、そこでは輸入は滅多にないか、絶望的状況でのみ存在すると考えられた。しかし当時の主要資本主義穀物輸出業者が驚いたことには、状況は変化し、ソ連政府が停滞のさなかにきわめて素早い政策的転換を行うことができることを証明した。1972年ソ連当局は、六つの世界の穀物貿易商社と個別に交渉し、一連の異常な提案でもって対応した。それはこの交渉を通じてソ連が2000万トンの穀物を購入するので、米国政府がこれらの購入に際して輸出補助金を出すようアレンジしてくれないかというものであった。各業者はそれぞれ個別に予期せぬもうけ話が起きていると思った。彼らはそれぞれ補助金を申請したが秘密は守った。ソ連政府は世界のかなりの余剰穀物購入を秘密裏に、しかも米国政府の補助金付きで購入することに成功した。そのことは実際に行われるまで気づかれることもなく、そして警告もなしだった。しかしそれが起きてみると、世界の食糧危機を呼び起こし、価格上昇につながった。

ソ連政府は1973年のOPECによる石油減産決定と石油価格上昇とによってかなり有利な条件下にあった。石油価格はまもなく1バレルほとんど3ドルから12ドルまで、四倍となった。当時ソ連は石油増産に力を上げており、この価格上昇によって大いに利益を受けた。そのときからソ連は毎年定期的に2000万トンもの穀物を輸入した。もはやソ連は穀物の輸出者ではなくなり、その抜け目ない主要な輸入者となったことが劇的に示された。この総和によって、ロシアが農業と食糧生産への主要依存と関心が終わったことをものがたるものであった。それ以降、ソ連はそれが崩壊するまで、石油が戦略的な輸出産品となった。そして穀物価格が上がるにつれて危機が始まり、そして石油価格が下がることにより危機となって終焉する体制となったことを象徴した。

（ウィートクロフト、ステファン／下斗米伸夫訳）

【注】なお、ウィートクロフト教授の論文はやや長文であり、了解のもとで訳者が短縮して訳出した。

第Ⅳ部

変容するソ連——「危機の30年」

28 フルシチョフ改革
――非スターリン化から共産主義建設へ

非スターリン化と「雪どけ」

１９５３年３月５日のスターリンの死後、新指導部は緊張緩和を目指した。その象徴的な端緒が同年３月27日付ソ連最高会議幹部会令「大赦について」で、職務犯罪や経済犯罪などによる刑期５年以下の者の釈放、刑期５年以上の者の刑期半減が定められるとともに、危険性の小さい犯罪の刑事責任を行政手続きや懲戒手続きによる処分に替えること、いくつかの犯罪の刑事責任の軽減を念頭に置いて刑法を見直すことが不可欠と認められた。これに続いて、「政治犯」として収容所へ送られていた数百万人の釈放も始められた。

新指導部は生活の様々な面での国民の不満の解消にも努めた。最大の急務は食糧事情の改善で、１９５３年８月には付属地での増産を期待して農業税が改正され、９月にはソ連共産党中央委員会総会で農業生産増大に向けた方策が決定された。この総会で第一書記に選出されたフルシチョフの強い主張によって、１９５４年春にはカザフスタンや西シベリアなどの未開墾地と耕作放棄地を大規模に開拓する処女地開拓が始められた。数十万人の献身的な働きによって処女地開拓は１９５５年に大きな成果を挙げ、国家の穀物調達を支え始めた。処女地開拓は短期的には大成功だったが、農法を無視した連作により土地が痩せ、1963年には大凶作となった。他の地域での穀物増産の取り組みが不十分だったこともあって、これ以後も処女地が不作となるたびに穀物不足に陥った。

1956年2月に開かれた第二十回党大会は政治と社会の民主化、勤労者の参加の拡大、西側との平和共存の可能性を謳い、新指導部の下での変化を示した。大会最終日の非公開会議では、フルシチョフがスターリンの下での犯罪的な行為を暴露してスターリンを批判する報告を行った（スターリン批判）。3月中旬以降この報告がソ連国内で周知されてゆき、ソ連の国民に大きな衝撃を与えた。6月には米国務省が報告を公表し、その衝撃は世界的となった。

フルシチョフとスターリン（1936年）

スターリン批判は、スターリン個人崇拝による歪みを正して本来の社会主義へと立ち戻ることを訴えるものだった。これに伴い、社会主義の魅力を国内外に示すため国民の生活水準向上に向けた取り組みがなされた。1956年だけで、休祝日の前日の労働時間短縮、国家年金法制定、最低賃金の導入による賃金格差縮小、中等高等教育での授業料の廃止などが決定された。国民の多くが求めていた内容で、政権は国民の要望に応えたのである。

非スターリン化の一環として社会主義的合法性の遵守が強調され、文学、芸術、学問における一定の自由化や西側諸国との交流などが進められた。ソ連社会は活力を取り戻し、「雪どけ」

を迎えた。1961年10月の第二十二回党大会で公然の「第二次スターリン批判」がなされたこともあって「雪どけ」は1962年にかけて頂点を迎え、スターリン時代の収容所での生活を描いたソルジェニーツィンの小説「イヴァン・デニソヴィチの一日」がフルシチョフの決断で『ノーヴィイ・ミール（新世界）』1962年11月号に掲載された。しかし同年12月にはフルシチョフが抽象芸術を批判したことをきっかけに芸術や文学への政治権力の介入が強められていった。それでもこの頃に青年期を過ごした人々のなかからは、のちに「六〇年代人」と呼ばれた、体制を批判する「異論派」や体制内改革派となった人々が現れた。

フルシチョフ改革

五ヵ年計画開始以来、基本的にモスクワの工業部門別の省が連邦全域の企業を管理していたが、1957年2月にフルシチョフはこうした部門別管理の非効率さを批判し、省を解体して各地に数十程度の国民経済会議を設立するよう提案した。国民経済会議に当該地域のすべての工業企業の管理を委ね、地域の実情を踏まえた効率的な管理を実現しようというこの提案は1957年5月に可決され、25省が廃止されて約100の国民経済会議が設けられた。この改革は生産の専門化と大規模化に向かっていた当時の工業の傾向に反しており、国民経済会議間の調整も困難だったから、全国的な効率化には適さなかった。そのうえ、管轄企業への資材の供給を優先する「地域主義」が蔓延し、生産と物流に支障を来たした。

1957年6月に古参の政治指導者数名がフルシチョフ更迭を試みると、国民経済会議設立に反発していた経済分野の指導者らが同調して、指導部内では反フルシチョフ派が多数派となった。しかしフルシチョフは断固抵抗し、地方の指導者らの支持を集めて、逆に反フルシチョフ派を「反党グループ」として断罪することに成功した。これによってフルシチョフは権力を強化し、１９５８年３月には首相を兼ねた。

フィンランドを訪問したフルシチョフ（左）。中央はブルガーニン（1957年）

　この頃、協同組合であるコルホーズは、生産手段国有化の原則のため農業機械の所有を許されず、機械による作業は機械・トラクターステーション（ＭＴＳ）に頼んでいた。１９５８年２月にフルシチョフは「農地に二人の主人がいる」のは問題だとして、ＭＴＳを事実上廃止して機械をコルホーズに所有させるよう提案した。この提案は１９５８年３月に可決され、約８０００あったＭＴＳは翌年末までにほぼ姿を消した。コルホーズは単独で作業を行えるようになったが、機械を買い取る負担を強いられた。しかも、高値で買い取らされた機械は老朽化していて故障しやすかったため、農作業に悪影響を及ぼした。

　戦後のソ連では、独ソ戦で住宅の多くが破壊されたうえに戦後復興の過程で農村から都市へ人々が流入したため、都市の住宅不足が著しかった。首都モスクワの住宅不足も深刻だったため、１９４９年12月にモスクワの指導者となったフルシチョフは住宅建設に取り組んだ。予算と資材が限られていたためフルシチョフはエレベーターなしの低層でパネル式の集合住宅を大量に建設することを主張し、1951年から住宅建設が急速に進められた。フルシチョフが全連邦の指導者としての立場を強化すると全国で同様の住宅建設が始まり、1960年代にかけて住宅建設が世界最大規模で続けられた。建てられた住宅は「フルシチョフのスラム」と呼ばれたほど狭く、住み心地は悪かったが、当時は地下室やバラックに暮らす者も多かったため、この「スラム」に入居できた者はまだ恵まれていた。

共産主義建設

1958年の後半になるとフルシチョフは、進行中の五ヵ年計画に代えて七ヵ年計画を始めるよう提案した。1959年に臨時に開催された第二十一回党大会は共産主義建設に取り組むと宣言し、七ヵ年計画を採択した。計画は達成されなかったものの一定の成果を挙げ、高度経済成長を実現したとも言われる。1961年には定例の第二十二回党大会が開かれた。この大会で採択された綱領は、今後10年間にソ連が人口一人当たりの生産高で米国を追い越すだろう、その次の10年の結果、共産主義の物質的技術的基盤が作り上げられ、全国民には有り余るほどの物財と文化財が保障され、基本的に共産主義社会が建設されるだろうと宣言した。フルシチョフの主張に基づいてソ連は共産主義建設に取り組み始めたのである。

フルシチョフは1958～1959年に教育改革も推し進めた。その主な内容は、中等教育と職業技能習得を組み合わせて職業技術教育を充実させること、中等教育を修了していない労働者や農民に働きながら中等教育を受ける機会を提供すること、寄宿学校を整備すること、ロシア語での教育と非ロシア民族の言語での教育を選択制とすることだった。中等高等教育の水準の低下につながるとの懸念と不満が強かったため職業技術教育の充実などはフルシチョフの意図したほどには展開されなかったが、ロシア語と非ロシア民族の言語の選択制は広く導入され、実質的には非ロシア民族の教育のロシア語化につながった。多くの親が、子供が就職などで不利にならないようロシア語での教育を望んだからである。

第二十二回党大会では党綱領とともに党規約も新たに採択された。党内民主化を求めるフルシチョフの主張によって、この規約には、指導的機関での在任期間を制限し、一定の割合で人を入れ替える「体系的更新原則」が盛り込まれた。この原則は多くの政治社会エリートの地位を不安定にすることを意味したため、大きな不満を生んだ。

1962年にはフルシチョフは、党が不断かつ実務的に工業と農業を指導できるように党組織を工業と農業の部門別に再編することを提案した。この提案は党内に大きな懸念と不満を呼び、党機関による生産への過剰かつ有害な介入を促す結果となった。党の再編とともにソヴェトも同様に再編され、生産と人々の生活に多大な不便と支障を生じさせた。

1964年10月にフルシチョフは、様々な政策の誤りや独断専行的な態度を理由として政権の最高幹部たちから辞任を求められ、今回はフルシチョフも受け入れて辞任した。こうして、多方面で大きな変化を生んだ「フルシチョフ改革」は終わりを迎えた。

（松戸清裕）

29 冷戦と米ソ関係
――対立と協調の二重螺旋

社会体制の優劣を競う

第二次世界大戦直後に欧州で本格化したソ連とアメリカの対立は、その後ほぼ全世界を、いや宇宙空間までも巻き込んで半世紀近く続いた。これが冷戦である。米ソ双方にとってそれは死活的な国益の衝突であり、譲れないイデオロギー闘争であり、経済力・科学技術力・教育体制・文化や芸術の魅力・社会の活力などを競い合う総力戦の舞台でもあった。

１９４７年、アメリカ側による冷戦の宣戦布告とも言うべきトルーマン・ドクトリンは、相容れない「二つの生活様式」のいずれを世界が選ぶかが問題だとした。その意味では１９１７年のロシア革命こそが冷戦の起源だったし、アメリカが列強とともに、革命が生んだソヴィエト政府の打倒を目指した対ソ干渉戦争（シベリア出兵）はその前哨戦だった。

だが第二次世界大戦で米ソは、枢軸国打倒を目指す「奇妙な同盟」を成立させている。冷戦期も両国は対立と協調、この二つの局面を交互に演じ分けていた。激しい衝突のなかに協力を求め合う気運が芽吹いていたし、和解的姿勢の底流には次の対決への備えがあった。両国がたがいを不倶戴天の敵と見なしていたかのような１９４０年代後半でさえ、核兵器の存在が紛争の拡大を防止し、両国関係の険悪化を制御する機能を果たしていた。

早くも1950年代半ば近く、米ソの対立は緩和し、平和共存の空気が到来した。北大西洋条約機構（NATO）とワルシャワ条約機構の対峙やドイツ・ベルリンの分断固定化などを代償に、欧州は安定を享受した。アジアでも朝鮮戦争やインドシナ戦争が休戦を迎え、日本はソ連と国交を樹立した。ただしそれは米ソがその外交・軍事戦略を再編し同盟を強化するために必要とした一瞬の現状凍結でしかなく、きわめて不安定なものだった。

握手をするフルシチョフ（左）とケネディ（右）（1961年）

宇宙の競争と地上の危機

1957年、ソ連によるスプートニク1号の打ち上げが米ソ関係に再び冬をもたらした。人類史上初の人工衛星誕生、つまり希望に満ちた宇宙時代の開幕とは、大気圏外への冷戦の拡散を意味していた。「スプートニク・ショック」に見舞われたアメリカでは、対ソ核劣位を問題視するミサイル・ギャップ論争が激化した。

冷戦は地上でも燃え上がった。1960年、アメリカの偵察機U2がソ連領空内で撃墜され、米英仏ソ四大国首脳によるパリ頂上会談が流会の憂き目を見た。翌年、東西ベルリンを分断する「ベルリンの壁」が築かれ、米ソの戦車がわずかな距離を隔てて睨み合った。

発展途上世界では、フルシチョフ・ソ連首相が推進する民族解放戦争と、ケネディ米大統領が掲げる反乱鎮圧戦略が衝突した。アフリカではコンゴ内戦が、東南アジアではラオス内戦やヴェトナム戦争が、中南米ではキューバ革命が米ソ緊張の源となった。

キューバの指導者カストロをソ連の走狗と見たアメリカは、キューバと断交し、その中南米での孤立化を図り、隠密作戦による政府打倒すら試みた。1962年10月、ソ連がこの島に配備した核ミサイルをめぐって米ソは核戦争寸前に陥った。このキューバ危機は、ソ連ミサイルの撤去とアメリカのキューバ不侵攻、危機と無関係な形でのトルコのミサイル撤去という約束によって解決した。

だが危機があいついだこの時期でさえ、ニクソン米副大統領の訪ソやフルシチョフの訪米が実現している。ベルリンでもキューバでも、米ソは無用な紛争拡大を抑え、欧州や中南米の現状維持を認め合った。ラオス内戦は中立化という形での解決を見出した。米ソはしのぎを削り合いながらも、みずからに危険が及ぶ可能性を最小限に保とうと懸命だった。

核超大国の冷酷な論理

キューバ危機以後、米ソ関係は急速に好転した。その象徴が1963年の部分的核実験禁止条約（PTBT）調印や米ソ首脳直通回線（ホット・ライン）設置、1968年の核拡散防止条約（NPT）調印である。米ソの協調は1970年代、デタント（緊張緩和）として花開いた。

1972年には第一次戦略兵器制限条約（SALTⅠ）が、翌年には米ソ核戦争防止協定が結ばれた。両国は相互確証破壊（MAD）と呼ばれる考え方に立って、ともに自らを脆弱な状態に置くことでたがいの安全を確保した。貿易、環境保全、科学技術・文化交流など多岐にわたる合意も成立し、米ソ関係はより制度化・安定化した。

宇宙開発競争は1969年、アポロ11号の月面到達でようやく決着がついた。1975年のアポロ宇宙船とソユーズ宇宙船のドッキングは、地上でのデタントと不可分の成果だった。ソ連による初期の輝かしい成果は国民の犠牲あってのものだった。しかもアメリカが宇宙開発競争に本腰を入れる契機となってしまい、かえって経済や科学技術の面でソ連が抱える限界を露呈させる結果となった。

だがデタントの成果をよそに米国内では、アメリカがヴェトナム敗戦で自信を失った間隙をソ連が突くのではないか、アメリカとの貿易やアメリカからの投資を軍拡に利用するのではないかという懸念が強まった。1973年の第四次中東戦争では、イスラエル・アラブ諸国双方に武器を供与する米ソ間に不信がつのった。米議会はソ連国内の人権問題、とくにユダヤ人の自由な出国を、ソ連に最恵国待遇を与える条件とした。ソ連は猛反発し、せっかく結ばれた貿易協定を破棄してしまった。

デタントの黄昏

1970年代後半、米ソ関係には急速に暗雲が立ちこめた。ことにアメリカの神経を逆なでしたのが、ソマリアやエチオピアなどいわゆる「アフリカの角」、アンゴラ、南イエメン、アフガニスタン、東南アジアなどへのソ連の進出である。アメリカは、ソ連が全世界で革命支援を抑制することがデタント進展の条件と見た。だが米ソ二国間や欧州における協調と、発展途上世界での影響力拡大はまったく別物だというのがソ連の考えだった。

1979年、アフガニスタンへのソ連の介入と社会主義政権の樹立が米ソの亀裂を決定的にした。

アメリカのカーター政権はソ連への小麦輸出を止め、軍拡路線に乗り出し、１９８０年のモスクワ・オリンピックをボイコットした。ソ連のブレジネフ政権は4年後、ロサンゼルス・オリンピックへの参加を拒んだ。アメリカは、各地からアフガニスタンに馳せ参じるイスラーム系戦士たちを支援し、この国が「ソ連のヴェトナム」に育つのを助長した。

１９８０年代、レーガン政権は「強いアメリカ」復活を唱え、ソ連を「悪の帝国」と糾弾した。「スター・ウォーズ」の異名を取った戦略防衛構想（ＳＤＩ）に象徴される軍拡を推し進め、各地で「自由の戦士」を援助した。１９８３年、領空を侵犯した民間機を極東ソ連軍が撃墜した大韓航空機撃墜事件が、ソ連脅威論をいっそう増幅させた。

だが米ソの応酬は非軍事的・限定的措置の域を出なかった。１９７９年調印の第二次戦略兵器制限条約（ＳＡＬＴⅡ）は批准にこそ至らなかったものの、米ソは核管理で協力姿勢を保った。背景には、中越戦争、イラン革命、イラン＝イラク戦争、フォークランド戦争など、米ソの制御を受けつけず冷戦の枠組みでは捉えきれない事態の頻発があった。

マルタでの握手

１９８５年に登場したソ連のゴルバチョフ書記長は新思考外交を掲げ、対米和解路線をとった。レーガン政権もこれに呼応した。ゴルバチョフの段階的核軍縮提案をレーガンが蹴り、アメリカのＳＤＩにソ連が難色を示すなどの対立もあった。それでも両者は徐々に歩み寄り、１９８７年には中距離核戦力（ＩＮＦ）全廃条約調印に漕ぎつけた。

マルタでのゴルバチョフ書記長（左）とブッシュ大統領（右）（1989年）

米ソが再接近を求め合った最大の動機は、双方が冷戦の重荷に耐えられなくなったことにある。ブレジネフ長期政権下でソ連経済は停滞し、その死後は政治的にも事実上指導者不在の状態が続いていた。アメリカも貿易・財政両面で「双子の赤字」に苦しみ、日本や欧州共同体（ＥＣ）とりわけ西ドイツの経済的挑戦の前に苦悶していた。いわば同病相憐れむ状態だったからこそ、二人の巨人はたがいに手を差し出したわけである。

ソ連の支配が揺らいだ東欧では各国があいついで民主化への道をたどり、欧州分断を過去のものにした。１９８９年、マルタでの首脳会談に臨んだゴルバチョフとブッシュ米大統領は、世界に向けて冷戦の終結を宣言した。これと前後してベルリンの壁は崩れ、ドイツ統一が実現し、ワルシャワ条約機構は姿を消し、冷戦後時代が到来した。

１９９０年、イラクのクウェート侵攻に端を発した湾岸戦争では、政治解決を求めるゴルバチョフと軍事行動に傾斜するブッシュの間に大きな溝が生じた。だが結局ソ連は従来の親イラク姿勢を一転させ、アメリカや国連との協力を優先、アメリカ流の「新世界秩序」に支持を与えた。だが、アメリカを主、ソ連を従として世界の安定が維持される新時代が導かれたかに見えたのもつかの間、ソ連は自壊してしまった。

協力には限界も

冷戦は、米ソの対立と協調からなる二重螺旋構造を持っていた。例えば１

980年代前半の米ソ対立は「第二次冷戦」あるいは「新冷戦」と呼ばれることが多いが、デタントもまた冷戦の一部だったことからすれば、必ずしも正確な表現とは言えない。

平和共存、デタントという協力の経験が、冷戦終結の序曲となった。その原動力は、第一に核による共倒れの危険や冷戦下での膨大な負担から、双方が脱したいと願ったことにある。この点、アメリカに比べて経済・社会基盤が脆弱なソ連は不利な立場にあった。

第二に、米ソがともに、事実上世界を二分して国際秩序を維持することに利益を見出したことにある。欧州では「鉄のカーテン」やベルリンの壁が、アジアでは北緯38度線や17度線が、米ソ「冷戦の休戦ライン」となった。1968年、ソ連はチェコスロヴァキアに軍事介入、民主化を粉砕した。1973年、アメリカはチリの社会主義政権を崩壊させた。いずれの場合も米ソはたがいの影響圏を認め合い、相手の行動を事実上黙認した。

ただし現状固定による安定は紛争再発の可能性と隣り合わせだった。独立戦争や革命の嵐が吹き荒れる発展途上世界はしばしば米ソ代理戦争の舞台となった。アフガニスタンのような、いわば灰色地域では協力は容易ではなかった。米ソが維持を願った境界線は、ドイツでは一方の体制崩壊によって、ヴェトナムでは武力によって消し去られた。

しかもこの米ソによる共同世界支配、すなわち「パックス・ルッソ＝アメリカーナ（米ソによる平和）」は、それぞれの陣営内部に生じる波風を防げなかった。冷戦期とは米ソがそれぞれ、中国の挑戦や東欧の離反、フランスの反抗や西欧・日本の経済的脅威などに苦しみ続けた半世紀でもあった。


（松岡　完）

30 日ソ交渉と日ソ関係
――北方領土交渉の原点・共同宣言

戦後、断絶していた日ソ関係は1956年10月19日に結んだ日ソ共同宣言で正常化する。「宣言」となっているが、両国の議会で批准された、領土問題を規定する唯一の法的文書で、「条約」と同じ効力を持つ。2016年で締結60年を迎えたが、北方領土問題は依然、解決できず、平和条約も結ばれていない。その「原点」が共同宣言と言える。

二島返還の訓令16号

1954年12月10日、反ソ、反共主義で親米派の吉田茂《よしだしげる》政権（自由党）が退陣し、自主独立派の鳩《はと》山一郎《やまいちろう》政権（民主党）が発足した。鳩山はシベリア抑留者の早期帰還、ソ連が拒否権を持つ日本の国連加盟実現などを目指し、ソ連との関係正常化に積極的な姿勢を表明する。

ソ連側も交渉開始を求め、55年6月3日、ロンドンで日本全権の松本俊一《まつもとしゅんいち》（衆院議員、元外務次官）と、ソ連全権ヤコブ・マリク（駐英ソ連大使）の間で交渉が始まった（第一次ロンドン交渉）。

交渉の最大の焦点は、日本がポツダム宣言を受諾直後の45年8月18日以降、ソ連が占領した千島列島と歯舞、色丹二島の扱いだった。日本が同宣言を受諾して降伏する半年前の2月11日、米英ソの首

第一次鳩山一郎内閣（1954年）

脳はソ連が対日参戦する見返りとして、南樺太の返還と千島列島の引き渡しを密約していた（ヤルタ秘密協定）。

第一次ロンドン交渉でマリクは当初、ヤルタ秘密協定を根拠に千島列島など占領地の返還を一切、拒否していたが、55年8月5日に非公式の場でソ連が「小クリール（小千島列島）」と呼ぶ歯舞、色丹二島の引き渡しを示唆。4日後の第10会談では正式提案した。

松本は「これで平和条約を締結できる」と思った。というのは交渉に先立ち、松本は外務省から領土問題について、まず千島、南樺太の返還を求めるが、それは不可欠の条件ではなく、歯舞、色丹の二島返還が実現すれば平和条約締結を容認する訓令第16号（55年5月24日）を携えていた。

訓令は「交渉の重点問題」として「わが方主張の貫徹に努力されたく、とくに抑留邦人の釈放送還およびハボマイ、シコタンの返還についてあくまでその貫徹を期せられたい」となっていた。つまり、①抑留邦人の釈放送還、②歯舞、色丹の二島返還――の二つが平和条約締結の最低条件だった。国後、択捉の島名はない。

それには理由があった。日本は51年9月8日に署名したサンフランシスコ講和条約（平和条約）で、千島列島を放棄していた。同年10月19日の衆院特別委員会で、その「千島列島」の範囲を問われた外務省条約局長西村熊雄《にしむらくまお》は「北千島と南千島（国後、択捉）の両者を含む」と答弁していた。つまり「国後、択捉は放棄した」というのが政府見解だった。

二島引き渡しの提案を受けて、松本は本省に対応を仰いだ。しかし松本の期待に反して、8月27日に届いた新しい訓令は歯舞、色丹の二島に加えて国後、択捉の四島の返還を求めていた。

首相鳩山一郎は二島返還で平和条約を締結したいと考えていたが、外相重光葵《しげみつまもる》は簡単に二島で妥協することはないと考えていた。一方、外務省内には対ソ交渉を担当する欧米局第六課長法眼晋作《ほうげんしんさく》(のちの外務次官)をはじめ、四島返還を求めるグループが存在していた。

交渉は9月13日の第15回会談で中断する。

交渉は翌56年1月17日、同じく松本・マリクの日ソ両全権代表の間で再開する(第二次ロンドン交渉)。交渉の中断中の55年11月15日、日本では鳩山一郎の民主党と前首相吉田茂の自由党の保守合同が実現し、自由民主党が結党された。その緊急政策に、新しい訓令が指示した四島返還が盛り込まれていた。

さらに交渉中の1956年2月11日の衆院外務委員会で、外務政務次官森下國雄《もりしたくにお》は、①南千島(国後、択捉)は常に日本の領土だった、②1875年の樺太千島交換条約で、国後、択捉は「千島」として扱われていなかった——と指摘し、「(サンフランシスコ講和条約で放棄した)千島列島のなかにも両島(国後、択捉)は含まれていない」との声明を発表し、四島返還要求へ政府見解を変更する。

第二次ロンドン交渉も領土問題がネックになって同年3月20日、無期限の休会に入った。

ダレスの恫喝

この翌日、ソ連は日本漁船を北洋の公海から一方的に締め出す規制ライン(ブルガーニン・ライン)を設定する。このため日本は難交渉の末、ソ連と漁業協定を結んだ。その条約発効条件として、日ソは「遅くとも7月末までに国交正常化交渉を再開する」ことで合意したことを受けて、今度は日本全権代表に重光葵、松本俊一の二人を任命し、56年7月31日、モスクワで交渉が再開された（第一次モスクワ交渉）。

重光は第一次ロンドン交渉で、二島返還の「妥協」を拒否し、新たに四島返還を求める訓令を出すなど、対ソ強硬派として知られていたが、交渉を開始して10日余りが経過した8月11日、二島返還で平和条約を締結する、と決断する。松本が自著『モスクワへかける虹——日ソ国交回復秘録』のなかで「まとこに不可解」と書いた、重光の豹変《ひょうへん》だった。

重光は8月12日、「すでに議論を尽くし、とるべき手段はとった」などと東京に対応を仰いだところ、首相鳩山は世論も国会も納得しない、として二島返還での妥結を拒否し、重光にロンドンへ向かうよう指示した。

ロンドンでは4日後の16日から、エジプトが英国の管轄下にあったスエズ運河の国有化を宣言した問題で、国際会議が予定されていた。

ロンドンにやってきた重光は19日夕、在英米国大使館で米国務長官ジョン・フォスター・ダレスと面会する。その席で、ダレスは「もし、日本が千島の主権をソ連に認めれば、われわれも同じく琉球（沖縄）の完全な主権を求めるだろう」と重光に通告した。

日本は1952年4月28日、米軍による占領を終えて独立を回復していた。しかし沖縄は引き続き、米軍の施政権下に置かれていた。

ダレスの言葉は「日本が二島返還で平和条約を締結して千島列島をソ連領と認めるならば、米国は沖縄を米国領として永遠に返還しない」という脅しだった。「ダレスの恫喝」と言われる。

なぜ、ダレスはこんな脅しをしたのか。ダレスが最も懸念していたのは日ソの領土問題が解決すると、「次は沖縄だ」と、沖縄返還を求める世論が沸き上がることだった。

日ソ交渉が始まる3か月前の1955年3月10日、米国ワシントンのホワイトハウスで開催された国家安全保障会議（NSC）で、ダレスはこう発言していた。

「ソ連が千島列島の重要な部分を放棄するような事態が起きれば、米国は直ちに（沖縄など）琉球諸島の施政権返還を求める、日本からの強い圧力を受けることになる」

「領土問題を含む」を削除

外相重光葵による交渉も頓挫したことを受けて、首相鳩山一郎は自ら訪ソし、事態を打開しようと決意する。その際、松本と協議し、領土問題は継続協議とした上で、①日ソ両国間の戦争状態の終了、②大使の交換、③抑留者の即時送還、④漁業条約の発効、⑤日本の国連加盟に関するソ連の支持――の5項目を合意し、平和条約ではなく暫定的な方式で国交正常化を図る方針を決定する。

そこで鳩山は訪ソに先立ち、領土問題を継続協議とすることを確認するため、松本俊一をモスクワへ派遣した。そして、松本は9月29日、第一外務次官アンドレイ・グロムイコとの間で、「領土問題をも含む平和条約締結に関する交渉を継続する」ことで合意する書簡を交わす（松本・グロムイコ往復書簡）。

鳩山を首席全権代表、農相河野《こうの》一郎《いちろう》、松本俊一を全権代表とする交渉団は10月12日、モスクワ入り。

河野一郎

病弱の鳩山に代わって河野がソ連共産党第一書記ニキータ・フルシチョフや、首相ニコライ・ブルガーニンを相手に交渉を担う。第二次モスクワ交渉は翌13日からスタート。そして18日には松本・グロムイコ往復書簡で合意していた「領土問題を含む平和条約の締結に関する交渉を継続すること」と、平和条約締結後の歯舞、色丹の引き渡しで合意した。

ところが、土壇場になってフルシチョフは「領土問題を含む」の文言を削除するよう求めてきた。河野は松本と相談し、松本・ゴロムイコ往復書簡を公表することを条件として、要求を受け入れた。そして翌19日、鳩山、ブルガーニン両首相らが共同宣言に調印した。１９５５年６月の第一次ロンドン交渉から1年４カ月が経過していた。

共同宣言の調印によって、日ソの国交は回復され、同年12月18日、日本の国連加盟は総会で全会一致で採択され、同月24日には抑留者１０２５人がようやく帰国を果たした。

ソ連側はその後、１９６０年に日米安保条約が改定されたことを批判し、共同宣言で約束した平和条約締結後の二島引き渡しについて、在日米軍を指す「日本領土からの全外国軍隊の撤退」を要求し（１９６０年1月27日のグロムイコ覚書）し、さらにフルシチョフは61年9月25日付で、首相池《いけ》田《だ》勇《はや》人《と》に対し、「領土問題は一連の国際協定によって久しき以前に解決済み」とする書簡を送った。この後、ソ連は「領土問題は存在しない」との主張を繰り返すことになる。

（本田良一）

31 ソ連と中国
――同盟、対抗、そして戦略的パートナーシップへ

緊張を孕んだ同盟

1949年に中国共産党政権が成立してから50年代の後半まで、ソ連と中国は表面上「一枚岩」に見えた。しかし、第二次世界大戦後、中国共産党が政権を掌握することが決定的になるまで、ソ連はその性格と実力に対して懐疑的であった。ソ連が中国共産党を本格的に支持するようになったのは、1949年に入ってからである。1～2月のミコヤン訪中と6～8月の劉少奇《りゅうしょうき》訪ソにより、中国共産党は「向ソ一辺倒」を宣言、冷戦のなかでソ連を中心とする東側陣営の大国となった。しかし、歴史的に蓄積されてきた民族感情の対立や国境問題など、潜在的不安定要因が常に存在していた。1950年2月に中ソ友好同盟相互援助条約が締結されたとはいえ、両国の関係は当初から「緊張を孕んだ同盟」であった。

このことは、建国後まもない1950年に勃発した朝鮮戦争に端的に現れている。北朝鮮の指導者金日成《キムイルソン》が発動したこの戦争は、スターリンの同意を得たものである。だがアメリカなど国連軍の介入は予想外であった。イデオロギーよりも安全保障のため、毛沢東《もうたくとう》は北朝鮮支援を決定し、朝鮮半島で米中「熱戦」が始まることとなる。スターリンは第三次世界大戦への危惧のために、朝鮮戦争を引き

スターリン生誕70周年を祝う式典でスターリンの隣に並ぶ毛沢東（1949年）

延ばそうとし、北朝鮮と中国に対して強硬な態度をとっていた。1951年に金日成の停戦要請を拒否し、さらに翌1952年に周恩来《しゅうおんらい》に対しては、アジアでミニ国連を組織してアメリカに対抗することさえ提案していたのである。朝鮮戦争の停戦協定が結ばれたのは、スターリン没後の1953年7月であった。

関係の亀裂から対立へ

東側の絶対的権威であったスターリンの死後、ソ連の積極的援助のもと中国は1953年に第一次五ヵ年計画に着手し、1955年に一気に社会主義改造を実行する。他方、ソ連は権力闘争のなかで非スターリン化が進み、1956年2月のソ連共産党第二十回党大会でフルシチョフによるスターリン批判と平和共存路線の提起がなされたが、これこそが中ソ対立の起源となった。

ソ連のスターリン批判に対して、中国は当初2月の『人民日報』社説では評価したものの、4月の論文では、スターリンへの賛否両論を併記した。そして中国の社会主義化における矛盾は、スターリンのやり方をそのまま踏襲したからだと考えるようになっていく。同月、毛沢東は「十大関係論」で対ソ独自路線を打ち出した。またポーランドとハンガリーでの10月の動乱に積極的に関与し、社会主義国家間でも平和共存の原則を適用すべきだと主張する一方、ハンガリーでは、ソ連の武力介入を進言した。

1957年10月、ソ連と中国の間で核技術の提供を含む国防新技術についての協定が調印される。翌11月、モスクワでのロシア革命40周年記念式典に参加するため訪ソした毛沢東は、「東風は西風を圧す」と主張、核戦争で世界人口が半分になっても社会主義は生き残ると、フルシチョフの平和共存政策を暗に批判する講演を行った。この後、中ソ関係に亀裂を広げる一連の重大な出来事が生じた。

1958年に中国は、ソ連による連合艦隊の創設の提案を主権侵害だとして峻拒した。また内政面でも「大躍進」や人民公社など、ソ連モデルではない、中国独自の社会主義建設へと邁進するようになる。こうしたなかで、1959年、ソ連から国防新技術に関する協定の破棄が通告される。1960年4月、中国は『人民日報』と『紅旗』の共同社説「レーニン主義万歳」を発表し、中ソ論争が表面化する。6月、ソ連は中国に派遣していた専門家を全員引き揚げた。1961年以降中ソ貿易は著しく減少した。

その後、中ソ論争が全面的に展開されるようになる。イデオロギー論争と党関係以外では、核兵器をめぐる戦争と平和の問題が重要な争点となった。具体的には、①「戦争と平和の問題」について中国側は、帝国主義と階級が存在する限り戦争は不可避であり、帝国主義と対決してのみ平和が守り得ると主張するのに対し、ソ連は社会主義国の団結を砦とする平和勢力の結集が第三次世界大戦を回避する可能性をもたらすのだと主張した。②核戦争について中国が、核兵器は「張り子の虎」であり、戦争の決定的要因は人民であると主張、米ソは核独占の地位を保持し、各国人民の革命闘争を抑圧しようと企んでいるとした。これに対しソ連は、東西間の戦争は不可避的に核戦争へと発展し、そうなれば人類文明を根底から破壊してしまうので、絶対に避けるべきだと主張した。③平和共存について中国が、平和共存は便宜上の戦術であり、国際共産主義運動の基本戦略とすることは誤りであると主張するのに対して、ソ連は核兵器が存在するなか、核戦争による人類の破滅か、平和共存の二つに一つしかあり得ないと主張した。

このように中ソ論争が激化した背景には、1962年10月のキューバ危機、翌年7月の部分核停止条約の締結以外に、中国自身による核開発の進展、そして1964年10月に中国が核実験に成功したことがあると思われる。その10月フルシチョフ首相が失脚すると中国はこれを歓迎し、翌11月周恩来を団長とする代表団をモスクワへ派遣し、ブレジネフら新しいソ連指導部と会談を行った。しかし関係改善となるどころか逆に対立が深刻化、国家間関係は断絶に近い状態にまで冷え込んだ。

軍事的対立と米中デタント

1966年に中国で文化大革命が始まり、外交も極左化していくなか、両国はベトナム戦争などをめぐってそれまで以上の論争と非難を交わした。とくにヨーロッパから中国へ帰国する途中の留学生が、赤の広場でレーニンの墓に献花した後に、毛沢東語録を朗読した1967年1月の赤の広場事件や、1968年の「プラハの春」に対するソ連の弾圧と「ブレジネフ・ドクトリン」などを契機に、相互の非難の激しさは増す一方であった。

1969年3月、中ソ国境のウスリー江上のダマンスキー島（中国名は「珍宝島」）上で大規模な国境武力紛争が発生し、悪化した中ソ関係の度合いは極度にまで高まった。発端は中国による挑発であった。その意図は共産党の九全大会開催の前に、事件を利用してその激しい反ソ感情を一層刺激することによって国民を結束させることにあった。一方、ソ連も同年6月に開催される世界共産党会議を控えて、事件を中国の「冒険主義」を非難する絶好の材料としようとした。このような軍事的対決によって、当時中ソ間の核戦争が一触即発の可能性があると思われたほどであった。それでも9月、北京でコスイギンと周恩来は中ソ国境会談を行い、その結果、武力衝突は沈静化した。

翌年10月、中国は「敵の敵は味方である」という米ソの矛盾を利用して米中関係を打開する戦略を出した。これが当時ベトナム戦争に苦しむアメリカと見事に戦略方針や利益が一致していたため、米中国交の正常化への動きが始まる。ただし、1971年のキッシンジャーの秘密訪中が公表されるまで、中国は表面的に米ソ双方を非難し続けた。

1972年2月、ニクソン大統領の歴史的な中国訪問で、米中デタントが実現し、1979年に国交が正常化するが、その後、中国とソ連の対立は深刻化する。同年4月、中国は中ソ友好同盟相互援助条約を延長しないとソ連に通告した。

関係正常化への道のり

1976年に毛沢東が死去し、中国はようやく文化大革命を収束する。鄧小平《とうしょうへい》を中心に改革開放路線がとられ、82年に米ソのどちらにも頼らない「独立自主」外交方針をとった。同年3月、ブレジネフ書記長はタシケントで対中関係の改善を呼びかけ、9月、中国側は、①中ソ国境と中蒙国境におけるソ連軍の駐留、②ベトナムのカンボジア侵攻へのソ連の支持、③アフガニスタンのソ連軍の駐留、という「三大障害」の除去を前提条件として提出した。

経済分野などでの関係改善が見られるようになるなかで、「ペレストロイカ」と「グラスノスチ」を唱えるゴルバチョフが登場した後、政治面の関係改善も進展するようになる。1986年、ゴルバチョフが対中関係の正常化を提案し、また「三大障害」の解決にも具体的な動きを見せたこともあり、関係正常化のための首脳会談が開催されることとなった。1989年5月、ゴルバチョフは北京を訪れ、関係正常化を盛り込んだ共同コミュニケを発表した。もっとも改革の旗手であるゴルバチョフの訪中は民主化運動を刺激し、その直後の6月4日に「天安門事件」が発生する。

冷戦終結後の中露関係

米ソ首脳のマルタ会談で冷戦の終結が宣言され、ソ連が1991年8月クーデター後解体し、中国とロシアはともに市場経済に重点をおくようになった。ロシアは一応民主主義体制をとっているのとは対照的に、台頭する中国は未だ共産党の一党独裁を堅持している。もっとも国際関係においては両国とも、多極化を主導し、非同盟、非対立、第三国を対象としない関係とする、「戦略的パートナーシップ」という「新型大国関係」を標榜している。このような進展が、国際社会に如何なる影響を及ぼすか、今後も中ロ関係の行方は目が離せない。

（吉田豊子）

32 待ちの政治家ブレジネフ

――「停滞の時代」と米ソデタントが象徴

1964年10月14日、クレムリンで開かれたソ連共産党中央委員会総会でニキータ・フルシチョフ党第一書記兼首相が、高齢と健康悪化の理由で解任された。本人のあずかり知らないところで、解任が画策されたことから「宮廷クーデター」と言われた。

総会ではレオニード・ブレジネフ幹部会員（のちの政治局員）兼書記が党第一書記（66年4月から党書記長に改称）に選ばれた。ブレジネフ政権の発足である。ソ連では共産党のトップが最高の権力者であり、彼の名前で政権、時代を表す。

ブレジネフは1907年1月1日、ウクライナ共和国のカメンスコエ（のちのドニエプロジェルジンスク）の金属労働者の家庭に生まれたロシア人。15歳で働き始め、17歳のとき、共産党青年組織のコムソモール（全連邦レーニン共産主義青年同盟）に加わった。1931年に25歳で共産党に入党。その後ドニエプロジェルジンスク冶金大学に学んだ。のちに彼は技術者の教育を受けた最初のテクノクラート出の最高指導者と言われた。

大学卒業とほぼ同時に陸軍に入隊したが、1937年からウクライナ共産党、モルダヴィア（モルドヴァ）共産党の幹部を歴任。41年に始まった第二次世界大戦（独ソ戦）では、カフカース、ウクライ

コメコン会議に集まった社会主義各国の指導者。前列左から5人目がブレジネフ（1966年）

ナで軍政治委員として活躍した。46年に少将の位で赤軍を退官。戦後は、ドニエプロペトロフスク州、モルダヴィア共和国、カザフ共和国（カザフスタン）の党第一書記などを務める。カザフ時代には、処女地開拓の先頭に立ち、一時、「処女地開拓」はブレジネフ時代の代名詞にもなった。

１９５６年以降は、モスクワで党中央委政治局員候補、同書記として防衛産業、重工業や宇宙計画などの分野を指導し、フルシチョフの側近の一人として政権を支えた。

ビャチェスラフ・モロトフ元外相ら古老党員の反フルシチョフ派が１９５７年６月に企てた「反党グループ事件」では、フルシチョフを支持した。その功績により、事件後、政治局員に任命された。59年には最高会議幹部会副議長に就任、翌年から64年７月まで第四代議長（名目上の元首）を務めている。

そして、１９６４年秋のフルシチョフ失脚によって、ブレジネフはソ連の第一人者となる。政権当初はアレクセイ・コスイギン首相（在任期間64年10月～80年10月）およびニコライ・ポドゴルヌイ最高会議幹部会議長（同64年12月～77年6月）とともに集団指導制を敷き、「トロイカ政権」と呼ばれた。トロイカとはロシア語で三頭立て馬車を意味する。

しかし、１９７１年３月末から４月初めにかけて開かれたソ連共産党第二十四回大会では、「ブレジネフ同志への称賛」が際立った。大会で演説した約60人の登壇者のほとんどは、ブレジネフ個人に対する賛辞、謝意を並べた。「同志レオニード・イリイッチ」と、名前と父称だけでブレジネフを呼ぶ者も少なくなかった。指導者を名前と父称で呼ぶ傾向は、個人崇拝の道につながると言われている。すでにブレジネフ個人崇拝の兆しが出始めていた。

１９７７年６月、ポドゴルヌイの引退を境にブレジネフの独裁色がさらに強まった。ポドゴルヌイのあとを継いで党書記長ブレジネフ自ら、死ぬまで第七代最高会議幹部会議長の職を兼任した。76年５月にはスターリン以来初めて、ソ連邦元帥となった。

１９８２年11月10日に76歳で病死するまでの18年間、ブレジネフは党書記長というソ連の最高権力者の座にとどまった。スターリンの31年には及ばないまでも、フルシチョフの党第一書記在任11年間を凌駕した。

巧みな党人事政策

ブレジネフ長期政権の秘密の第一は、クレムリンの最高機関である書記局のメンバーを60年代末までに自らの息のかかった人物を引き入れ、70年代になって、「ブレジネフ書記局」を補強したことだ。フルシチョフ解任時の書記局員12人のうち、77年末の時点で残ったのは、同じく12人のなかで、ブレジネフを除いてスースロフとポノマリョフの２人だけであった。

また第二に、政治局員の構成において、非ブレジネフ派を温存し、交代を少なくした。これは党内の動揺、不満、突き上げを抑える上で効果的だった。トップ人事での妥協的な性格が見られた。つまり、政治局では、強いてブレジネフ派だけで固めることはしないで、非ブレジネフ派を加えたグループのコンセンサスをブレジネフは尊重したのである。

第三に、党、行政機関の要所をブレジネフ人脈で固めたこと。その中心はドニエプロ派だ。また広義には、モルダヴィア、カザフ時代に知遇を得た人物群も、ブレジネフ人脈を形成し、保安、軍、外交といった主要3部門にもそうした人たちが配置された。

ロシアの歴史家ドミートリー・ヴォルコゴーノフはブレジネフについて、「そのシルエットは単純明快さで際立っている。彼は極めて一面的な人物だった。中級の党官僚の心理を持ち、虚栄心が強く、用心深く、保守的だった。彼は急激な変化を恐れ、改革を懸念した。彼はソ連社会の保守的傾向の体現であった」と書き残している。

いずれにせよ、「待ちの政治家」とか「妥協の政治家」と言われたブレジネフ。足元をすくわれたフルシチョフの轍を踏まないように、ブレジネフは慎重かつ巧みな人事政策で難しい党運営を乗り切ったのである。

前任のフルシチョフの時代は、スターリン批判、雪どけ、平和共存外交が特徴であった。ブレジネフ時代はその反動もあって、ネオ・スターリニズムの時代、あるいは「停滞の時代」と呼ばれる。ブレジネフ政権下のソ連では「発達した社会主義社会」という標語が使われたが、スターリン主義的な中央集権統制経済の弊害、汚職の蔓延、それに政権末期には支配層の老齢化、つまり老人支配（ジェロントクラシー）が改革や進歩を阻害した。「ソ連経済のアキレス腱」と言われた農業部門も、農政における非フルシチョフ化政策にもかかわらず、目に見えた成果を上げることはできなかった。

イデオロギーの締め付け、保守主義は、内政では反体制派の弾圧の形で現れた。水爆の父アンドレイ・サハロフ博士の人権擁護運動への圧迫、ノーベル文学賞作家アレクサンドル・ソルジェニーツィンの国外追放処分はその典型であった。

「プラハの春」弾圧とアフガン軍事侵攻

外交における大きな負の遺産は、チェコスロバキアへの軍事介入（68年8月）とアフガニスタン軍事侵攻（79年12月）であった。前者はブレジネフ・ドクトリン（主権制限論）を盾に、ワルシャワ条約機構軍を投入して、「プラハの春」を弾圧し、国際世論の批判を浴びた。後者の場合、日本など多くの西側の国々が抗議の意思を示すために、80年のモスクワ夏季オリンピックをボイコットした。

アメリカ訪問時にニクソンと会談するブレジネフ（1973年）

一方、70年代の米ソデタント（緊張緩和）は、武力衝突（69年）にまで発展した中ソ対立のなかで、71年に始まった米中接近を阻止するために編み出されたブレジネフの対米新外交であった。72年5月のニクソン大統領の訪ソと戦略兵器制限条約（ＳＡＬＴ Ｉ）調印、73年5月のブレジネフの西ドイツ訪問、6月の初訪米などをへて、75年7月ヘルシンキにおいて実現した全欧安全保障協力会議（ＣＳＣＥ）の首脳会議開催とヘルシンキ宣言の調印は、米ソデタントの象徴として歴史に残った。そのデタントを終焉させたのが、アフガニスタン軍事侵攻であった。

ソ連解体後、経済、社会の大混乱に見舞われたロシアでは、安定した福祉と生活が保証されたとしてブレジネフ時代を再評価する動きもある。

（中澤孝之）

33 デタントとエネルギー
――エネルギー大国への道

デタントとは、一般にソ連邦と欧米間のイデオロギー、戦略上の緊張が緩和された1970年代の時期を指す。この時期西側はソ連の封じ込めではなく、相互利益の追求に関心を移し、両国間の経済協力と貿易関係の機会拡大を図った。米ソ超大国は平和維持を重視し、経済、貿易関係の拡大により、それを実現しようとした。

1970年代はエネルギー危機の時代でもあった。1973年と1978年の石油危機は、石油供給の大幅削減と、原油価格に伴うインフレを招いた。資源を持たない国は、経済のみならず、外交政策や国家安全保障戦略上の影響も受けた。伝統的なエネルギー資源供給先であった不安定な中東への依存からの脱却を図り、世界的にも主要な石油、ガス、石炭産出国であるソ連との間では脱イデオロギーの現実的なアプローチを意味していた。

ソ連指導部は、エネルギー戦略において三つの課題、国内の拡大するエネルギー需要への対応、コメコン同盟国への安定的なエネルギー輸出の維持、および世界のエネルギー市場におけるソ連の指導的な立場の強化であった。これらの課題に対応するため、とくにシベリアや極東の遠隔地域の開発を試みた。西側のエネルギー輸入依存国から、外資と技術を獲得することによってそれが可能となった。エネルギー収入から不足する穀物など農産物を買うことも可能になった。すでに1960年代の末、西独、イタリア、フランス、スウェーデンなどの西欧諸国は、先進技術や鋼管の供給と見返りに、ソ連からエネルギー資源の提供を受け、バーター取引により石油とガスを輸入した。東欧のパイプライン網は、70年代後半には、西欧諸国への石油ガスの供給を促進するために拡大されることになった。

ソ連では、エネルギー資源は、国家の安全保障、経済の安定、そして繁栄にとり、戦略的にも経済的にも重要な物資と見なされていた。石油とガスの潜在能力の開発を続け、必要とされる輸出収入を増加させるため、資源の生産拡大を確保するための資金と技術を確保する必要があった。ソ連の外貨収入を増加するため、ソ連指導者は、米国、日本や西欧諸国などの資本主義国家とのエネルギー資源の貿易拡大が、利益の拡大につながるであろうと考えた。なかでも閣僚会議議長A・コスイギンは、この考えを具体化し、外国企業、銀行との互恵的関係を模索した。

1960年代末から、ソ連指導部は、西シベリアの遠隔地域の天然資源の開発を非常に重視した。このため、経済開発プログラムでは、シベリアや極東の新しい有望なフロンティアのエネルギー資源の積極的な探査の促進に焦点が当てられた。この政策は、とくに永久凍土地帯での探査、産業・輸送インフラの開発に必要な財政支援と金融コミットを必要とし、西側の参加が重要となった。

1970年代末には、当時、ソ連の指導者であったブレジネフは、西シベリア資源の急速な開発のための野心的な計画に着手し、同地域向けの投資を45%増加させた。様々な政府のイニシアテチブのもとで、1965年から1975年の間に、西シベリアの石油・ガス探査のための資本支出は、3倍

表１　ソ連のガス生産
（1970 〜 1987 年）

	10 億 立方メートル	ソ連の 1 次燃料生産に おけるガスの 割合＊（%）
1970	197.9	19.1
1975	289.3	21.8
1980	435.2	27.1
1981	465.3	28.4
1982	500.7	29.7
1983	535.7	31.1
1984	587.4	33.3
1985	643.0	35.8
1986	686.0	36.6
1987	727.0	37.7

資料：Narodnoe Khoziaistvo SSSR, 1970-1987 Issues
＊ 1 次電力ではなく 1 次燃料を指す。

増となり、１９７５年までに西シベリアは、ソ連の石油生産全体の31・5%を占めるまでになった。石油産業に加えて、天然ガスの輸送インフラの開発が提唱された。１９７３〜１９７４年に、世界のエネルギー市場を第一次石油危機が襲い、石油価格が４倍に上昇し、石油供給が世界的に縮小するなか、国際市場における石油・ガスに対する需要が大幅に増加し、ソ連経済は予期せぬ利益を享受した（後掲のグラフ1およびグラフ2参照）。ＩＭＦは、第一次石油危機後のソ連の輸出収入は２３０億ドルに達したと報告している。１９７０年代後半までには、五ヵ年計画のもとで着手されたエネルギー戦略がうまく実現したことから、とくにガス生産量が大幅に増加し（表1参照）、石油とガスはソ連のエネルギー輸出全体の90%を占めるに至った（表2参照）。デタント時代のソ連共産党指導部は、エネルギーの戦略的要素と外交政策上の主要な道具としての重要性を認識していた。ソビエトの指導者は、西側からの技術、ノウハウ、資本投資の輸入が、とくにシベリアと極東の遠隔地域でのエネルギー資源の開発と関連インフラの建設に不可欠であることを理解していた。

例えば、西独と１９７０年に締結された「パイプとガス」協定により、ソ連側はシベリアのガスを同国の中央部に輸送する国内のパイプライン網の建設のための鋼管を西独から輸入し、かわりに20年以上にわたるガスの供給を西独に保障した。ソ連と米国との間では、１９７３年のブレジネフ・ニクソン間の首脳会談の後で署名された天然ガス、原油、農業化学品やその他の品目を対象とする５年間の協定がある。しかし１９７０年代なかばには、西側諸国、とくに米国と日本の熱心さは薄らぎ始めた。米国企業は、いくつかからの重要プロジェクトから撤退した。これは日本に大きな圧力を加えることになった。東西間のエネルギー協力のスローダウンと懸念の拡大にもかかわらず、１９７６年２月の第二十五回共産党大会は、エネルギー資源と貿易に活用する戦略を再確認した。この目標を達成

表２　ソ連のエネルギー輸出の１次エネルギー生産における割合（1960 ～ 1988 年）（1 日当たり千バレル）

年	1次エネルギー合計	純輸出	割合（%）
1960	9,962.9	707.3	7.1
1961	10,569.0	925.5	8.8
1962	11,275.6	1,083.1	9.6
1963	12,247.8	1,235.4	10.1
1964	13,153.0	1,390.5	10.6
1965	13,934.5	1,511.3	10.8
1966	14,896.1	1,698.5	11.4
1967	15,632.0	1,814.0	11.6
1968	16,254.5	1,950.2	12.0
1969	16,994.6	2,051.6	12.1
1970	17,893.1	2,123.7	11.9
1971	18,728.1	2,209.1	11.8
1972	19,524.5	2,134.6	10.9
1973	20,431.6	2,285.2	11.2
1974	21,534.9	2,569.8	11.9
1975	22,772.2	2,883.7	12.7
1976	23,885.2	3,388.6	14.2
1977	24,979.2	3,744.0	15.0
1978	25,963.9	3,894.2	14.8
1979	26,808.8	4,037.1	15.1
1980	27,544.7	4,340.6	15.8
1981	28,064.0	4,395.2	15.7
1982	28,669.4	4,481.4	15.6
1983	29,259.4	4,687.0	16.0
1984	30,087.4	4,764.1	15.8
1985	30,841.8	4,520.8	14.7
1986	32,208.0	5,108.2	15.9
1987	33,255.5	5,460.9	16.4
1988	34,067.5	5,675.1	16.7

資料：PlanEcon, Inc, East European Energy Databank

グラフ1　国際石油価格（平均）

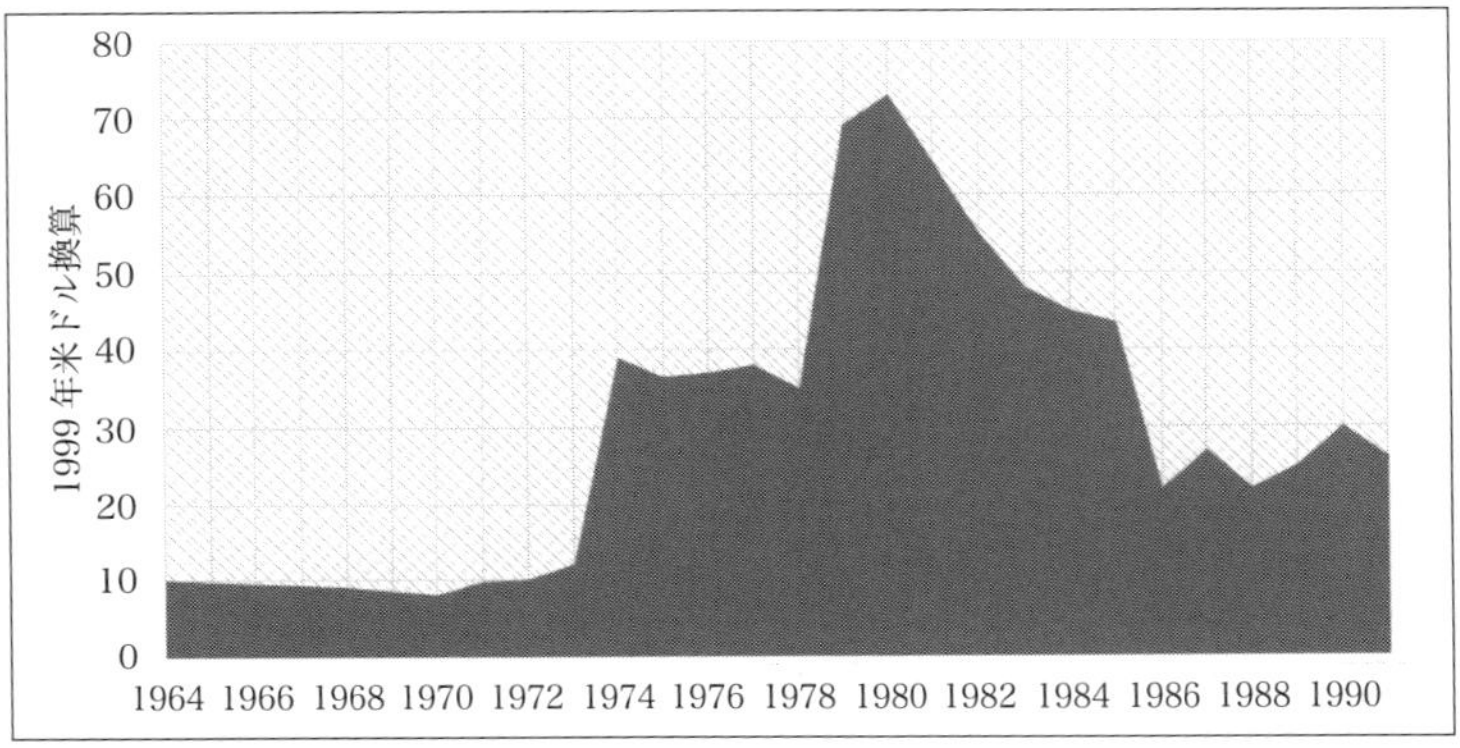

資料：British Petroleum

するために、ソ連政府は、二つの地域をつなげ、経済成長を促進するバイカル・アムール鉄道（ＢＡＭ）建設に着手した。

さらに１９７０年代末には、第二次石油ショックによる石油価格の上昇（グラフ1参照）ら、新たな予期せぬ利益を享受した。１９８１年までにソ連政府は西独政府との間で、新しいパイプラインを通じて西シベリアのガスを長期にわたり供給する契約の締結に成功し、西シベリアのガスは西独に輸送されることとなった。４５００キロメートル離れたウレンゴイから西ウクライナを結ぶこのパイプラインは、１９８３年に完工、緊張緩和の背景のもとで実現された。

このように、デタント期には、東西関係において政治的緊張緩和の兆しが現れ、外交政策におけるエネルギー外交が活発化したことから、ソ連政府と西側諸国の政府は、これらの地域のエネルギー採掘・開発のための大型共同プロジェクトを含む大規模な技術・開発協力案件の交渉を開始することが可能となった。デタント期、ソ連

グラフ2　ソ連邦のハードカレンシーでの石油輸出額の年間伸び率

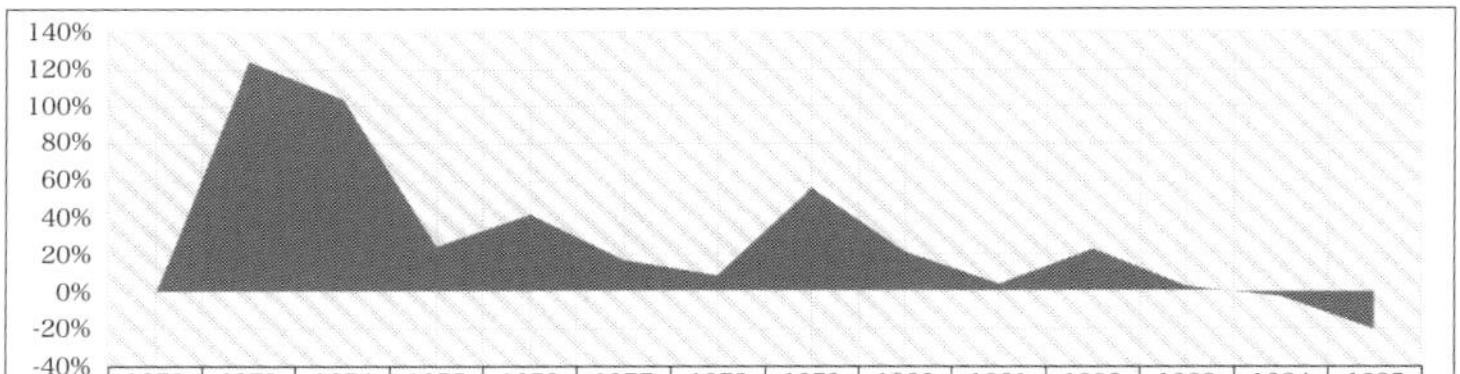

1972	1973	1974	1975	1976	1977	1978	1979	1980	1981	1982	1983	1984	1985
-1,64%	124,46%	104,17%	24,65%	42,13%	16,86%	8,36%	56,26%	20,95%	3,88%	22,50%	2,45%	-2,95%	-20,50%

資　料：Jennifer Considine and William Kerr, “The Russian Oil Economy” (Northhampton, MA: Edward Elgar Publishing Inc., 2002), pp.180-181.

のエネルギー産業、とくに天然ガス部門が、最も利益水準が高い産業部門となり、欧州に対する主要なエネルギー供給者、国際エネルギー市場での重要なプレーヤーの一員となった。西シベリアの天然ガスの開発の進展と、１９７３年と１９７８年の二つの石油危機からの大幅な予期せぬ利益により、ソ連の外国貿易収入は大幅に増加し、それによりソ連政府は、様々な経済、エネルギー、そしてインフラ開発プロジェクトと、冷戦下で継続されていた軍事キャンペーンを行うことが可能となった。

　この結果、１９７０年代には、エネルギー貿易が、ソ連と西側との経済協力の主要な牽引車となり、これは、最終的には、今日に至るまでロシアと西欧のエネルギーパートナーとしての結びつきを規定している東西エネルギー相互依存関係を確立することになった。

　しかしながら、デタントと石油危機が東西間の経済協力を加速したにもかかわらず、１９７０年代末には、二国間のエネルギー貿易の伸びは鈍化し、シベリア開発のプロジェクトは遅延するか、キャンセルされた。70年代末までにデタントは実質的に終結し、米国主導の新冷戦に取って代わられた。１９７９年のアフガン侵攻、１９８１年のポーランドでの戒厳令布告、対ソ貿易制裁は、東西間の政治経済関係を悪化させた。ソ連と西側の指導者は、全体的な関係改善を図るための相互の経済・貿易関係の重要性を理解していたが、1970年代半ばには、米ソ間のイデオロギー上の対立が激化し、米国の対ソデタント政策の終結により、両国関係における補完性や相互の経済的利益の考慮よりも、政治的な側面がより重要視されるようなった。西欧諸国と日本も、米国からソ連との取引に慎重になるよう求められた。

米ソ間の関係の悪化による多くのプロジェクトの遅延や中止は、1970年代後半、東西間のエネルギーに関する全体的な関係において停滞をもたらした。それにもかかわらず、1978年の第二次石油危機後には、石油価格の上昇とソヴィエトのエネルギー生産量の増加により、ソ連は、西シベリアのエネルギー資源とインフラの開発のための大規模なキャンペーンに着手することが可能となった。これは、ソ連のリーダー、ブレジネフの個人的な努力が大であった。彼は西欧諸国とのエネルギー関係の拡大を積極的に推進し、とくに西独との関係を重視、同国とのエネルギー協力は最大の成功例となった。この結果、ソ連は世界エネルギー市場の主要なプレーヤーとなり、西欧諸国の重要なパートナーとしての基盤が確立された。

（ヴァシリューク、スヴェトラーナ）

コラム 3

デタント時代における日ソエネルギー協力について

デタント時代には、東西両陣営間のイデオロギー面での対立緩和を受け、ソ連側は西側とのエネルギー協力の可能性を模索するようになった。日ソ両国間でも、相互の事情を反映し、ソ連のシベリアや極東地域の豊富な資源を共同開発する機運が高まった。

日本側では、1973年と1978年の第一次・二次石油危機の発生が、日本経済におけるエネルギー問題の重要性を認識させ、中東石油への過度の依存が、エネルギー安全保障上の大きな弱点であることが明らかになった。日本政府と経済界は、経済成長に必要とされるエネルギー資源の獲得にあたり、エネルギー供給市場の多角化を図るため、ソ連とのエネルギー協力に対する関心を高めた。

またソ連側でも、国内・海外市場への安定したエネルギー供給のため、西側とのエネルギー協力を通じ、潜在性が高いものの、開発に莫大な資金を必要とするシベリアや極東地域のエネルギー資源の開発のための資本と技術を確保しようとした。そのなかで、協力相手先としての日本の重要性が高まった。

日ソ間のエネルギー協力については、1965年に、経団連主導で設立された日ソ経済委員会のもとで、既に民間ベースでの話し合いが進められていたが、両国間のエネルギー協力に対する関心の高まりを受け、政府も主導的な役割を果たすようになった。1972年の両国外相の相互訪問を経て、1973年秋には、当時の田中角栄《たなかかくえい》首相によるモスクワ訪問が実現し、ソ連のブレジネフ共産党書記長との会談が行われ、両首脳は、経済協力とシベリア・極東の資源の共同開発に合意した。

両国間で合意された主要なプロジェクトには、

サハリン大陸棚石油ガスプロジェクト、ヤクーチャ天然ガスプロジェクト、チュメニ石油ガスプロジェクト等が含まれていた。

１９７５年に、北サハリン・オフショア大陸棚の大規模な石油・ガス埋蔵資源の開発に関する基本契約が日ソ間で締結された。これは、ソ連邦が西側諸国より、プロジェクトに必要とされる設備・機材・技術等を輸入するための融資を受け、その返済を、プロジェクトからの生産物で行う、いわゆる「コンペンセーション・ベース」で開発が実施されることになった最初のプロジェクトの一つであり、日本側は、融資と機材・技術の提供の見返りとして生産される石油の50%を受け取ることとなっていた。日本側は、この大規模プロジェクトに単独で参画するリスクを回避するために、米国企業のガルフ石油を契約の共同締結者およびパートナーとして招いた。日ソ両国の大きな期待にもかかわらず、技術的な問題とその高い開発コストから、70年代末にはプロジェクトの実施には大幅な遅れが生じることとなった。

西シベリアのヤクーチャでは１９６０年に大規模なガス田が発見され、１９７４年に、ソ連、米国、日本との間で、共同契約が締結された。この共同契約のもとでは、25年間にわたって、年間最低１００億立方メートルの天然ガス（７５０万トンの液化ガス）を米国と日本に輸出するために、ヤクーチャのガス田を開発し、日本海のオルガ港までパイプラインを建設し、輸出用の液化天然ガス（ＬＮＧ）プラントを建設することが構想されていた。

また、ソ連側は、当時のソ連の探鉱済み石油埋蔵量の約6割にも達する約14兆立方メートルの石油の埋蔵が推定されていた西シベリアのチュメニの石油を共同開発して、年間２５００万トン規模の石油を日本に輸出する構想を１９７２年に日本側に提案した。しかしながら、石油の生産コスト自体は比較的に低いものの、チュメニから太平洋岸までの７０００キロの距離を輸送するためのインフラの開発のコストと高い輸送費が、日本側を慎重にさせた。さらに、当初予定されていた石油パイプラインではなく、ソ連側が、その後、バイカル・アムール鉄道（ＢＡＭ）として知られることになる新たなシベリア横断鉄道を建設して、石油を輸送することを１９７４年に提案したことから、資金負担の増加に加えて、鉄道建設がソ連の軍事力の強化につながり、日本の対米・中関係にも悪影響を与える可能性が懸念されるようになった。

このようにデタント時代の日ソ間の主要なエネルギー協力プロジェクトは、１９７０年代末後半になると、領土問題を巡る両国間の対立の悪化に加え、中ソ間の対立や、１９７９年のソ連のアフガニスタン侵攻による米ソ関係の悪化等の国際政治環境の変化の影響を受け、結果として、ヤクーチャ、チュメニプロジェクトは完全に行き詰まり、またサハリンプロジェクトも実施が大幅に遅れることとなった。

（ヴァシリューク、スヴェトラーナ）

1960～1970年代の日本の石油輸入動向（百万立方リットル）

	1960	1965	1970	1972	1974	1975	1977	1978
総輸入量	32.7	87.6	204.9	246.8	275.7	262.8	276.9	270.6
うちソ連からの輸入	1.7	2.9	0.6	0.2	0.2	0.0	0.0	0.0
ソ連からの輸入のシェア（%）	5.1	3.3	0.3	0.1	0.1	0.0	0.0	0.0

出典：『出光石油資料』東京、1977、pp.92-95；『通商白書』p.256.

34 ブレジネフ時代の社会
――安定と停滞

生活の安定化

1964年10月にフルシチョフを辞任させ、党第一書記にブレジネフ、首相にコスイギンが就くと、フルシチョフによる改組を旧に復する「非フルシチョフ化」が速やかに進められ、工業と農業の部門別とされていた党およびソヴィエトの統合が1964年11月に、国民経済会議の廃止と工業部門別の省の再建が1965年9月に決定された。

農業でもフルシチョフが進めた個々の政策は批判され、撤回されたが、農業への資源配分を増やす方針は受け継がれ、投資全体の20～25％が農業に注ぎ込まれた。しかし機械、肥料、飼料の質の悪さもあって生産の増え方は鈍く、生産性は低かった。小売価格が据え置かれたため、農産物の販売によって投資を回収することもできなかった。ソ連は1973年以降恒常的な穀物輸入国となり、1970年代後半にはまたも食糧事情が悪化した。

コルホーズとソフホーズは生産を担っただけでなく農村住民の生活の拠点ともなったが、国土の広大さ、厳しい自然条件、集落の散在といった要因もあって農村部の社会資本整備は遅れていた。1960年代になっても公衆浴場も医療所も小学校もなく、電気も水道も電話も通じていない集落が少なからずあり、農村から都市への人口流出が続いた。このため、過疎化が進む農村部で行政その他の各種サービスをいかに維持するかは政権にとって重大かつ困難な課題となった。この課題への取り組みとして、過疎化した集落の住民を比較的大きな集落や都市型居住区へ移す試みが主として1970年代に進められた。この試みは住民の「脱農民化」を促して農村の荒廃を招いたとされるが、生活環境の改善につながった面もあった。とくに都市へ移住した場合は総じて生活環境も労働条件も住環境も改善されたと指摘されている。

1966年にはコルホーズでも毎月現金での賃金支払いを保証する保証賃金制が導入されることになった。賃金を受け取るには作業ノルマを満たす必要があったため保証賃金制の導入はコルホーズでの労働を促したが、収穫の多少にかかわらず賃金を受け取ることができたため結果への無関心を生むことにもつながった。また、賃金や年金で暮らせるようになったことで少なからぬ農民が付属地での生産を放棄した。それまでは付属地で自ら生産するのが一般的だった肉や牛乳や野菜を商店で買うようになり、賃金と年金を受け取るための最低限の労働をコルホーズやソフホーズで行う「農民の労働者化」が進んだ。

1960年代半ば以降となると企業の福利厚生施設（保育所、幼稚園、療養所など）の整備が進み、企業での食料や日用消費財の分配や販売も一般的となった。企業が住宅建設を担うこともあり、農村部ではコルホーズやソフホーズが水道、ガス、電気といった社会資本を整備することも増えた。こうして1970年代には、国家と国営企業やコルホーズによって雇用、社会保障、そして福利厚生が提供されることと引き換えに人々は体制に従順な態度をとる「暗黙の社会契約」が成立していたとも言わ

レオニード・ブレジネフ（1974年）

れる。

「暗黙の社会契約」の負の側面として、ほどほどに働いて、さらにはなるべく手を抜いてそれなりの賃金をもらえればよしとする人々が増えた。未熟練労働者であっても職と賃金は保証されており、熟練労働者との賃金の差はそれほど大きくなかった。そして、食糧や日用消費財は、質を問わなければ安価で手に入れることができ、入手できない品はお金があっても入手できなかったため、熱心に働いて賃金を増やす意欲は薄れがちだった。

そのうえ、独ソ戦によって成年男性人口が激減したこと、これが戦後の人口回復へも悪影響を及ぼしたこと、企業経営者が生産ノルマ達成のための突貫作業用に余剰人員を抱えておこうとしたことによって、中央アジアやカフカースなど出生率の高かった地域を除けば労働力需要が供給を上回り、労働者に有利な「売り手市場」となっていた。これも労働者の労働意欲を減退させ、その結果として労働者は労働規律を守ろうとせず、とくに飲酒の問題が蔓延した。二日酔での無断欠勤、酔った状態での出勤や勤務中の飲酒は至るところで見られた。経営者には看過できない問題ではあったが、代わりにましな労働者を雇える保証はなかったから、飲酒だけを理由として解雇まですることは少なかった。このため労働規律は一層弛緩した。

１９５０年代半ばの「雪どけ」は１９６２年末を境に引き締めに向かったが、この傾向は、１９６

6年2月に「シニャフスキー・ダニエル事件（アンドレイ・シニャフスキーとユーリー・ダニエルが国外での出版で「反国家宣伝」の罪に問われた事件）」の裁判が開かれたことで明確になった。検閲が強化され、一層網羅的となった。こうした状況で「六〇年代人」を中心として体制を批判する「異論派」が現れたが、異論の表明を公に重ねた者は、精神病院に送られたり、国外へ追放されたりした。ソルジェニーツィンやロストロポーヴィチなど著名な芸術家も強制的または自発的にソ連を離れた。しかし、体制に不満を持っていてもそれを公に表明しなければ、こうした抑圧を受けることはなかった。

こうしてブレジネフ期のソ連では、「公の世界における統制」と「私の世界における放任」という暗黙のルールが定着し、多くの人々が私の世界に逃避することで身の危険を感じずに暮らすことができたと言われる。それでも、これも「六〇年代人」を中心として慎重な表現で体制の問題を公に指摘する体制内改革派の活動が見られたし、一般の市民でも、不正や無秩序の取り締まりを求める投書を送るなどの形で頻繁にかつ自発的に公の世界と関わりを持つ者は少なくなかった。戦後に生まれ育った若い世代には、政権の求める活動に参加しつつ、自分が興味を持つ活動に熱心に取り組んだ者もいたと指摘されている。

「停滞」の時代

1968年8月には、自由化が進みつつあったチェコスロヴァキアの「プラハの春」をソ連軍中心のワルシャワ条約機構五か国軍が軍事介入して終わらせた。「プラハの春」の様子を見たソ連の指導部は改革全般を警戒するようになり、これ以後は、資源の節約、生産の集約化、科学技術革命など経

国際婦人デーの会合でのブレジネフ（1973年、Commons: RIA Novosti, Vladimir Akimov）

済成長に向けた取り組みが唱えられた一方で、本格的な改革がなされることはなく、工業農業ともに成長は鈍化して「停滞」に至った。

「停滞」したのは経済だけではなかった。１９６５年に工業部門別の省が再建されたのちは大規模な組織改編が行われなかったこと、１９６６年の第二十三回党大会で党規約が修正されて「体系的更新原則」の数値が削除されたことで、各組織の指導層の人事は安定したが、その結果人事が停滞した。１９３０〜１９４０年代に地位を得た人々が、１９７０年代、時には１９８０年代までその地位を維持し続けた。こうした状況は社会的流動を妨げ、若くて相対的には良い教育を受けた人々が影響力のある地位に就くことを妨げた。この状況もまた人々の労働意欲を減退させた一因となった。

こうしたことから１９７０年代はのちに「停滞」の時代と呼ばれるようになったが、この時代は同時に、国民の多くがそれなりに豊かで安定した生活を送ることができた「安定」の時代でもあった。人事は停滞したが、すでに得た職や地位は安定していた。１９５０年代以来の生活水準向上の取り組みの結果、実質賃金は上がり、生活は豊かになった。

しかし、まさにそのことによって人々はもっと多様で質の良い商品とサービスを求めるようになったのであり、ソ連の計画経済はこうした国民の需要に対応し切れず、とくに日用品について輸入に頼るようになった。１９７０年代の石油危機によって石油の価格が高騰したため、産油国だったソ連は石油の輸出で得た多額の外貨によって東欧諸国や西側諸国からの日用品の輸入を増やすことができた。これによって日用品はある程度入手しやすくなったが、需要の多い良質の商品はなお不足していたので、多くの人々が買い物に多くの時間を費やすことになった。商品不足のため商店での行列が日常的に発生し、人々は行列に並ぶことで日に何時間も費やすことさえあった。こうした状況は生産活動に悪影響を及ぼしたうえ、流通の各段階での商品の横流しを生み、店員などとのコネなしでの商品の入手を難しくした。これが商店での商品不足をさらに悪化させ、闇商人を横行させることにもつながった。多くの人々が自分で使うためまたは売るための品を勤務中に職場の機材と材料を使って作る「内職」に励むようになり、企業やコルホーズから物資を盗んで自ら消費したり横流ししたりした。これが正規の生産に一層の悪影響を及ぼし、１９８０年代前半には物不足と行列が一層激しくなった。このため、ゴルバチョフが書記長となってペレストロイカを訴える前から、多くの国民が体制の「建て直し」を求めるようになっていたのである。

（松戸清裕）

35 ゴルバチョフ
――冷戦を終わらせた男

「冷戦はひとりでに終わるものではない」。これは冷戦終結の最大の立役者、旧ソ連の元大統領ミハイル・ゴルバチョフが2014年6月、第二の冷戦とも言われるウクライナ危機が激化するなか、筆者とのインタビューで語った最も印象的な言葉である。敵対していた欧米の首脳と真剣な対話を積み重ね、強い信頼関係を築いたことが冷戦の終結につながったと指摘し、「再び東西の壁を作ってはならない」と強調した。

ゴルバチョフは1985年3月、54歳の若さで超大国ソ連のトップ、共産党書記長に就任した。18年間に及んだブレジネフ時代のあとに登場した改革派の本格政権だった。モスクワ大学法学部を卒業した初の最高指導者で、ソ連のアキレス腱とされる農業を担当し、外国訪問で見聞を広め、KGB議長だったアンドロポフ書記長に引き立てられた。書記長就任直前、ライサ夫人とともにイギリスを訪れ、サッチャー首相に「彼となら一緒に仕事ができる」と言わしめた。

ペレストロイカは失速

7年間にわたったゴルバチョフ時代とは何だったのか？　それは革命的とも言える大胆な改革の時

代だった。それ以前のスターリン時代が恐怖政治、フルシチョフ時代が雪解けと自由化、そしてブレジネフ時代は停滞の時代だった。こうしたなかで、共産党体制の行き詰まりを打破し、経済を立て直すという困難な課題に挑戦したのがゴルバチョフだった。

ミハイル・ゴルバチョフ

１９８０年代のソ連は世界のコンピューター革命に乗り遅れ、低成長が続き、生産性の低下や消費財不足などで停滞し、主要産業の技術は西側よりも20～30年も遅れていたと言われている。また米ソ関係もソ連がアフガニスタンに侵攻したのに対して、アメリカなど西側がモスクワ五輪をボイコットするなど厳しい対立が続いていた。

こうしたなか、ゴルバチョフが打ち出したのが、改革（ペレストロイカ）、情報公開（グラスノスチ）、新思考外交という画期的な政策であった。ただゴルバチョフには最初からこうした壮大な計画があったわけではない。ペレストロイカを正式に打ち出したのは就任２年目の１９８６年２～３月の第二十七回党大会であり、情報公開が進んだのも１９８６年４月のチェルノブイリ原発事故で秘密主義の批判を受けたあとだった。しかし、ゴルバチョフには従来のしがらみにとらわれず、欧米の考えにも学び、時代の変化に対応できるという政治家として優れた資質があった。

ゴルバチョフはペレストロイカを革命と位置付け、独立採算制の導入などの経済改革、複数政党制を取り入れる政治改革、自由化や民主化を次々に進め、ソ連は大きく変貌した。しかし、パンドラの箱が開いた影響はすさまじく、歴史の見直しや共産党批判、スターリン批判といったタブー視されていた問題が次々に噴き出した。同時に経済改革が行き詰まり、保守派と改革派が激しく対立、民族紛争や分離独立運動が激化するなどでペレストロイカは失速していった。

冷戦終結を実現

一方、ゴルバチョフが打ち出した新思考外交は大きな成果を上げた。新思考外交とはイデオロギーよりも核廃絶などの全人類的な価値観を重視するもので、とくにアメリカとの核軍縮で具体的な合意を達成した。ゴルバチョフは１９８７年にアメリカのレーガン大統領と中距離核戦力（ＩＮＦ）全廃条約を、また１９９１年にはブッシュ大統領と第一次戦略兵器削減条約（ＳＴＡＲＴⅠ）を締結した。

またゴルバチョフは東ヨーロッパ諸国への内政不干渉を打ちだし、軍事侵攻を正当化してきたブレジネフ・ドクトリン（制限主権論）も放棄した。実際、東ヨーロッパで社会主義政権が相次いで崩壊してもソ連軍を介入させなかった。これはフランク・シナトラの歌をもじって「マイウェー路線」と呼ばれた。１９８９年10月、ゴルバチョフは東ドイツを訪れた際、改革に抵抗する東ドイツの指導者ホーネッカーに対し、「遅れてくる者は人生によって罰せられる」と警告した。その１か月後にベルリンの壁が崩壊。12月にはマルタでブッシュ大統領と冷戦終結宣言を行った。さらにゴルバチョフは強く反対していた東西ドイツの再統一とそのＮＡＴＯ加盟も容認した。冷戦終結は当時のソ連と欧米諸国の首脳が互いに歩み寄り、相互理解や信頼関係が前例のない高いレベルに達していたことをうかがわせるものだ。

しかし、1991年8月、ゴルバチョフは保守派のクーデターで滞在先のクリミアの別荘に軟禁された。クーデターは3日間で失敗に終わり、ゴルバチョフは無事、モスクワに帰還したが、権威は失墜していた。その4か月後の12月、ソ連はついに崩壊。ゴルバチョフも大統領辞任を余儀なくされた。

ペレストロイカ失敗の原因

ペレストロイカはなぜ失敗したのか？　2015年5月、ペレストロイカ開始から30周年を記念したシンポジウムがモスクワで開かれた。基調報告を行ったリベラル派のクドリン元財務相は、「ゴルバチョフは自由への動きを始めた。これは彼の功績だ。しかし、それがどういう風に終わるのか彼は最後まで理解していなかった」と述べ、ゴルバチョフは自分が始めた改革が結果的にどうなるのか、経済的なビジョンも含めて描くことができなかったと指摘した。また当時、急進改革派のリーダーでモスクワ市長を務めたポポフは、筆者とのインタビューで、「保守派と急進改革派との間で深刻な対立があった。我々急進改革派は社会主義の放棄を主張したが、ゴルバチョフは新しい社会主義のモデルにこだわった」とゴルバチョフの保守的な姿勢を批判した。

ゴルバチョフほど国内外で評価が分かれている指導者は珍しい。アメリカの雑誌『タイム』は1999年、「20世紀の重要な人物100人」のなかにソ連からはレーニンとともにゴルバチョフを挙げるなど、西側諸国は冷戦を終結させた手腕を高く評価している。

一方ロシア国民のゴルバチョフを見る眼は極めて厳しい。ゴルバチョフ時代は急激な市場経済化で

筆者のインタビューを受けるゴルバチョフ

混乱を招いた次のエリツィン時代とともに、ロシア革命、第二次世界大戦に匹敵する未曽有の困難の時代と受け止められている。２０１１年にゴルバチョフ政権発足から25周年にあたって行われた世論調査（レバダ・センター）では、「好感、感謝、尊敬」などゴルバチョフを肯定的に評価している人は18％にすぎない。これに対して、「憎しみ、蔑視、いらだち」など否定的な感情を持つ人が28％に上っている。ゴルバチョフが西側で絶大な人気を誇るのに対して、ロシアではほとんど評価されていないことがこの世論調査からもうかがえる。

背景には国民の間に、連邦が崩壊し大国の誇りを傷つけられた、物不足など暮らしが急速に悪化した、民族紛争が悪化したなどの否定的な思いがある。また保守派は「ゴルバチョフがドイツ統一を認め、そのドイツが今ロシアに経済制裁を行っている。ウクライナ危機の原因も連邦崩壊にある」などと批判している。

こうした批判にゴルバチョフは強く反論する。「ペレストロイカは過去への逆戻りを不可能にする抜本的な変化をもたらした。政治的な権利、自由な選挙、自由に海外旅行をする可能性を認めた。また軍拡競争を終わらせ、軍縮のプロセスを開始した。中国との関係を正常化し、アフガニスタンから軍を撤退させた」と主張し、ペレストロイカを擁護している。同時に、冷戦終結によって開かれた可能性はアメリカがロシアの国益を無視し、一国支配を強めたことで取り逃されてしまったとアメリカの対応を強く批判している。

ゴルバチョフとプーチン

ではゴルバチョフはプーチン大統領をどう見ているのだろうか？　ゴルバチョフは当初、「ロシアに安定と経済的な繁栄をもたらした」としてプーチンを評価する姿勢を示した。しかし、その後は権威主義的な統治を批判し、プーチンの大統領復帰に強く反対した。とくに厳しく非難したのが、プーチン政権下で民主主義が大幅に後退していることだ。大統領に権限が集中し、議会や司法が独立しておらず、民主主義が形骸化していると述べている。また２０１１年の反プーチンの抗議デモを支持し、権力側がデモを押さえ込んでも問題は解決せず、抵抗は今後さらにエスカレートするだろうと警告した。その一方で外交政策をめぐっては両者の間に大きな違いはない。ゴルバチョフはクリミアはもともとロシアの領土だとして、クリミア併合を支持している。冷戦終結後のアメリカの対応を厳しく批判する点でも両者は一致している。

ゴルバチョフがどれだけの長期的な計画や展望を持って改革を進めたかはわからない。しかし、40年以上にわたった冷戦を終わらせたことは称賛に値する。その一方でソ連の崩壊や東ヨーロッパの相次ぐ政権崩壊は予想をはるかに超える出来事だっただろう。ゴルバチョフは社会主義体制を守ることを最後まで目指したが、結局はうまくいかなかった。上からの革命に国民がついてこなかった。70年間の共産党の支配に対する国民の不信感はそれほど大きく根深かったと言える。

（山内聡彦）

36 世界を変えた「新思考外交」
――冷戦の終結をもたらすが、残された課題も多く

「新思考」はソ連最後の最高指導者となったゴルバチョフによって進められたペレストロイカ（建て直し・改革）で、対外政策の基礎となった理念である。

1985年3月に共産党書記長に就任したゴルバチョフは、早くも翌4月の党機関紙プラウダでの対談で「世界の緊張を弱め、軍拡競争の道を閉ざすことに資するため、ソ連が信頼に足る善意を示し、誠実な対話と現実性のある解決を真剣に志向する」用意を表明した。さらに1986年5月のソ連外務省での演説で、「すべての敵と競争することは不可能だ。平和こそが最高の価値なのだ。外交官はミスター・ニェット（ノー）であってはならない」と述べ、国内改革を促進するための平和の維持、人権問題に取り組む必要性など「新思考」の大筋の方向を示した。

この間、1985年7月にはソ連軍関係者への演説で緊張緩和や軍縮の推進、その基礎となる新たな軍事ドクトリンの必要性を強調した。同じ月、28年間もソ連外相を務め、「ミスター・ニェット」外交を体現したグロムイコを形式的な元首の最高会議幹部会議長に祭り上げ、後任に長年にわたりグルジア（現ジョージア）共和国共産党第一書記を務めたシェヴァルナゼを抜擢した。シェヴァルナゼは外交経験こそなかったものの、ゴルバチョフと地方の指導者時代から改革志向を共有してきた人物で

あり、実務面で「新思考」を実現するのに手腕を発揮していく。

ゴルバチョフが「新思考」的な考え方を自分のなかに育むに際して大きな影響を与えたのが、南部スタブロポリ地方の若い党第一書記時代からの西欧への旅行だ。ここで西側の高い生活水準や、市民社会と西欧の政治制度がいかに効率的に機能しているかを、身をもって知った。とりわけ最年少の政治局員として行った１９８３年のカナダ訪問では、ブレジネフ体制のソ連で強まるロシア・ナショナリズムを批判して10年以上もオタワに飛ばされていたヤコブレフ駐カナダ大使と知り合ったことが重要である。西欧の政治制度や外交の動き方を熟知するヤコブレフは、のちに共産党の宣伝部長や対外政策担当の政治局員になり、グラスノスチ（情報公開）や「新思考」の設計者として、実務家のシェヴァルナゼとともにゴルバチョフ政権でペレストロイカを推進する「両輪」の役割を担った。

「新思考」の基本理念と展開

ゴルバチョフの登場前夜、安全保障に関して世界では、核戦争に勝者も敗者もないとし、対立する双方がともに安全保障を促進することを説く、スウェーデンのパルメ首相の委員会などがまとめた新しい考え方が現れていた。「新思考」は、「共通の安全保障」や「相互依存論」を軸とするこうした動きからも影響を受けながら、ソ連外交のあり方を大きく変える理念としての体系を整えて行った。

「新思考外交」がソ連の対外政策面で本格的に実践されるのは、ゴルバチョフの最初の著書『わが国と全世界のための新しい政治的思考』が出版された１９８７年からとなる。「階級的価値に対する普遍人類的価値の優位」「世界の一体性の承認」「社会主義陣営と資本主義陣営による分断という概念の

レーガン米大統領（右）とともにINF全廃条約に署名するゴルバチョフ書記長（1987年12月8日）

拒否」「情報公開に基づく外交」「軍縮の推進」「多元主義」などが「新思考」に基づく政策の根底に置かれた。

１９８６年10月にアイスランドのレイキャビックで行われたレーガン米大統領との首脳会談は、米の戦略防衛構想（ＳＤＩ）をめぐる対立から核兵器削減についての合意は見送られたが、１９８７年12月のワシントンでの首脳会談で中距離核戦力（ＩＮＦ）全廃条約の調印にこぎつけた。長年にわたる米国との対立点だったアフガニスタンへのソ連軍駐留でも１９８８年5月から撤退を始め、翌１９８９年2月には終了した。

さらにゴルバチョフは１９８８年12月の国連総会での演説で、ソ連がワルシャワ条約機構に基づいて東欧に展開している地上軍を50万人、一方的に削減すると宣言した。軍縮への取り組みは、第二次世界大戦後初めて欧州の通常戦力を削減する１９９０年11月の欧州通常戦力（ＣＦＥ）条約調印、米ロの戦略核弾頭を減らす１９９１年7月の第一次戦略兵器削減条約（ＳＴＡＲＴ１）調印という形で実を結んでいった。

東方にも「新思考」の政策は及んだ。１９８６年7月にゴルバチョフは極東のウラジオストクで演説し、アジア・太平洋地域の重視や、長い間対立が続いた中国との関係打開に意欲を示した。中ソ国境のソ連軍削減にアフガニスタンからのソ連軍撤退などが続いて中ソ関係は好転する。ゴルバチョフ

「新思考外交」のもとでの東欧民主化の展開

1989年	5月	ハンガリーがオーストリア国境の鉄条網を撤去。東ドイツ市民の西側脱出が始まる。
	6月	ポーランドの議会選挙で独立自主管理労組「連帯」が圧勝。9月に非共産党首班内閣が誕生。
	10月	ハンガリーで社会主義労働者党（共産党）が分裂、非共産主義国化。
	11月9日	ベルリンの壁が崩壊、東ドイツ消滅へ。
	11月	チェコスロヴァキアで「ビロード革命」。12月に共産党政権退陣。
	12月	ゴルバチョフ・ソ連、ブッシュ米両大統領が地中海のマルタで会談、冷戦の終結を宣言。
	12月	ルーマニアで流血の市民弾圧とチャウシェスク大統領夫妻の処刑を経て共産党政権崩壊。
1990年	1月	ブルガリアで憲法から共産党の指導的役割を削除。
	10月	ドイツが統一を果たす。

は1989年5月に北京を訪問し、最高指導者の鄧小平《とうしょうへい》との会談で国家と共産党の両方のレベルでの関係正常化を果たした。ソ連崩壊直前の1991年5月には、ハバロフスク周辺など一部地域を除いて中ソの東部国境を画定する協定も結ばれた。

そうしたなかで1989年に起きた東欧諸国の民主化は、「新思考外交」の最大のハイライトとなった。

ソ連はそれまで、「社会主義全体の利益のためには、そのうちの一国の主権は制限できる」とする制限主権論、いわゆるブレジネフ・ドクトリンでチェコスロヴァキアの民主化を求めた「プラハの春」などに対する軍事介入を正当化してきた。

しかし、ゴルバチョフは1988年12月の国連演説で「力と力による威嚇は外交手段になりえないし、なるべきでない」「選択の自由は普遍的な原則である」と論じ、東欧の民主化に理論上の根拠を与えた。この考え方は、米国の歌手シナトラの歌「マイ・ウェイ」をもじって後に「シナトラ・ドクトリン」と呼ばれるようになる。

冷戦の終結と残った課題

１９８９年5月、ハンガリーは西と東の世界を隔てていたオーストリア国境の鉄条網を撤去し、そこから大量の東ドイツ市民の西側への脱出が始まった。6月にはポーランドの議会選挙で独立自主管理労組「連帯」が圧勝、10月にはハンガリーで共産党が分裂し、共産主義国でなくなった。さらに民主化は加速度を増し、11月にはベルリンの壁が崩壊した結果、東ドイツは消滅に向かう。この月にはチェコスロヴァキアで25万人もの市民を動員する「ビロード革命」も起きた。12月にゴルバチョフはブッシュ米大統領とマルタで会談し、冷戦の終結を宣言した。この月の末にはルーマニアで、チャウシェスク大統領夫妻の処刑を経て共産党政権が崩壊した。１９９０年10月、ドイツは統一を果たす。

英国のソ連・ロシア研究の泰斗アーチー・ブラウンは、東欧の民主化と共産主義からの移行の基本的な条件となったのは、ゴルバチョフの下でのソ連外交政策の変容であったとする。ゴルバチョフは、「階層的に組織された共産党のなかで公式に規定されている書記長の権威と権力を用いること」で、共産党の支配層のかなりの部分が反対する政策を押し通し、東欧の動きに武力で対応することを一貫して避けたことで、この大変動の原動力となったとの見立てである。

一方で、米国の冷戦史研究家ジョン・ガディスは著書『冷戦──その歴史と問題点』で、すでに１９８１年12月、民主化を求めてポーランドで燃えさかっていた「連帯」の運動を、「プラハの春」のように戦車でつぶすことをソ連共産党の政治局が断念した時点で、ブレジネフ・ドクトリンは終わりを迎えていた、という見方を採っている。

ガディス流の立場に立てば、ソ連の社会主義はすでに政治面でも経済面でも破綻していた。そこへレーガンのような冷戦を国際情勢の永続的な様相と見なさず、意思、言葉、思想の力で克服を図ろうとした西側指導者の動きに、破綻したソ連のシステムより西側の民主主義や市場経済に価値の優先順位を置く普通の市民の動きが重なり、地滑り的な動きが引き起こされた。ゴルバチョフの「新思考」はこれに受動的に追従しただけ、ということになる。

どちらが「新思考」の評価として妥当なのか、評価はいまも難しい。ただ、ゴルバチョフが「新思考」の先に見ていた理想、西欧とソ連を引き継いだロシアとが相互依存と信頼に基づいて共存共栄する「欧州共通の家」がまったく実現されていないことは、確かだろう。

「選択の自由」を打ち出した1988年12月の国連演説でゴルバチョフは、「選択の自由のもとで社会主義国も資本主義国も、自己流の民主主義を輸出するべきではない。『輸出注文用』として実行されればたちまち安っぽくなってしまう」と警告していた。

ゴルバチョフは「新思考」によって1946年にチャーチル英首相が「鉄のカーテン」演説で劇的に表現しようとした世界の分断に、最終的な終わりをもたらそうと意図した。しかし、冷戦終結後、西欧の軍事同盟である北大西洋条約機構（NATO）はロシアの西部国境まで拡大した。ウクライナやグルジアなど旧ソ連の国々に対する米国の民主化支援をロシアのプーチン大統領は、「米国流の民主主義の押しつけだ。これで世界は不安定化を強めている」ときびしく批判し続けている。

ゴルバチョフが望んだ世界の到来は、冷戦終結から四半世紀以上が過ぎてもまだまだ遠いのが実情である。

（大野正美）

コラム4

「新思考」と北方領土
――逃した接近の機会

ゴルバチョフの「新思考外交」は、ドイツ統一など欧州方面で大きな成果を収め、ソ連と中国の関係改善にも貢献したが、日本との関係に大きな進展はもたらさなかった。しかし、1991年4月のゴルバチョフ訪日を控え、ソ連政権内で「新思考」に基づいて北方領土問題の打開策を探る文書がつくられたことは、注目に値する。

文書は「択捉、国後、色丹、歯舞の諸島領有の法的根拠について」という。ソ連法学の指導的な研究機関である「国家と法研究所」の国際法学者を中心とする作業グループに、東洋学研究所と世界経済国際関係研究所（ＩＭＥＭＯ）の日本専門家が加わり、1990年の秋から冬にかけて作成された。

文書は北方領土について、①国後、択捉、歯舞、色丹の四島に関して日ソ間に紛争が存在する、②国後、択捉に対するソ連の領有根拠はより有力だが、領有根拠の法的手続きは完了していない、③国後、択捉が1951年のサンフランシスコ平和条約で日本が放棄した「クリル諸島」に入らないことを、日本側が証明することは相当に困難、④1956年の日ソ共同宣言でソ連は、平和条約締結後に歯舞、色丹を日本に引き渡す義務を明確に負った、⑤紛争のかなりの部分が法的性格を帯びる以上、国際司法裁判所（ＩＣＪ）に提訴することも解決の一つの方法となり得る、などの見解を示している。

文書作成を主導し、ゴルバチョフの大統領顧問も務めたミュルレルソン元国家と法研究所国際法研究部長によると、ゴルバチョフは「第二次世界大戦の結果、四島はソ連のものになった」というソ連外務省の公式見解に不満だった。そこで「制限主権論」から「相互依存」へのソ連国際法学の

「新思考」転換を進めた国家と法研究所に、日ソ両国の主張の強弱で厳密な再検討を求めた。

文書もドグマ的なソ連の公式見解を退け、国後、択捉に対するソ連領有の法的根拠が未確定であり、56年宣言による歯舞、色丹の日本への引き渡し義務が有効なことを明確に認めた。「第二次世界大戦の戦勝国が日本など旧敵国に行ったことを合法化する」として現在のロシアが四島領有の有力な根拠にあげる国連憲章107条にも、「日本側の反証にきわめて脆弱だ」と判断している。

文書作成には日本専門家として北方領土旧島民の戦後の苦難をよく知るクナーゼIMEMO部長も参加した。のちにクナーゼは文書の考えも踏まえ、ロシア外務次官として「法と正義」に基づく北方領土問題の解決に取り組む。

1992年3月にクナーゼは、当時のコーズィレフ・ロシア外相が訪日した際に日本側に示した北方領土問題の解決提案に関与した。クナーゼによると、「先に平和条約を結んで歯舞、色丹を日本に引き渡す。国後、択捉の帰属は、その後両国関係が大きく質的に改善して協議する環境ができた時に最終決着を図る」という内容だが、日本外務省内には「歯舞、色丹の引き渡し後に国後、択捉の帰属問題を解決して平和条約を結ぶ順番だった」との声もある。いずれにせよクナーゼは、この提案では1991年の中ソ東部国境画定協定が「新思考」に基づき、ハバロフスク周辺など最後まで残った三島の帰属問題の決着を、中ソ関係が実質的に大きく改善される将来に先送りして互いに譲歩したことが、重要な参考になったとしている。

結局、実を結ぶことはなかったものの、「新思考」と北方領土問題とがきわめて接近した一つの時代の出来事である。

（大野正美）

37 ペレストロイカと民族問題
――立て直し／改革／崩壊

ソ連崩壊へとつながったペレストロイカ（立て直し）政治は、1985年3月、ゴルバチョフがソ連共産党書記長の権力の座に就いた時に始まったとされる。

「ペレストロイカ」という言葉は、日本語では、「改革」とも翻訳されるが、社会・経済システムの根本的な変化を求めた「積極的改革」という意味ではなかった。経済分野の一部再編成で、社会主義体制を解体する意図はなく、ソ連邦の崩壊も予期をしていなかった。ちょっとした「立て直し」程度で、ソ連は「立ち直る」という立場だった。

ペレストロイカを打ち出したゴルバチョフ書記長（1987年、撮影：Rimantas Lazdynas, RIA Novosti archive, image # / CC-BY-SA 3.0）

しかし、「ペレストロイカ」を始めると、ちょっとした「立て直し」では済まないことが明らかになり、ソ連社会全体を揺るがす事件へと発展していく。決定的だったのは、1987年6月に決定した「経済活動への党の介入排除」で、共産党組織の経済政策への直接介入を止め、企業の自由化を推進するという画期的な政策だった。

しかし、共産党の指導や介入がなくなると、ルールのない利害獲得の対立が始まり、ソ連社会は、騒然とした状況へと入っていく。とどのつまり、共産党独裁政治が倒れ、社会主義計画経済が動かなくなり、ソ連という国家が崩壊した。

連邦崩壊と人間利害集団の対立

この国家システムの崩壊の背後では、ソ連社会の経済悪化に伴う様々な人間集団の利害対立が起きていた。各集団の対立が先鋭化すると、血筋や言語、宗教、文化などで団結を強める人間集団（「民族」や「エスニック集団」）が台頭し、これら人間集団同士の利害対立へと発展していった。

当初は、ソ連邦を構成していた15共和国とソ連中央政府の対立で、共和国住民とソ連権力とのぶつかりあいだった。この共和国の反乱が進むと、共和国内部の住民同士の対立にも火がつき、際限のない社会分裂へと発展していった。多民族国家ソ連邦の構造は、ロシアの人形「マトリョーシュカ」に似た「入れ子構造」になっており、大きな人形を割ると、それより小さい人形が現れ、その小さな人形を割ると、さらに、もっと小さな人形が現れ、際限なく人形が増えていくという構図になっていた。

「ペレストロイカ」期の最初の民族反乱は、１９８６年12月に起きたカザフ暴動だった。ゴルバチョフ・ソ連指導部がカザフ共産党のクナーエフ第一書記（カザフ人）を解任し、カザフスタンとは全く関係がなく、カザフ語も話せないロシア共和国ウリヤノフ州のコルビン第一書記（ロシア人）を任命したことに、カザフの若者を中心に反発が広がり、暴動へと発展した。経済停滞に不満をつのらせていた若者たちが、「よそ者（ロシア人）ではカザフの権利を守れない」と怒りを爆発させたのだった。「マトリョーシュカ」の崩壊の始まりでもあった。

ナゴルノ・カラバフ戦争時のアゼルバイジャン軍兵士（1992～93年、撮影：Ilgar Jafar）

次に、１９８７年夏、アゼルバイジャン共和国のアルメニア人居住区「ナゴルノ・カラバフ自治州」の住民が、アゼルバイジャンからアルメニア共和国への編入を求める運動を起こし、アゼルバイジャンとアルメニアの間の民族対立が始まる。当初は、ナゴルノ・カラバフ地域の紛争だったが、次第に、二つの共和国の対立へと発展し、双方で民族虐殺事件が起き、ついには、軍隊が衝突する本格的な戦争となった。ソ連政権は、ほとんどなすすべがなく、介入もできなかった。ソ連崩壊後の今も、解決の見通しは立っていない。

同じような紛争は、グルジアやモルドヴァでも起きた。共和国内部の多数派と少数派の住民対立から国内分裂が起きるという内戦構図だ。プリドニエストル、南オセチアなどの「紛争凍結地域」と呼ばれる少数派住民の「未承認独立国家」が現れることになる。

バルト地域の軍事衝突と独立への動き

１９８７年秋になると、第二次大戦後、独露秘密議定書を通じ、ソ連に組み込まれたバルト三国（エストニア、ラトヴィア、リトアニア）へ紛争が飛び火する。当初はゴルバチョフ政権の「ペレストロイカ支持」のスローガンを掲げたが、次第に、ソ連からの自立・独立へと要求を変えていく。1990年3月、リトアニアは「独立宣言」を行い、ソ連憲法の停止を発表した。旧ソ連共和国で最初の「独立宣言」をした国家となった。ただ、ソ連中央政府は独立を認めず、両者の緊張状態が続き、1991年1月、ソ連治安部隊の首都ビリニュス導入による衝突事件が起きる。13人が死亡し、双方は決定的な対立関係に入る。同年8月、軍事クーデター未遂事件が起きると、リトアニアは欧米各国の独立承認を獲得し、完全独立への道を開く。エストニア、ラトヴィアも、同様な動きから、91年12月のソ連崩壊前に、独立を達成した。

リトアニア「血の日曜日事件」（1991年1月13日、撮影：Rimantas Lazdynas）

　ウクライナでは、大きな紛争は起きなかったが、ソ連末期、民族主義が、すでに高まっていた。「ルフ」と呼ばれる民族主義・民主化運動が1989年頃から始まり、ウクライナ独立への動きを推進することになる。ただ、ウクライナの複雑な歴史は、国民が一致団結するという動きにはならなかった。親西欧の西ウクライナと親ロシアの東ウクライナの国内分裂・対立へと進んだ。ソ連崩壊後も、ウクライナの国内分裂は発展の障害となり、2014年には、政変騒ぎから、クリミア共和国のロシアへの編入や東ウクライナの内戦騒ぎへと発展した。旧ソ連共和国のなかで、民族・住民集団の紛争が、最も遅れて発生し、ソ連崩壊から十数年も経った今も、続いている結果となった。

ソ連中央と共和国の対立という構図は、ソ連政府とロシア共和国の間でも繰り広げられた。この場合は、必ずしも、民族の違いが対立の原因ではなかった。共産党組織に依拠するゴルバチョフ・ソ連政府と非共産党系のエリツィン・ロシア共和国政府の対立で、最終的には、１９９１年の軍事クーデター未遂事件を経て、ソ連崩壊という劇的な結末を迎える。背後にはソ連型国家優先・保守的軍需産業と脱ソ連・市場経済導入を目指す新興産業の経済利害集団の対決があり、ソ連崩壊後も激しい闘争を繰り広げることになる。

地方権力の自立と「主権宣言」

ソ連崩壊につながるソ連中央権力との対立のなかで、自立への大きな推進力となったのが、各地で広がった「主権宣言」だった。１９９０年6月、エリツィンのロシア共和国議会は「主権宣言」を採択し、「共和国憲法はソ連邦共和国よりも強い効力を持つ」と宣言した。その後、各共和国は、ロシアにならって、次々と「主権宣言」を採択し、共和国内部の自治州などでも「主権宣言」を発表する騒ぎになった。結果的に、ソ連中央政府の統治機能の停止状況に陥り、ソ連崩壊は、内部から広がり、蝕んでいったことを示す。

１９９１年春、ソ連政府は、各共和国の自立・離脱を防ぐために「新連邦条約」締結の構想を打ち出し、国民投票を実施する。「すべての民族の自由と人権が完全に保証され、平等な主権共和国による再生連邦としてのソビエト社会主義共和国連邦の維持が必要だと思われますか?」という設問だった。長い設問は、何を焦点にしているのか不明で、どうとでも解釈できる内容だった。結果は賛成が76・4%。しかし、15共和国のうち6共和国がボイコットしていた。

国民投票全体を俯瞰してみると、当時のソ連住民は、ソ連中央権力からの自立傾向には賛成しながらも、ソ連という国家性の維持にも必ずしも反対していなかったことが浮き上がってくる。このことは、ソ連崩壊後も、ソ連を支持する声が旧ソ連全体に根強く残っているとの実態につながる。民族利害だけでは説明できない話なのだ。

プーチン大統領は2005年4月の大統領教書演説で、「ソ連崩壊は巨大な地政学的な世紀の悲劇だった」と語り、欧米諸国に少なからぬ衝撃を与えた。ただ、プーチン大統領はソ連の再生を求めているわけでなく、民族の対立や紛争の結果、ソ連国内の各民族集団が人工的な国境線で分け隔てられる悲劇を味わったと主張したに過ぎない。このプーチン大統領のソ連崩壊による〝民族の悲劇〟という主張に賛成する人は多い。各民族間の境界線がはっきりせず、入り乱れる多民族国家では、「民族自決」という原則は有効なのかという問題提起にもなる。旧ソ連領域では、今後も、政治・社会・経済危機が訪れる度に、民族紛争を起こす可能性が強いということにもなる。

（石郷岡建）

38 国民の総意に基づかないソ連解体
――主因はペレストロイカとレーガンの対ソ戦略

レーニンによるロシア社会主義革命（1917年）のあと、1922年12月に成立したソヴィエト社会主義共和国連邦（USSR、以下、ソ連）は1991年12月、突然消滅した。69年の寿命であった。地図の上から、広大な一つの国、それも米国と並ぶ核超大国が忽然と姿を消したのである。

この歴史的な大事件をウラジーミル・プーチン大統領は「20世紀最大の地政学的なカタストロフィー（悲劇的結末）であった」と述べた。この悲劇は「ソ連崩壊」と言われるが、ソ連は自然に崩壊したのではない。ソ連は内外の諸要因により消滅したのである。

「ソ連解体」のあと、一足先に独立したバルト三国を含めて、ソ連を構成していた15の共和国はそれぞれ独立国となった。その旧ソ連諸国のうちロシアなど10か国（准加盟のトルクメニスタンを含む）は独立国家共同体（CIS）を形成した。ソ連のような統合連邦体ではない。

ソ連はなぜなくなったのか。様々な要因がある。社会主義ソ連が抱えた数々の「負の遺産」、つまり、共産党一党独裁、中央集権的な経済システムの非効率性、硬直した官僚機構とその腐敗、技術革新の遅れ、ノメンクラトゥーラ（特権階級）と庶民との格差、言論統制（検閲）、国民の移動制限などから、ソ連は崩壊する運命にあったとする「ソ連崩壊不可避論」が、とりわけ日本、米国など西側では根強い。しかし、これは、「1991年の時点でなぜソ連が消滅したのか」との疑問への回答にはなり得ない。

1991年末のソ連解体の直接的な要因を、内的要因と外的要因の二つに分けて検証する。

主な内的要因

①1985年4月のミハイル・ゴルバチョフ政権の誕生――ブレジネフ、アンドロポフ、チェルネンコという老人たちのあと、ソ連共産党書記長に選ばれた54歳の新鋭ゴルバチョフは、「今までのやり方ではだめだ」との信念をもって、根本的なソ連改革に乗り出した。それがペレストロイカ（再編）、グラスノスチ（公開性）および新思考外交の三本柱であった。これは未曽有の画期的な政策で、レーニンの革命に次ぐ「上からの第二の革命」とも言われた。ゴルバチョフが党書記長の居心地のいい椅子から従来の路線を基本的かつ忠実に踏襲していれば、そして、新たな革命の旗振りをしていなければ、ソ連の寿命はさらに延びていたに違いない。

②政治的ペレストロイカ――「人間の顔をした社会主義」のスローガンの下、ゴルバチョフ指導部は、ソ連共産党の指導的役割つまり一党独裁体制の放棄、複数政党制および秘密・自由・複数立候補選挙制の導入を断行した。1990年3月の第三回（臨時）ソ連人民代議員大会でのソ連憲法第3条の改正である。これにより、ソ連の中央政権の弱体化や、各共和国政権とりわけ、ロシア共和国やウクライナ共和国政権の権限強化を招いた。また、反体制派弾圧の廃止や政治犯の釈放、スターリン粛清被害者の名誉回復など非スターリン化の推進強化は、議会（人民代議員大会）政治の活性化を促した。

③グラスノスチによる言論の自由――ソ連共産党、党書記長を公然と批判できる自由は、ゴルバチョフ政権下で初めて実現した。文芸作品、評論、報道などでの検閲がソ連史上初めて廃止された。また、戦後、ソ連当局が一貫して否定していたモロトフ・リッベントロップ協定秘密議定書（1939年8月）の存在を、ゴルバチョフ政権は初めて認めた（1989年12月）。これによってバルト三国では民族意識が高揚し、一気に独立に突き進んだ。さらに、ウクライナほか各共和国での民族主義運動・独立気運を促し、ついにはソ連解体につながった。

④ロシア共和国の主権宣言――1990年6月12日のロシア共和国第一回人民代議員大会で、「ロシア共和国の国家主権に関する宣言」が圧倒的多数で採択された。この主権宣言で注目されたのは、ソ連の法律よりも共和国の法律が優位にあることを画定した点だ。これによって、ロシア共和国は事実上、国の大部分の管理システム全体を従属させる中央との戦いを開始したに等しかった。「ソ連解体」の前触れであった。そして、このロシア共和国主権宣言に続いて、ウズベキスタン、モルダヴィア、ウクライナ、ベラルーシなどの共和国のみならず、各共和国内の自治共和国までもが相次いで、主権宣言をするという「主権宣言オンパレード」の様相を呈し、各地で民族主義運動が活発化した。多民族国家の宿命だった。

⑤反ゴルバチョフ・クーデター未遂事件――1991年8月19日から21日にかけて世界を震撼させたクーデター未遂事件が起きた。ソ連政府と党の保守派で結成された国家非常事態委員会（通称・8人組）が、保養地フォロスに滞在中のゴルバチョフを軟禁し、辞任を迫ったが、結局、失敗に終わった。モスクワにいたエリツィン（同年6月にロシア共和国大統領に選出）ら「民主改革派」がクーデター

を阻止した。この事件によって、二重権力構造が生まれ、ゴルバチョフとエリツィンの権力バランスが一気に崩れ、後者が優位に立った。エリツィンは次々と中央政府の権限の骨抜きに取り掛かる。雪崩を打つように、15共和国のうち11か国（グルジアとバルト三国を除く）が独立を宣言した。

⑥ウクライナの国民投票――ソ連第二の共和国ウクライナは1991年7月16日に主権宣言、次いで8月24日に独立宣言をしたが、さらに独立の是非を問う国民投票を12月1日に実施した結果、国民の90％以上が独立に賛成した。このウクライナの動向を見極めたエリツィンらは一気にソ連解体に突き進んだ。

⑦ベロヴェーシの森の陰謀――1991年12月7、8日、ベラルーシ・ブレスト郊外ビスクリの森のなかの政府別荘にボリス・エリツィン大統領、レオニード・クラフチュク大統領、スタニスラフ・シュシケヴィチ最高会議議長のロシア、ウクライナ、ベラルーシ3スラヴ共和国首脳が若干の随員を伴って集まり、密談した。最終日に発表されたのが、ＣＩＳ創設に関する協定、いわゆる「ベロヴェーシ協定」で、同協定には「国際法の主体としてのソ連邦は存在を停止した」と明記された。

この突然の「ソ連消滅宣言」は、一般のソ連国民はもちろん、大統領ゴルバチョフらソ連政府要人すらも事前に知らされなかった。「森のクーデター」「国家転覆」などと呼ばれるゆえんだ。ソ連憲法を無視したこの「陰謀」がソ連解体を決定づけた。エリツィンはソ連という国を消滅させることによりソ連大統領のポストをなくして、宿敵ゴルバチョフを辞任に追い込み、念願のクレムリンの主になる野望をついに達成した。詳細は参考文献に掲げた『ベロヴェーシの森の陰謀』に記述した。

主な外的要因

ブレジネフ政権末期の1981年1月、米国ではロナルド・レーガンが第40代大統領に就任した。ソ連を「悪の帝国」と呼んだことで知られるレーガンは、「力による平和戦略」や「レーガン・ドクトリン」によって、ソ連のグローバルな影響力を殺ぐ政策を推進した。レーガン政権は中央情報局（CIA）を使って、強力なソ連のスパイ網を破壊し、ソ連経済を傷つけ、ソ連の国家体制を不安定にする作戦を展開した。

国家安全保障会議（NSC）のスタッフが中心になってまとめた一連の極秘文書「国家安全保障防衛指針（NSDD）」は、「直接軍事力を行使しない対ソ攻撃計画」であって、次々に実行に移された。ソ連のみならず、ポーランドなどソ連の衛星諸国も狙い撃ちにし、クレムリンの足元を揺さぶった。

米国から仕掛けられた軍拡競争も過大な経済的負担になり、ソ連経済は徐々に弱体化し、ソ連社会は疲弊して混乱を招いた。6年8か月間のゴルバチョフ政権も経済の立て直しに失敗。レーガンの対ソ戦略はソ連解体という形で勝利した。

最後に、ソ連解体は国民の総意に基づいていなかった。1991年3月17日に実施された国民投票で、2億8000万国民の93%が投票し、76・43%が連邦維持に賛成していた。もっともバルト三国、アルメニア、グルジア、モルドヴァの六か国は、この投票に参加していない。ロシアでは71・3%、ウクライナは70・2%、ベラルーシ82・7%が、そして中央アジアの各共和国では、90%以上が賛成した（ちなみに、ウクライナでは12月1日の国民投票では独立支持が90%と発表されていた―編者）。そのわずか9か月後にソ連は、国民の意思にかかわりなく、解体されたのである。

（中澤孝之）

第Ⅴ部

よみがえるロシア

39 エリツィンとその時代
――苦難に満ちた体制転換

ボリス・エリツィン（1931～2007年）は、体制破壊の指導者として並々ならぬ指導力を発揮した。1991年8月の保守派クーデタに際し、戦車の上に仁王立ちとなって国民に抵抗を呼びかけた姿は、闘争型リーダーの真骨頂であった。1メートル90センチ近い巨体と喜怒哀楽の豊かな表情も、闘士を演出するうえで適していた。反面、急進主義者としての彼のリーダーシップは、安定した秩序の創出にはそぐわなかった。後年、権威主義的な政治運営と予測不可能な振る舞いへの批判が高まるとともに、かつての栄光も陰りを見せる。極端な言い方をすれば、エリツィンは、体制破壊の成功と新体制創出での挫折という両極を体現した指導者であった。

経済の資本主義化

エリツィンのロシアが直面した最大の課題は、社会主義経済から資本主義への移行と経済再建であった。政府はソ連解体直後の1992年1月、「ショック療法」と呼ばれる急進的な経済改革戦略を発表し、一連の改革に着手した。その第一弾が、価格を市場メカニズムに委ねる価格の自由化である。社会主義の下で低く固定されていた食料品など大衆消費物資の価格は高騰し、ハイパーインフレが国民生活を直撃した。

1992年10月、国有企業の民営化が始まる。政府は国民に額面1万ルーブルのバウチャー（私有化証券）を無償配布し、国有企業の株購入を促した。しかし、多くの国民は当座の生活資金を得るためバウチャーを投げ売りし、国有企業の株は一部の人々の手に集中した。マフィアによるバウチャー強奪も相次いだ。

1994年に終わったバウチャー方式に続き、基幹産業の企業について第二段階の民営化、競争入札による政府保有株式の売却が行われた。だが競争とは名ばかりで、実際は談合などにより、特定の銀行・企業が法外な安値で優良国有企業を手に入れた。オリガルヒ（新興財閥）の誕生である（第46章参照）。彼らはテレビ局や新聞などのマスメディアを系列下に置き、政界に強い影響力を及ぼし始める。

こうして歪んだ形ではあれ民営化が進む一方、1990年代後半まで、経済は悪化の一途を辿った。緊縮財政など、IMFが課した厳しい制約の下、政府は積極的な産業政策を打ち出すことができず、工業・農業生産は前年比を下回り続けた。

政治体制の転換

(1)連邦制の模索

ソ連の解体過程で顕在化した中央と地方の対抗は、ロシアにとっても難問であった。1992年3月、政府は地方（連邦構成主体と呼ばれ、当時は21の共和国や49の州など合計89の主体が存在した）と、相互の権限関係を定める連邦条約を結んだ。だが、主権を主張するタタールスタンと独立を求めるチェチェンは調印を拒否した。

エリツィン政権はタタールスタンと個別に交渉を進め、1994年、その要求を大幅に認める内容の連邦条約を締結した。中央の譲歩は他の連邦構成主体を刺激し、天然資源や大企業を擁する共和国と州が相次いで権限拡大を要求した。中央政府はさらに譲歩を余儀なくされた。民主的手続きで連邦形成を図ろうとした試みは、皮肉にも中央―地方関係の極度の遠心化をもたらした。

ボリス・エリツィン

エリツィンはチェチェンに対しては武力で臨んだ。1994年11月、ロシア軍が突如、チェチェンに進攻し、大量の難民を生み出した。国内で反戦の気分が高まるなか、1996年、独立問題を棚上げにして停戦協定が結ばれた。しかし、将来の独立の可否については明確な合意がなく、問題は1990年代末に再燃する。

(2)新憲法の制定と議会政治の低迷

民主主義と自由主義経済の諸原則を謳った新憲法は、1993年12月、国民投票の結果、採択された。しかし、そこに至る過程は順調ではなかった。ソ連時代の憲法では、大統領は議会（人民代議員大会と最高会議）の解散権を持たず、議会の権限が強かった。ショック療法が進められるなか、改革をめぐる保守・穏健派と急進派の対立は、議会と政府の対立という構図をとって尖鋭化した。さらに大統領と副大統領の対立がこれに加わり、政治は混迷の度を深めた。

1993年9月、エリツィンは議会を解散し、新たな二院制議会を創設する旨の大統領令を発して最高会議ビルを封鎖した。議員たちは議会に立てこもって抵抗したが、10月、武力によって制圧された。エリツィン・クーデタである。自由主義経済を実現するために、国家権力の強力な行使が正当化された。体制転換期のロシアにおいて、経済の自由主義と政治の民主主義は必ずしも両立しなかった。

新憲法は、大統領に首相任命権や議会解散権を付与し、「スーパー大統領制」と評される大統領制を定めた。政府と議会の関係は、こうして権限の面で決着がついたとはいえ、エリツィン政権が議会に安定的な基盤を築いたわけではなかった。

新設された議会の下院（国家会議）選挙は、小選挙区比例代表並立制の下、憲法の国民投票と同日に実施された。政権与党は第一党の座を得たものの、小党分立状態のなか、野党が過半数議席を占めた。他方、上院（連邦会議）は連邦構成主体の首長と議会議長が自動的に議員となる仕組みの下で、地方指導者が中央政界に影響力を広げる拠点となった。

１９９５年12月に行われた下院選挙では、共産党が第一党となり、野党の比重がさらに高まった。１９９０年代を通じ、議会と政府の対立が続いたが、その反面、強い行政権力を前に議会は非力な地位にあった。

(3)１９９６年大統領選挙とその後

下院選挙の予兆どおり、エリツィンは厳しい選挙戦を強いられた。エリツィンはオリガルヒとマスメディアの全面的な支援を受け、再選を果たした。オリガルヒは彼の家族と結びつき、政権に対する影響力を一層強めた。

他方、経済はようやく回復基調を示し、１９９８年初頭、通貨を千分の一に切り下げるデノミが実施された。しかし8月、前年のアジア通貨危機の余波を受け、深刻な金融危機に見舞われる。ロシアはデフォルト（債務不履行）の危機に直面した。ＩＭＦ主導の経済改革に対する批判が強まるなか、共産党とも良好な関係にあるプリマコフ首相が誕生した。エリツィンは健康状態の悪化も影響して、ますます求心力を失った。

ロシアの外交――親欧米外交からユーラシア主義へ

体制転換を図るロシアにとって、欧米との友好協力関係は対外政策の基本であった。しかし、ＮＡＴＯ（北大西洋条約機構）の東方拡大とボスニア内戦をめぐって欧米との対立が強まるなか、外交は次第に国益を強調する方向へと傾いていく。その変化は第一に、旧ソ連構成共和国を「近い外国」と位置づけて、ＣＩＳ（独立国家共同体）の再統合を図る試みに示された。実体を伴ったとは言えないが、ロシアは１９９５年、ベラルーシ、カザフスタンと関税同盟を結び、翌年にはキルギスタンを加えて統合強化条約を締結した。とくにベラルーシとは連携を強め、連邦条約をも結ぶ。

第二に、アジア諸国との友好関係を重視する「ユーラシア主義」と多極外交が目指された。１９９６年、エリツィンは中国を訪問し、江沢民《こうたくみん》と戦略的パートナーシップを宣言した。中ロと中央アジア３か国による上海５《ファイブ》も発足する。翌年には懸案の中ロ国境問題が、一部の島を除いてウィン・ウィン原則の下で解決を見た。日本との間でも二度の首脳会談で関係改善が図られた。

ＮＡＴＯの東方拡大をめぐる欧米との対立は、１９９７年の米ロ首脳会談とＮＡＴＯ・ロシア首脳会議で妥協が成立した。ロシアはポーランドなど3か国のＮＡＴＯ加盟を阻止できなかったものの、

G7への参加（G8成立）やNATO・ロシア常設合同理事会の設置などの成果を収めた。しかしそれも束の間、1999年にはNATOが域外での軍事行動を認める新戦略概念を発表するとともにセルビア空爆に踏み切ったことで、関係は悪化した。国際舞台での大国としての地位の回復が、ロシア外交のますます重要な課題となった。

エリツィン時代の終焉

晩年のエリツィン時代は、彼の家族を巻き込んだ贈収賄などの政治腐敗と、ポスト・エリツィンをめぐる対立に彩られた。有力な連邦構成主体の首長が政党を結成し、大統領選挙に向けて活動を活発化した。エリツィンは反撃に出て、次期大統領の最有力候補と目されたプリマコフ首相を1999年5月、突如解任した。8月にプーチンが首相に抜擢されるまで、2年間で4人の首相が更迭された。大統領選挙を控え、エリツィン人事は迷走した。

新首相プーチンはモスクワのアパート爆破事件をチェチェン独立派のテロ行為と断じ、チェチェンへの大規模軍事進攻を開始した。これにより、プーチンは国民の絶大な人気を博すことになる。1999年の大晦日、エリツィンは彼を後継者に指名し、自らの辞任を発表する。テレビを通じた辞任演説で、彼は国民に「夢と希望を実現できなかったことを許してほしい」と率直に謝罪した。ロシアに自由な社会をもたらした多大な功績の一方で、エリツィンは体制転換に伴う苦難と動乱から国民を守ることはできなかった。彼が果たせなかった「豊かで文明的な将来」は次期政権に委ねられた。しかし彼はその実現を見ることなく、2007年、息を引き取る。

（内田健二）

40 ウクライナとロシア
――ウクライナの対ロ姿勢と内政

ウクライナとロシアの間にこの25年に起きたことといえば、たえず続くガス価格・ガスパイプラインをめぐるゴタゴタ、ウクライナに配置された旧ソ連の核兵器の取り扱いについての、ウクライナ＝核保有大国間のブダペスト覚書（１９９４年）、オレンジ革命への介入（２００４年）、ロシア黒海艦隊のセヴァストポリ駐留についての、ウクライナ＝ロシア間のハリコフ合意（２０１０年）、マイダン革命に続くロシアのクリミア併合（２０１４年）、そしてロシアの東ウクライナ介入（２０１４年以後）などが思い浮かぶ。しかし、そうした出来事については概観するだけでも軽く紙幅をオーバーしてしまう。ここではウクライナ人の対露姿勢にどのような特徴があるかを示し、諸事件に対する中心的なアクターの対応を点描するにとどめたい。

ウクライナは１９９１年8月24日に独立した。それはモスクワで発生したクーデタに対応するものだった。ウクライナのクラフチュク政権はクーデタに対して曖昧な態度をとったが、その間にエリツィンがクーデタ政権を倒してしまったので、介入を防ぐために大急ぎで独立を宣言したのだった。同じ理由で8月31日には共産党も禁止してしまった。12月1日に行われた国民投票では90％の圧倒的多数で独立が承認された。同日行われた最初の大統領選挙ではクラフチュクが62％の多数で当選した。

この経過を見ても分かるように、ウクライナの独立は能動的というよりも反応的であった。独立への賛成票は積極的な一体性の感情からというよりも、独立した方が経済的に豊かになりそうだという不確かな予感からだった。12月7〜8日にベラルーシのベラヴェジュの森でロシアのエリツィン、ウクライナのクラフチュク、ベラルーシのシュシュケーヴィチの三者会談が開かれたときに、ウクライナの国民投票の結果が伝えられた。エリツィンはドンバスでさえも独立に賛成票を投じたことに驚いたという。ウクライナが独立するならばソ連邦を維持することはもはや不可能であった。三首脳は連邦の解体に合意し、それに代えて事実上名目だけの「独立国家共同体（ＣＩＳ）」を発足させた。

ウクライナがまとまった形で存在したのは、ソ連邦の一共和国として構成されたからであった。それはウクライナ人が作ったものというよりもモスクワが作ったものであった。１９２２年に作られた「ウクライナ・ソビエト社会主義共和国」はその後西ウクライナ、ザカルパチア、ブコヴィナ、ベッサラビア、クリミアなど版図を拡大したが、それはウクライナ人が欲して獲得したというよりも、モスクワがウクライナへの編入を決定したからであった。したがって、諸地域の間の一体性意識は決して所与ではなく、ようやく独立後に為政者の努力によって形成されるべきものであった。

国家というものが官僚から構成されていると言えば言い過ぎとなろうが、官僚機構が国家の中枢神経をなしていることは否定できない。ウクライナ共和国は高度に中央集権的なソ連という国家の地方行政機関であった。ウクライナ出身であっても旧ソ連の高級官僚はモスクワに集められ、連邦の必要に応じて地方に派遣された。たまたま高級官僚が赴任したとしても、彼は必ずしもウクライナ出身ではないかも知れないし、たとえウクライナ出身であったとしても必ずしもウクライナへの忠誠心を持たないかも知れない。したがって、ウクライナは旧ソ連の全国規模で移動する高級官僚というよりも、ウクライナ共和国内で移動する中級官僚の国家として出発したと言えるだろう。

ウクライナ共産党はウクライナ共和国よりもより実質的な意味を持った。ソ連のなかの最大の共和国であるロシアは１９９０年まで自身の共産党を持たなかったが、ウクライナは１９１８年から一貫して自身の共産党を持つことを許された。ウクライナ共産党はたしかにしばしば弾圧を受けたが、それにもかかわらず連邦共産党の最大の支部であり、そのようなものとして連邦中央に対して大きな圧力を行使し、しばしば目的を達成することができた。この結果、共産党の流れを引く政治家の間ではたとえモスクワに反感を抱くことがあったとしてもモスクワに対して圧力集団行動をとることが政治の要であるという考え方が根づくことになった。

民族意識が明確に発達していたのは１９３９年までポーランド領であった西ウクライナであった。これに対して東ウクライナ、南ウクライナではウクライナ人というよりもソヴィエト人という意識の方が強かった。キエフを中心とする中部ウクライナは中間に位置して、西部に傾いたり、東部、南部に傾いたりした。ウクライナの政治はこれに対応していた。西部を中心とし、１９６０年代から非合法活動を行っていた「ルフ」という民族主義的な政治組織が独立時に大きな影響力を持ったが、その代表チョルノヴィルは第一回大統領選挙でクラフチュクに対して23％しか票をとることができなかった。

これに対して、東部と南部ではソ連時代の支配政党であった共産党の影響力が強かった。クラフチュクは共産党を禁止したが、実はみずからそれまでウクライナ共産党書記で政治局員だったのであり、共産党の中央派を代表していた。共産党の左派としては、モロズに率いられた社会党と、シモネンコに率いられ、1993年6月に再合法化される共産党があった。

ウクライナの現実においては、民族主義的な右派も親露的な左派も単独では多数をとることができなかった。したがって、政治の舞台はつねに中道派に支配されることになった。その点ではウクライナの政党政治は戦後日本やイタリアと似たところがある。異なっているのは中道派政権を支える官僚機構が欠如していたことである。このため歴代の政権は政策能力が弱かった。どの政党も個人政党であって、しっかりとした組織を持たなかった。また厳密な意味での自由主義や社会民主主義の理念政党が生まれなかった。

シモネンコ（2011年、Дозіл надано на офіцій ному сайті (http://symonenko.info/uk) Петра Симоненка）

1994年の大統領選挙ではやや右寄りで民族主義的なクラフチュクと、やや左寄りで親露的なクチマの対決となったが、クチマが勝利した（52%対45%）。ミサイル工場の工場長という経歴を持つクチマは親露政策を継続すると思われたが、大統領に就任するとむしろ親欧的な姿勢をとった。同じ時期にクリミアではメシュコーフという人物が圧倒的支持を得て自治共和国大統領に当選し、対露接近を企てたが、クチマはこれを罷免し、自治共和国の憲法を改正して大統領の地位そのものを廃止してしまった。それはちょうどウクライナの主権の保障と引き換えに核兵器のロシア移管を定めたブダペスト覚書調印の時期と相前後していた。

ヤヌコヴィチとプーチン（2006年、Пресс-служба Президента России）

１９９９年大統領選挙でクチマは共産党のシモネンコと対決して勝利した（56％対38％）。旧ソ連東欧諸国で共産党を名乗る政党が38％もの得票をしたのはおそらくウクライナだけだろう。ウクライナ共産党は１９９０年に発足したばかりのロシア共産党と違ってはるかに社会に根づいていた。それだけではなく共産党としてより旧タイプで、民族主義に傾くことなく、ソヴィエト的アイデンティティを堅持した。しかし、現実にはソ連は消失してしまっているので、それはしばしばユートピア的、イデオロギー的色彩を帯びた。また、現実のロシアはもはやソヴィエトではないので、必ずしも「親露的」とは言えなかった。ウクライナで共産党が多数を占めることはもはやなかったが、有権者の4割近いその票田を誰が、いかに継承するかという問題が残った。

１９９７年にドネツク州にロシア語話者の権利を主張する地域復興党（のちの地域党）が創設され、ドネツク州知事、首相を歴任したヤヌコヴィチの与党となった。共産党票の後退と地域党票の伸張はほぼ連動している。２００４年の大統領選挙はいったんヤヌコヴィチが勝利したものの、オレンジ革命でやり直し選挙となった。このときプーチン・ロシア大統領はヤヌコヴィチ支持を表明して失敗し、以後ウクライナ政治への介入に慎重となった。

ヤヌコヴィチに対して勝利したユシュチェンコは中部ウクライナの出身で、大統領選挙で得た票をもとに「我々のウクライナ」党を立ち上げた。次第に民族主義的、反露的立場をとるようになり、西部で支持を広げたものの、全国的な支持は得られなかった（２００７年議会選挙で14％）。これに対してオレンジ革命においてユシュチェンコと同盟を結んだティモシェンコは、南部のドニェプロペトロフスク出身ながら親欧的なスタンスによって西部、中部の票も集めることに成功した（２００７年議会選挙でユリア・ティモシェンコ・ブロック31％）。ユシュチェンコ大統領＝ティモシェンコ首相の時代にロシアとのガス紛争が頂点に達し、何度もガスの供給を断たれた。

　ユシュチェンコとティモシェンコの関係は次第に険悪となり、２０１０年の大統領選挙ではティモシェンコが決選投票に進んだもののユシュチェンコの支持が得られず、地域党のヤヌコヴィチに敗れた。ヤヌコヴィチ時代にロシア黒海艦隊のセヴァストポリ駐留延長、ガス紛争の鎮静化など対露関係は目立って改善

ユシュチェンコとティモシェンコ（2007年、European People's Party (http://www.flickr.com/photos/45198836@N04)）

マイダン革命（2013年12月17日、Ejensyd提供）

した。しかし、ヤヌコヴィチはそれに対して大きな対価を要求するなどロシアにとって容易な交渉相手ではなかった。おそらくロシアから譲歩を引き出す一つの手段としてＥＵへの接近姿勢も見せた。しかし、２０１３年11月に連合協定調印を拒んで市民の抗議行動を招き、マイダン革命を導き出した。

ロシアはヤヌコヴィチの追放に対してクリミア併合、東ウクライナへの軍事介入という強硬手段で応じたが、それによってウクライナ内での反露派と親露派の勢力バランスを崩してしまった。結果として、ウクライナでは主として中西部の利益を代表するポロシェンコ＝ヤツェニュクの親欧米・反露政権が出現した。

（伊東孝之）

41 ロシア連邦の民族問題
――進行する二つのナショナリズム

民族の概況と連邦制

2010年のロシア連邦の国勢調査によれば、190余の民族集団が登録されている。最多はロシア人で1億1101万690人を数え、総人口1億4285万6500人の約78％を占める。次いで、タタール人、ウクライナ人、バシキール人、チュヴァシ人、チェチェン人と続くがそれぞれ数％に過ぎない。まさに、ロシア人の海のなかに、それ以外の民族集団が点在しているようだ。これらの民族集団の多くが自分たちのホームランド（故郷の地）を持っている。ロシアでは、ある程度の人口規模を持ち、密集して居住している民族集団に自治を与えてきた。ロシアの連邦制は、ロシア人が多数居住する「地方」と「州」、それ以外の民族集団が多数居住する「共和国」「自治州」「自治管区」という連邦主体から構成される。2015年現在、地方9、州46、共和国22、自治州1、自治管区4となっている。近年の傾向として、後者の地域において、ロシア人の割合が増えており、当該の民族集団が絶対多数を占める共和国は、チュヴァシアやチェチェン（チェチュニア）など5共和国に過ぎない。民族集団の人口規模の小さい自治管区ではこの傾向がより強く、1990年代に10あった自治管区の

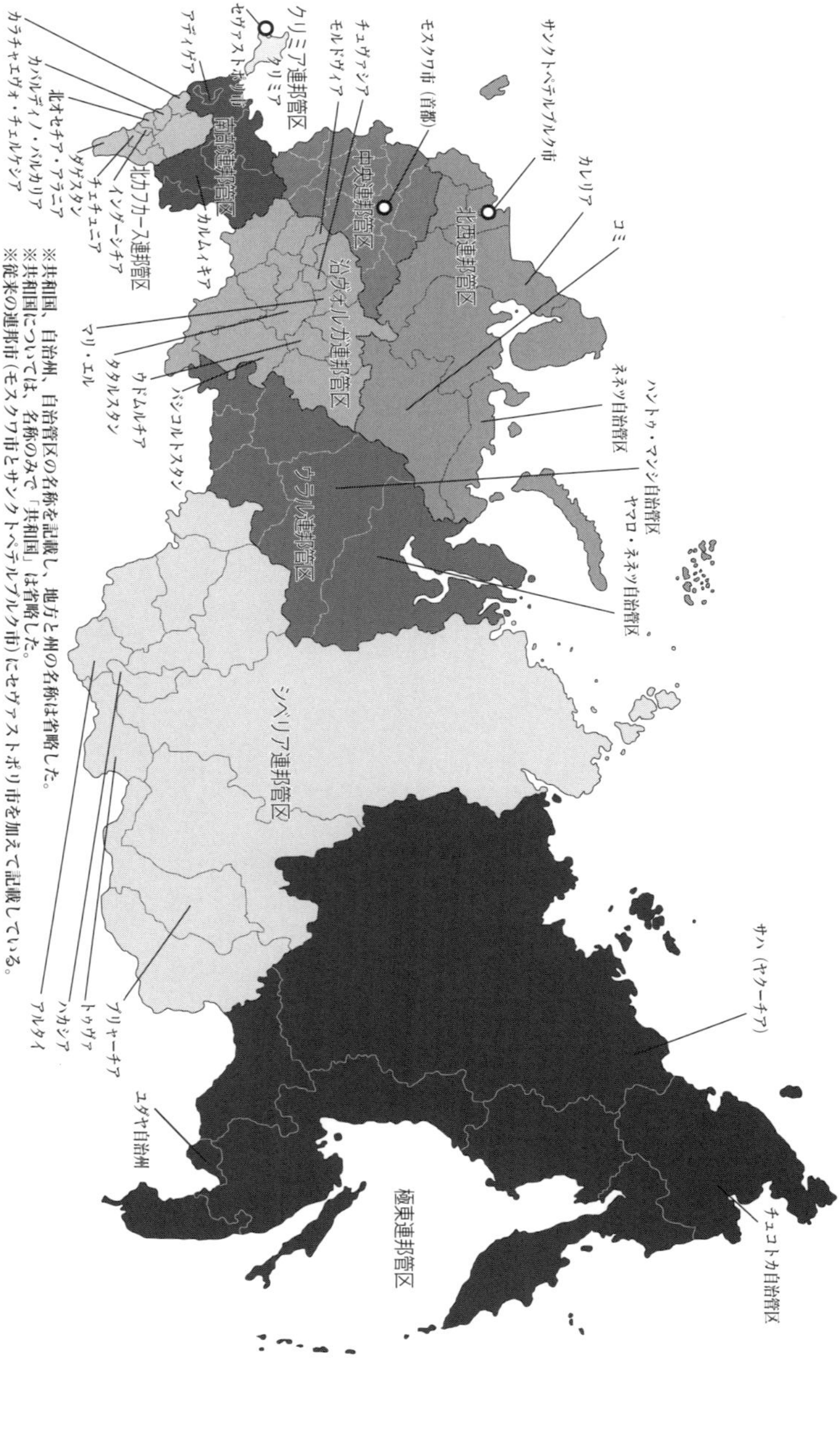

※共和国、自治州、自治管区の名称を記載し、地方と州の名称は省略した。
※共和国については、名称のみで「共和国」は省略した。
※従来の連邦市（モスクワ市とサンクトペテルブルク市）にセヴァストポリ市を加えて記載している。

ロシア連邦における連邦管区と連邦主体

うち6管区が、隣接の地方や州と合併され、廃止された。

２０００年には、共和国や州などの連邦主体から成る七つの連邦管区が設けられた。目的は、連邦政府がこれらの連邦主体を監督し、中央集権化を進めるためだった。２０１０年には南部連邦管区から北カフカース連邦管区が分かれ、２０１４年にはクリミア連邦管区が創設された。クリミア連邦管区はクリミア共和国と連邦市のセヴァストポリを管轄する。

これらの連邦管区のなかで民族問題と関係が深いのは北カフカース連邦管区である。北カフカース連邦管区は、六つの共和国と一つの地方から成る。前者には、コーカサス系、テュルク系、印欧系という多様な民族が居住し、その内部も様々な民族系統に分かれる。また宗教もキリスト教やイスラームなど、多岐にわたり、民族間関係を複雑にしている。後者はスタヴロポリ地方であり、ロシア人が多数を占め、行政上、重要な連邦主体である。六つの共和国はコーカサス山脈

ロシア連邦の民族構成

	民族名	人口（人）	比率（%）
	全人口	142,856,536	
1	ロシア	111,016,896	77.71%
2	タタール *	5,310,649	4.78%
3	ウクライナ	1,927,988	1.35%
4	バシキール *	1,584,554	1.11%
5	チュヴァシ *	1,435,872	1.01%
6	チェチェン *	1,431,360	1.00%
7	アルメニア	1,182,388	0.83%
8	アヴァール **	912,090	0.64%
9	モルドヴァ *	744,237	0.52%
10	カザフ	647,732	0.45%
11	アゼルバイジャン	603,070	0.42%
12	ダルギン **	589,386	0.41%
13	ウドムルト *	552,299	0.39%
14	マリ *	547,605	0.38%
15	オセット *	528,515	0.37%
16	ベラルーシ	521,443	0.37%
17	カバルダ *	516,826	0.36%
18	クムイク *	503,060	0.35%
19	ヤクート（サハ）*	478,085	0.33%
20	レズギン **	473,722	0.33%

出所：2010年全ロシア国勢調査（http://www.gks.ru/free_doc/new_site/perepis2010/croc/perepis_itogi1612.htm）
注）*：共和国を持つ民族。**：ダゲスタン共和国の民族。

に沿って並び、南側のジョージア（グルジア）とアゼルバイジャンと国境を成す。１９９０年代から２０００年代を通じ、民族間関係が緊張し、チェチェンでは紛争が勃発した。北カフカース連邦管区は、こうした不安定要因を除去し、この地域の発展を目指すために創設されたのである。

チェチェン紛争の影響

チェチェン紛争とは、ロシア連邦からの独立を求めて、チェチェン独立派がロシア軍と戦った2度の紛争を指す。１９９１年11月、チェチェン民族主義者のジョハル・ドゥダーエフがチェチェン共和国大統領に就任した。１９９３年12月、ロシア政府は反ドゥダーエフ派を支援するため軍隊をチェチェン領内に投入し、第一次紛争が開始された。ロシア軍とチェチェン独立派との激しい戦闘が続いたが、１９９６年8月末に共和国の地位を２００１年まで先送りするというハサヴユルト合意に調印し、停戦した。

１９９７年1月にはチェチェン共和国の大統領選挙で、軍事司令官だったアスラン・マスハドフが選出された。マスハドフは連邦政府との関係正常化を試みたが、シャミル・バサエフら独立派武装勢力の一部はそれに賛同せず、１９９９年8月、イスラーム国家を樹立する目的で隣接するダゲスタン共和国に侵入した。これに対し、ロシア軍が介入し、第二次紛争が始まった。ロシア軍の掃討作戦に対し、チェチェン独立派武装勢力はテロで応戦した。２００９年4月、ロシア政府は武装勢力の掃討が完了したと発表し、10年に及ぶ紛争は終結した。

この紛争はロシアの民族問題に二つの重大な影響を与えた。第一は、民族問題にイスラーム過激主義が持ち込まれたことである。ロシアでは原理主義的な過激思想を持つ集団を「ワッハーブ派」と呼ぶ。チェチェンでは、第一次紛争時に外国人兵士が参加し、チェチェン独立派のイスラーム化が進行していた。第一次紛争後、「ワッハーブ派」の拠点のダゲスタン共和国からその勢力の中心がチェチェンに移動した。その結果、チェチェンではワッハーブ主義は宗教的な側面だけでなく、軍事的な側面を通しても急速に拡大した。

第二は、戦闘にテロリズムが使用され始めたことである。軍備や兵力において圧倒的に見劣りがするチェチェン独立派武装勢力は、テロリズムを使って、戦局を有利にしようと画策した。さらに、ロシア政府の苛烈な掃討作戦に直面し、チェチェン独立派は自爆テロへとテロ行為の方法を変更していった。自爆テロが初めて敢行されたのは、2000年6月、女性2人によるもので、標的は内務省関係の臨時司令部であった。自爆テロの主たる標的は、チェチェン共和国内の軍事施設であった。その後、チェチェン内の軍事施設の監視や防御態勢が強化され、チェチェンからの報道が規制・遮断されたため、2002年以降はモスクワなどの大都市やチェチェン近隣の主要都市へと自爆テロの対象地域は拡大していった。

小規模な自爆テロ事件とは別に、大規模な人質事件も発生した。2002年10月23日、モスクワ市内ドブロフカ劇場に40人の武装集団が入り込み、ミュージカル「ノスト・オルド」を鑑賞していた観客ら858人を人質に取り、58時間にわたって拘束した。連邦保安局の特殊部隊によってテロ実行犯はすべて殺害された。しかし、そのとき使用された神経ガスのために人質128人が犠牲になった。2004年9月1日には、北カフカースの北オセチア共和国ベスラン市の学校が38人の武装集団によって占拠された。当日は新学期の始業式に当たり、教師と生徒、保護者や親族ら約１２００人が人質となった。９月３日に連邦政府の特殊部隊による救出作戦が敢行されたが、３８６人が死亡し、７００人以上が負傷した。この二つの事件のテロリスト側の要求は、チェチェンにおけるロシア軍の掃討作戦の中止を訴えるものであった。

こうした不特定多数の市民を狙ったテロが起こる一方、政府の要人を狙ったテロも発生した。２００４年5月9日、チェチェンの首都のグロズヌイ市で戦勝記念式典が競技場で開かれていた。観覧席が爆弾によって吹き飛ばされ、式典に参加していたアフマド・カディロフ・チェチェン共和国大統領をはじめ、政府や軍の高官らが多数死亡した。

世界は、２００１年9月11日のアメリカ同時多発テロ事件を契機にイスラーム過激派の活動に警戒するようになるが、ロシアでは、それより数年前から「ワッハーブ派」によるテロ事件が発生していた。紛争終結後にはテロ事件は減少したが、２０１０年代になってからも列車や地下鉄、バスなどの交通機関、鉄道の駅や空港などを狙ったテロ事件が散発的に起こっている。

二つのナショナリズム

ロシアでは二つの相反するナショナリズムが進行している。第一は、ロシア人による「国家」を目指し、ロシア的な価値観に諸民族を統合しようとする動きである。シベリアにおける民族地域（自治管区）のロシア人地域（地方や州）への統合はこの流れに沿ったものである。第二は、第一の流れとは逆に「国民」を「民族」という共同性のより小さな単位へと分解していく圧力として作用するものである。国民から民族、さらにその下部集団へとばらばらに分けられた人々は、ロシアという「国家」への帰属意識を失い、新たな価値、すなわち、普遍的な思想を求めるようになる。カフカースにおいてその思想に該当したのが、イスラーム原理主義であった。カフカース地方のダゲスタン共和国における政情不安やモスクワなど大都市でのテロリズムの脅威は、こうした傾向から生み出されているのである。

（野田岳人）

【注】クリミア共和国について、ロシア政府は2014年3月18日にロシア連邦、クリミア共和国、セヴァストポリ連邦市との間で調印した条約に基づき、クリミア共和国とセヴァストポリ市を編入したと主張している。しかし、国際連合やウクライナ、西側諸国などは主権・領土の一体性やウクライナ憲法違反などを理由にその編入を認めていない。本章ではロシア連邦の現状をより理解しやすくするためにクリミア共和国をロシアの連邦主体として記述している。

42 よみがえる宗教
――民族的伝統としての正教と正教民族としての記憶

宗教はよみがえったのか？

「ソ連時代、宗教は禁止されていて、人々は教会に通ったり、復活祭やクリスマスなどを祝ったりすることができなかった。しかしソ連が解体した現在、ロシア正教会は国家的な宗教として復興した」。ソ連解体前後の宗教をめぐる社会状況の変化についてこのような考え方は、ロシアについて関心を持つ外国人のみならず、多くのロシア市民にとってのいわゆる「常識」である。ソ連時代、一般市民は宗教施設に通ったり宗教的祝日を祝ったりすることが社会的な地位を失うことに直結することを直接的・間接的に見聞きしていたため、大半の人が「宗教は禁止されている」と考えていた。一方でソ連解体後には、各地で教会やモスク、寺院などが急速に復興したのみならず、国の政治的リーダーと政府公認の宗教団体の指導者たちの密接な関係が連日報道されている。２０１３年に全露世論調査センターが行った調査では、ロシア正教について、44％の回答者が国家的・公的な宗教と見なしていることが明らかになった。

しかし、こうした生活に基づいた感覚は、必ずしもソ連時代の宗教状況の全体像を反映しているわけではない。ソ連時代にも多くの人々が宗教的慣習や伝統に従って生きていたし、現在の宗教団体や信仰心の在り方は、革命以前の過去の復活ではない。法制度についてみれば、ソ連憲法は一度たりとも個人の私的な宗教的実践や信仰を禁止したことはなかった。翻って、現在の憲法もロシア連邦を世俗国家であると謳い、国教の存在を定めていない。ただし、ソ連時代には学校を含む公共空間における宗教活動を禁じる法（1929年「宗教団体に関する」法）が存在したし、現在はロシア正教会が社会において「特別な役割」を担うことを明記している法律（1997年「良心の自由と宗教団体に関する」連邦法）が定められている。

本章では、ロシア民族の伝統的な宗教と見なされるロシア正教会を中心に、近年のロシアにおける宗教の社会的位置づけについて検討を加えてみたい。

民族と宗教——遠心力か、求心力か

現代ロシアの宗教について語る際、無視することのできないのが1997年に採択された「良心の自由と宗教団体に関する」連邦法である。その前文は次のように謳っている。

「ロシア連邦議会は、［……］ロシア連邦が世俗国家であることに基づき、ロシア史および、ロシアの精神性と文化の生成と発展における正教の特別な役割を認め、キリスト教、イスラーム、仏教、ユダヤ教ならびにロシア諸民族の歴史遺産の不可欠な一部を構成する諸宗教を尊重し、良心の自由と信仰の自由にかかわる諸問題における相互理解、寛容、尊敬の促進の重要性に鑑み、本連邦法を承認する。」

現在のロシア国家の礎であるキエフ・ルーシは988年、ビザンツ帝国よりキリスト教東方正教を受け入れた。東方正教とはローマを中心に発展したカトリックとは異なる教義、典礼、教会慣行を持つキリスト教会である。16世紀以降のロシア国家の拡大に従い、イスラーム、仏教、ユダヤ教に加え、アルメニア正教やグルジア正教といった独自の宗教を信奉する地域を併合し、ロシアは多様な宗教を抱え込んだ。先に紹介した連邦法の前文が強調しているのは、民族ごとの伝統的宗教の尊重ということなのである。すなわち、ロシア、ベラルーシ、ウクライナの東スラブ民族は正教を、タタールやバシキール、北カフカースの諸民族らはイスラームを、ブリヤート、トゥバ、カルムィク民族は仏教を、ユダヤ人はユダヤ教を……といった具合に、宗教は民族的伝統やアイデンティティと結びつけられている。これらの宗教はロシア連邦を構成する主要な民族の精神的支柱であり、彼らが独立を志向するとき、多民族国家を解体する遠心力になりうる。現在のロシアにおいて、公的支援を受けられる宗教とは、「多様性」を担保しながらロシア国家への帰属と忠誠を支える求心力でなくてはならないのである。

爆発的に増加した「信者」

以下では民族的伝統としての宗教が持つ社会的影響力について考えてみたい。まず、宗教組織の規模を示す信者数であるが、何をもって「信者」と見なすのかは、学術的に定義されたものではなく、政治性によって容易に操作される。定期的に教会に通い聖体拝領を受けるいわゆる伝統的な信者は、人口の10％に満たないといわれるが、「正教徒」を自認する人々の割合は人口の60％以上に及ぶ。極端な場合には、すべての民族的ロシア人は正教徒であると定義して、人口の80％以上が正教徒であると主張されることとすらある。第二の多数派であるムスリムについても、人口の５％程度から25％まで、調査によって大きな開きがある。

教区（ある一定の地域の教会に集う聖職者と信者の共同体）について見てみると、現在のロシア正教会は３万以上の教区をロシア国内に抱えており、ロシアのイスラーム組織の統括機構である中央ムスリム宗務局は２５００以上の共同体を束ねていることがわかる。１９８６年にロシア正教会が（現在のロシア連邦の前身のロシア共和国ではなく）ソ連全体で約６８００の教区しか持たず、ムスリム宗務局に所属した共同体が１９８０年には94であったことを考えると、ソ連解体後の数年間にいかに爆発的に信者が増加したかがわかる。言い換えれば、現在のロシアで何らかの信者であることを自認する人々のほとんどが、ソ連解体後に信仰を見出したということである。こうした信者たちのなかには、たまに教会に行ったところで、祈禱の仕方はもちろん、正しい十字の切り方さえ知らないという人も少なくない。

彼らのなかには当然、かつての「無神論者」も含まれる。こうした彼らの信仰の在り方を軽薄だとか変節だとか非難するよりも、宗教と個人のかかわり方は「信仰」の問題であると同時に、社会状況に大きく左右される側面を持つと考える方が適切であろう。

爆発的に増加した聖人

ポストソ連社会で爆発的に増加したのは教会や信者ばかりではない。ロシア正教会においては、

聖人へのとりなしを頼む信者の「手紙」。「健康、財産、収入、豊かさ、愛情……」と書き手の望むものが書き連ねられている。

ニコライ2世一家の埋葬地とされる聖地で、説明を受ける巡礼・旅行者。

様々な救いをもとめて聖人に神へのとりなしを祈るという宗教実践が伝統的に行われてきた。ソ連解体後の信者たちは、極めて熱心に聖人崇敬を実践している。そして、正教会は過去の人物を列聖することによって社会的影響力を行使しているのである。

ソ連時代にいったん下火になった列聖が本格的に再開されたのは、ペレストロイカの時代に祝われた１９８８年のロシア受洗千年祭で、この時には中世から帝政期の君主、司祭、修道士、一般信徒出身の義人などが列聖された。その後、教会はソ連時代に迫害によって命を落とした人々の列聖に乗り出し、最後の皇帝ニコライ二世を筆頭に現在までに１７６５名が列聖された。政治的テロルの犠牲者である彼／彼女を「新致命者（殉教者）」とすることで、無神論や社会主義体制に命を懸けて抵抗し、信仰やロシアの伝統を守り続けたのは正教会である、新しいロシアの精神復興を担うのは正教の精神に他ならないという教会の歴史認識を示す手段となった。ところが、ソ連時代の再評価が著しい現在、新致命者の位置づけは正教会にとって

聖マトローナの墓があったとされる場所に並ぶ巡礼者

微妙なものとなり、他方で現代の信者の崇敬もほとんど集めていない。多くが聖職者や修道士であり、豊かな宗教知識に基づいた信仰を信条として生きた新致命者たちは、世俗化した現代の信者たちの共感を呼びにくいのである。

現在篤い崇敬を受ける聖人の一人にモスクワの聖マトローナ（1881〜1952年）がいる。生まれつき盲目で、若い頃に患った病のために下半身不随だった。信仰に篤く、日常の様々な悩みを抱える隣人たちを助けるために、様々な予言をしたといわれている。1990年代、この女性についての聖者伝が出版されると、それはゆっくりと確実に多くの人々の心を捉えていった。「私のお墓へ来て、あなたの悲しみを生者に語るようにお話しなさい。私はあなたを見て、あなたの話を聞き、助けましょう」。マトローナは、死に際してこう言い残したとされる。彼女に祈るために、現代の信者の多くが忘れてしまった、教会での作法や祈禱の言葉はいらない。マトローナにとりなしを求める信者たちは、信仰のために命を賭した聖職者よりも、都市の片隅でひっそりと信仰の灯を守り続けた老女の姿に、ソ連時代の信仰の形の理想形を見るのだろう。マトローナへの祈りには、健康や家庭、仕事や金銭の問題解決といった日常の幸福の追求ばかりでなく、真摯かつ素朴で善良な正教の信仰という伝統の上に、現代の信者たちも立っているのだという確認の意味が込められているようにも見えるのである。

（高橋沙奈美）

43 経済体制の転換

――石油・ガスに依存する粗野な資本主義の実現

体制転換の背景

１９９１年12月にソ連が崩壊し、新生国家として独立したロシアの課題の一つは、経済体制の転換を行うことであった。社会主義経済システムから資本主義経済システムへの体制転換に関しては、二つの大きな課題があった。社会主義経済システムにおいては、資本主義経済システムの二つの特徴である生産手段の市場取引と私的所有が否定されていたので、それらを復活させるという課題、すなわち、市場の復活（狭義の市場経済化）と私有化という課題であった。これに加えて、経済の安定化という課題も同時に解決しなければならなかった。ソ連崩壊前の経済は、財政赤字、対外債務、物不足、インフレ圧力など、マクロ経済に関して深刻な問題を抱えていたからである。

このような課題には旧ソ連・東欧の各国が直面しており、ソ連崩壊前からどのように対処するかについての検討が進められた。そして、その対処の方法として、ワシントン・コンセンサスという考え方が出された。これは、元々は累積債務の問題を抱える発展途上国に対する経済政策として国際通貨基金（ＩＭＦ）や世界銀行などのエコノミストによって考えられたもので、新古典派理論に基づく市場原理主義の考え方を背景にするものであった。具体的には、補助金削減や税制改革による財政再建策、貿易や金利などの自由化や規制緩和措置、国営企業の民営化策などを含むものであった。

この考え方に忠実な政策がショック療法と呼ばれるもので、このような痛みを伴う措置を短期間で実施しようとするものであり、ポーランドなどで実際に採用された。ロシアにおいても、１９９０年に改革派経済学者のシャタリンらを中心に作成されたいわゆる５００日計画は、このような急進的な経済改革を目指すものであった。エリツィンは基本的にこのアプローチを採用し、改革派のガイダル副首相を陣頭に立てて経済体制転換に臨むことになった。

市場経済化

ロシアの経済体制転換は、１９９２年1月2日における価格自由化により開始された。価格自由化は、生産財で80％、消費財で90％の製品に及んだ。価格国家規制が残されたのは、石油、天然ガス、電力、貨物運賃、パン、牛乳、ガソリン、旅客運賃などであり、これらの国家規制価格は3～5倍に引上げられた。

同年1月29日には「商業の自由」と題する大統領令が出され、同日より、あらゆる形態の企業および市民に対して、何らの特別の許可なしに商業活動を行う権利が認められた。この商業の自由化は、自由な市場取引を認めるものであり、価格自由化と並んで、市場経済化の重要な措置であった。

対外経済関係の領域においても、一連の自由化策が取られた。既に１９９１年11月15日に対外経済活動の自由化に関する大統領令が出され、同日より、何らの登録なしに、対外経済活動を行う権利がすべての企業に与えられた。輸出入の許可制・割当制などは残されたものの、貿易を中心に対外開放が急速に進展することとなった。

為替レートに関しては、１９９２年6月14日付の大統領令により、7月1日からレートが一本化され、外貨市場の需給に基づいて中央銀行がレートを定める制度が導入された。この後、外貨の取引に関しても、急速に自由化が進められていった。

このような急速な経済の自由化は、経済の大混乱をもたらした。価格自由化は、１９９２年の1年間に26倍もの消費者価格上昇をもたらした。企業間の取引は自由に行うことができるようになったが、インフレなどの影響で、多くの企業が支払い困難に陥り、企業間の未払い問題がロシア経済全体を覆うようになった。給与・年金などの遅配も常態化した。このため、政府は国有企業の債務救済措置を取るなどの緊急の対応を迫られることとなった。

このように、ショック療法的なやり方での市場経済化策は、とても成功したとは言えなかった。この大きな原因は、企業の圧倒的多数が依然として国有であるという点にあった。ソ連時代の国有企業は、様々な社会的機能（病院・幼稚園の運営、道路・住宅の建設・補修等々）を果たしてきたので、こうした企業の倒産を許すわけにはいかなかった。そのようななかでは、結局のところ、債務を抱えた企業を国が救済するほかはなかったのである。

私有化

経済体制転換におけるもう一つの重要な課題である私有化は、いわゆる「バウチャー私有化」とい

ロシアの経済成長と国家予算の収支

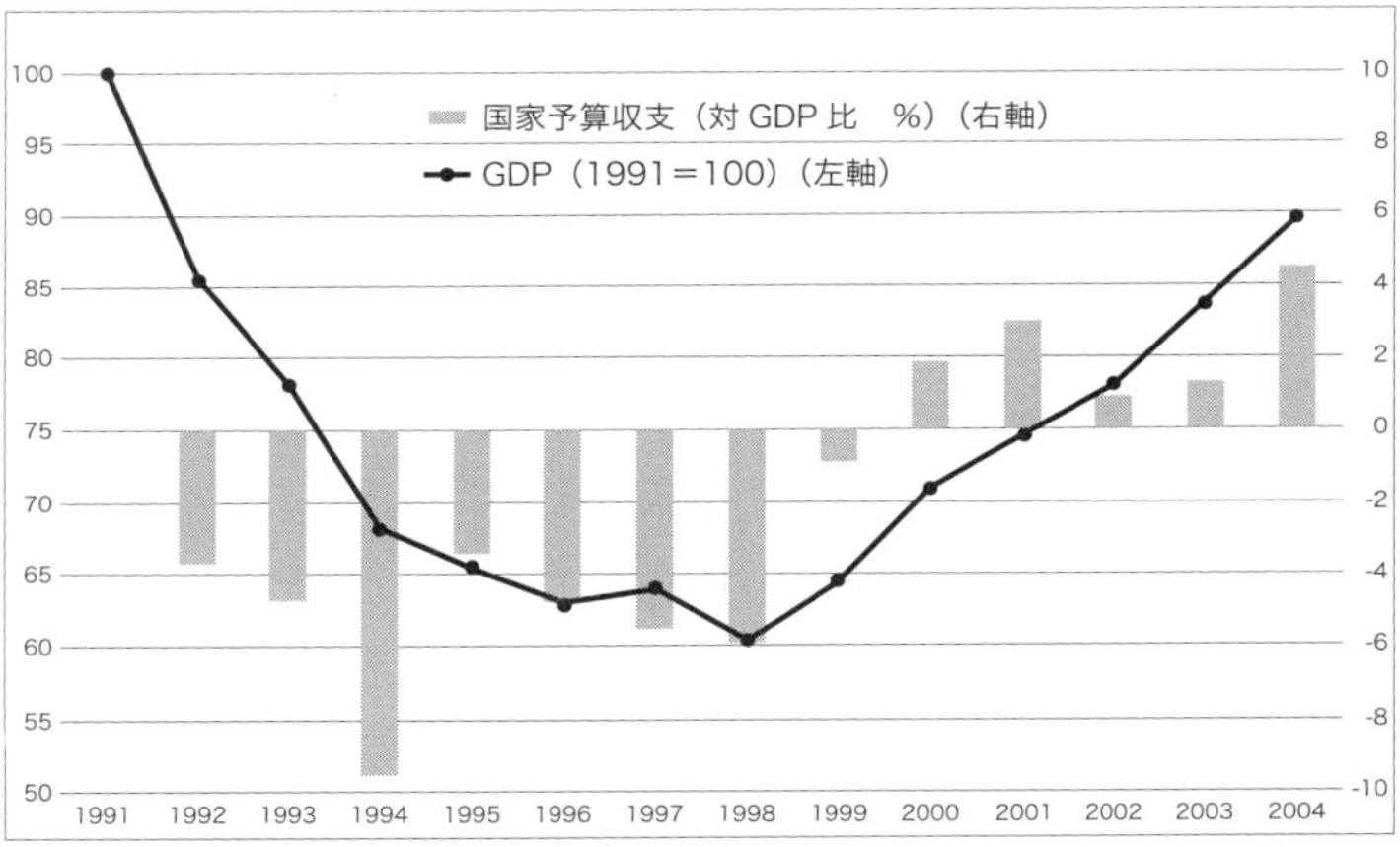

出所：ロシア統計局と財務省のデータから作成。

う方法で進められた。すなわち、1992年第4四半期に額面価格1万ルーブルの私有化小切手（バウチャー）が国民全員に一人1枚ずつ配布され、私有化される企業の株を購入することができるとされた（1992年10月の平均月賃金は8900ルーブル）。実質的に企業のすべてが国有であり、豊富な資金を持つ個人が不在という状況下では、このような方法を取るほかはなかったのである。企業の株式会社への再編の際に従業員に優先的な特典が与えられたこともあって、多くの場合、企業従業員が企業株式の一定部分を所有する事態が生じた。この後1994年頃までは、商店・食堂など小企業の私有化は売却という方式で進み、大企業の私有化は、まず株式会社に再編されて、その株が私有化小切手によって売却されるという方式で進んだ。

その後は有償での私有化が進むと期待されたが、金融市場の整備が遅れているなかで、なかなか進展しなかった。そこで、1995年第4四半期には「担保オークション」と呼ばれる新しい方式での私有化が始められた。これは、国有企業の資産を担保に国が銀行から資金を借入れるもので、入札にかけられた資産に対して最大の貸付額を提示した銀行が資金提供者に選ばれる。国が借入れを返済して、株を買い戻すことは実質的に想定されていなかったことから、これは事実上の国有資産払下げであった。対象となった企業が石油部門をはじめとする大企業であったにもかかわらず、その落札額が極めて低く、不透明な取引が多かったことなどから、この方法での私有化は1997年には終止符を打たれた。

資本主義経済システムに転換するためには、資本所有者を生み出さなくてはならない。岩田昌征《いわたまさゆき》はこのプロセスを階級形成闘争と呼んだが、担保オークション以降のロシアの私有化は、そのような様相をますます強めるものであり、「オリガルヒ」と呼ばれる大富豪が生まれてくることとなった（第46章参照）。1992年以降のロシアの私有化を主導したのは、副首相などを歴任したチュバイスであるが、彼自身もオリガルヒの一人と見なされるようになった。ロシア社会は10年くらいの間に資産を持つ少数の者と持たざる多数の者に分割されたのである。

通貨・金融危機（1998年）

急速な経済自由化策などによる経済の大混乱は1994年頃にはある程度の終息を見せ、インフレ率（消費者価格上昇率）は1994年には年間3・2倍となった。しかし、財政赤字は縮小せず、1995年からは、ロシアはIMFなど国際金融機関の融資や国債の発行で財政赤字を賄うこととなった。IMFからの融資については、財政やその他の政策について条件を付けられたので、1995～1997年においてロシアはワシントン・コンセンサスに従わざるを得なかった。

1997年にタイから始まったアジア通貨危機は、財政赤字が大きいなかで固定的な為替制度を維持していたロシアにも波及した。ロシアの国債市場は次第に外国人にも購入が開放されるようになり、国際金融機関からの借入れを含めると、財政赤字の7割以上が外国によって賄われているような状態になっていたのである。1998年8月、ロシアは事実上の通貨切下げ、国債取引の停止などを宣言した。これがロシア通貨・金融危機である。

この通貨・金融危機は、ワシントン・コンセンサスに基づく経済体制転換がロシアにおいて行き詰まったことを意味した。ロシアのGDPは、1992～1998年の7年間にほぼ4割縮小した。その後、1999年に首相、2000年に大統領に就任したプーチンの下で、石油価格高騰を背景にロシア経済は急速に回復していったが、それによる財政収入の増加もあって、ロシアはワシントン・コンセンサスから完全に離脱し、独自の経済政策を取るようになっていった。

それでは、2000年代前半頃の時点で、ロシアは資本主義経済になったと見なされるのであろうか。資本所有者が形成され、民間部門で資本の再生産が行われるようになったこと、貨幣経済になったことなどは明らかであった。その一方で、国家による経済への関与、私有企業への干渉などは大きく、私的所有権が未だ十分には確立されていないと見なされるような事件も度々起きた。銀行部門を含めて、国有企業・組織の比重が依然として高く、銀行の金融仲介機能が未発達であることも指摘できる。筆者は2004年に執筆した塩原俊彦《しおばらとしひこ》との共著論文で、このようなロシア経済を「石油・ガスに依存する粗野な資本主義」と規定したことがあるが、現在でもこの規定は有効であると考える。

（田畑伸一郎）

44 農業・農村問題
――生産の集中化と農村の過疎化の進行

計画経済から市場経済へ、閉鎖経済から開放経済へのシステム移行

ロシアは、1992年以降、計画経済から市場経済化へ、および、閉鎖経済から開放経済への二つの大きなシステム移行を行った。

1990年代は、経済は混乱し、農業生産も縮小した。2000年代に入ると、主要輸出品目の原油価格の上昇により、2008年を除き、安定した高い成長を続けた。2014年後半からは、原油安、ルーブル安により、経済実績は悪化した。

計画経済において、農業部門では、効率が悪く、採算に問題のあるコルホーズ・ソフホーズに対して、平均的な生産レベルにまで、独力で更生できるよう調達価格を高度に差別化する政策等がとられた。生産物の販路は、国家によって保証され、コルホーズ・ソフホーズは安定した運営が行われた。農業就業者の労働報酬は、国民経済のほぼ平均なみであった。国民に安価に畜産物を供給するために、大量のトウモロコシ等の飼料穀物を輸入するとともに、畜産物への多額の価格差補助金が支出されていた。農業向けに手厚い予算措置がとられていた。

このような状況は、市場経済への移行により、激変した。農業生産物の販売価格は、条件不良地域

の事情を配慮することなしに、市場の需給により決定され、それは、激しく変動するものであった。コルホーズ・ソフホーズを継承した農業組織のなかには多数の破産するものが出ている。農業就業者の労働報酬は、国民経済の平均の約半分となった。畜産物の価格差補助金は廃止され、国家予算の農業向け比率は、1990年代の改革前には18～20％であったものが、現在では、約1％となっている。農業の上流部門と下流部門の独占状態が維持されたまま価格の自由化が行われたため、農業の必要とする工業製品の価格上昇率は、農業生産物の販売価格の上昇率を上回り、また、小売価格中の農業の取り分の比率は低下し、農業にとって不利な状況となった。開放経済への移行により、安くて品質のよい食料が大量に輸入される一方で、西側の優れた営農システム、農業機械、農薬等の導入により、営農技術の進歩に寄与している。

1992年から2014年の間に、農業組織の保有する機械の台数は、トラクターや穀物コンバインでは約8割も減少し、保有する機械の約7割は老朽化した。このため農作業の実施期間は、適期の2倍となり、適期が守られていない。

化学肥料の施用量は、1990年から2000年の間に、86％も減少し、その後、増加に転じ、2014年には、2000年よりも36％も増加したが、1990年に対し81％減である。有機質肥料の施用量は、1990年から2005年の間に、88％も減少し、その後、2014年には2005年より32％も増加したが、1990年に対し85％減となっている。2014年において、播種面積のうちの施用した面積の比率は、化学肥料では47％、有機質肥料では8・2％にとどまっている。2000年からの化学肥料、2005年からの有機質肥料の施用量の増加は、後述するように、穀物等の単位面積当たりの収量の増加に寄与している。しかし、改革年次において、土壌中の有効成分の奪われる量は、その投入量の3倍と言われ、土壌中の有効成分を食いつぶしながら生産が行われている。また、土地改良事業も後退し、酸性土壌の改善やエロージョン防止作業の実施も極めて低い水準にある。

農業生産は、クラスノダール地方や中央黒土地帯、沿ヴォルガ、ウラル、西シベリアと延びる肥沃な黒土の地域で、集中的に行われている。しかし、この地域は、スッテプや半ステップであり、土壌水分が不足するおそれがあり、穀物収量の豊凶変動が大きい。２０００年代に入ると、小麦を中心とする輸出が増大しこれが強力な刺激となって、これらの地域では、２０００年頃より、多くの農業組織を傘下において、農産物の生産、加工、販売、輸出などを行うホールデングが出現し、積極的な投資を行っている。

２０００年代に入っての農業生産の回復

２０００年代に入って小麦を中心とする穀物部門や養鶏部門が、２００５年からは養豚部門が増産傾向を示している。

穀物の年平均収量は、１９９６~２０００年の６５１０万トンに対し、２００１~２００５年は７８８０万トン、２００６~２０１０年は８５２０万トン、２０１１~２０１４年は９７００万トンと増加したが、これは、主として単位面積当たり収量の増によるものであった。穀物のなかでは、小麦の比率が上昇している。１９９２年から２０１４年の間に収量は、ヒマワリが２・１倍、テンサイが31％増、野菜が55％増となったが、ばれいしょは18％減であった。

ロシアにおける主要農業生産物の生産推移（単位：農産物：百万トン：食肉1千トン：牛乳：百万トン：鶏卵：10億コ）

	1992	2000	2005	2009	2010	2011	2012	2013	2014
穀物	106.9	65.4	77.8	97.1	61.0	94.2	70.9	92.4	105.3
テンサイ	25.5	14.1	21.3	24.9	22.3	47.6	45.1	39.3	33.5
ヒマワリ	3.1	3.9	6.5	6.5	5.3	9.7	8.0	10.6	9.0
ばれいしょ	38.3	29.5	28.1	31.1	21.1	32.7	29.5	30.2	31.5
野菜	10.0	10.8	11.3	13.4	12.1	14.7	14.6	14.7	15.5
牛肉	3632	1898	1809	1741	1727	1625	1642	1633	1634
豚肉	2784	1578	1569	2169	2331	2428	2559	2816	2981
家きん肉	1428	768	1388	2555	2847	3204	3625	3831	4157
牛乳	47.2	32.3	31.1	32.6	31.8	31.6	31.8	30.5	30.8
鶏卵	42.9	34.1	37.1	39.4	40.6	41.1	42.0	41.3	41.8

畜産については、飼料の量的不足やその品質の低さ、および、飼料穀物のうちのかなりが配合飼料に加工されずに給与されていることが、とくに、牛の部門での停滞の原因となっている。

１９９２年から２０１４年の間に、牛肉や山羊・羊肉が急減し、豚肉は微増だったのに対し、家きん肉が大幅に伸びている。畜産の生産性は向上している。養鶏や養豚は、２０００年代に入って、最新の生産設備や飼育管理技術による大規模な工業的生産が進展したこと、養鶏については、高い生産性を持つ人工ふ化の鶏およびハイブリッドのひなが大量に輸入されていることが、増産をもたらしている。

農業総生産に占める比率は、１９９２年から２０１４年の間に、農業組織は、67・１％から48・６％へ、住民経営は31・８％から48・６％へ、農民経営は１・１％から10・０％へと変化した。２０１４年の品目別割合を見ると、農業組織は、穀物、テンサイ、食肉で、住民経営は、野菜で高く、牛乳は、農業組織と住民経営で担われている。住民経営は、食肉と鶏卵で、農民経営は、穀物、テンサイでかなりの比率を持っている。

深刻化する農業問題

現在、耕作放棄地が耕地の3分の1の4100万ha（カナダの全耕地、フランスの耕地の2倍）、荒廃した放牧地が1500万haもある。農業組織は多数破産し、その就業者は、1990年から2008年の間に5分の1にまで減少した。このような状況は農村問題を深刻化させている。

農村においては、貧困と失業が集中している。農村は都市に比べ、医療や教育の面で立ち遅れている。良質の飲料は、農村住民の5分の2のみしか確保されておらず、居住民100人以下の農村集落では、商業や生活サービスの店舗がなく、移動販売車もやってこない。農村集落の3分の1は舗装した道路がない。農村の無人化も進んでいる。

小麦輸出の増加傾向

小麦の輸出量は、2000年の59万トンに対し、2005年には、1030万トン、2014年には2214万トンと増加した。2015年にも大量輸出が見込まれている。不作年の2010年でも1185万トン、2013年でも1380万トンであった。小麦の生産量が増大したこと、主として牛の部門の落ち込みにより、飼料穀物が減少したこと、2008年にはリーマン・ショックによりルーブル安となり、小麦の輸出競争力が向上したことに加えて、ロシアを含め世界での異常気象の頻発による主要国での凶作や、米国におけるエタノール向けトウモロコシの使用量が増加（2013／14年には、1億3000万トン）したことによる国際的な穀物価格が上昇したこと等がロシアの小麦輸出を増大させた。また、2015年には、国際穀物価格が低迷し、米国の小麦は採算割れになるなかで、ロシアは急激なルーブル安による競争力の強化により輸出を伸ばしている。

世界経済のなかのロシア農業

ロシアは、世界経済のなかに包摂されており、その自国本位の対外活動は、ロシアとその関係国に重大な影響を及ぼすおそれがある。2014年の武力によるクリミアの併合等に対する西側主要国による経済制裁やこれに対抗するロシアのこれら諸国に対する食料の禁輸は、関係国に大きな打撃を与えている。ロシアの今後における慎重な行動が要請されている。

世界的な人口増と開発諸国の所得増により、今後も食料需要の拡大が見込まれる。広大な農用地と、2014年に、620万人もの農業就業者を抱えるロシアは、将来的には大きな発展の可能性を有していると言えよう。

（柴崎嘉之）

45 プーチン
──無名の治安幹部から世界レベルの大統領へ

プーチンって誰だ（1999〜2004年）

1999年8月、ロシア連邦保安庁長官であったプーチンが首相に抜擢された時、ロシアも世界も「プーチンって誰だ」という問いを発した。そして誰もが、プーチンは、それ以前の首相と同じく、すぐに解任されるものと見ていた。だがプーチンはその後大統領となり、対抗勢力を次々と制圧することにより、ほぼ2004年秋までに強固な権力基盤を構築した。

最初の対抗勢力は「チェチェンの分離主義者」であった。プーチンは、大量砲撃と特殊部隊投入を経て、最終的に、チェチェンに親モスクワ政権を樹立することに成功した。ロシア国民は、1999年9月の住宅地での連続爆破テロ事件への怯えと反発から、プーチンの行動を支持した。この爆破事件後の会見でプーチンは「チェチェンの悪党どもを便所でぶちのめす」と述べ、卑俗な言葉で強い決意を表明した。プーチン支持率は首相就任時の一桁台から一気に上昇し、11月には4割に届いた。12月、エリツィンは大統領職を早期辞任し、これにより、プーチンは大統領代行という有利な立場で2000年3月の選挙に臨めることとなった。

「垂直的権力」を掲げ大統領に就任したプーチンは、各地方でしばしば権力を濫用していた「公選知事勢力」の制圧に臨み、知事の上院議員兼務を廃止し、裁判手続きを経ての知事解任権も得た。2004年秋にはロシア南部都市ベスランでの小学校占拠テロ事件後、テロ対策を口実として、知事公選制を廃止した。

ついで、プーチンは、「メディア財閥」を国外退出に追い込み、三大全国テレビネットワークを政権の管理下においた。今日に至るまでロシア国民の大半はテレビから政治情報を得ており、ネット上の言論自由は残されてはいるものの、政権による情報管理がある程度達成されている。

さらに2003年秋、野党勢力を支援していた「石油財閥ホドルコフスキー」を、脱税と詐欺容疑により逮捕し、その資産を没収し、国家石油企業の強化をはかった。これに伴いエリツィン政権時代からの幹部を辞任に追い込み、かわって治安機関出身者（「シロヴィキ」と呼ばれた）が要職を占めることとなった。

ウラジーミル・プーチン（2006年、Kremlin.ru (http://www.kremlin.ru)）

プーチンは、以上のように権力集中をはかりつつも、経済面では、「「一律13%の所得税」「法人税減税（35%を24%へ）」に代表されるようにリベラル路線を貫いた。その運営は、財務相クドリンを中心とする、プーチンのサンクトペテルブルク副市長時代の同僚たちがあたることとなった。

プーチン二期目		メドヴェージェフ		プーチン三期目		
2005 年	2007 年	2009 年	2011 年	2013 年	2014 年	2015 年
73	87	79	63	65	85	85
6.4	8.5	-7.8	4.3	1.3	0.6	-3.8
5300	9100	8600	13000	15000	12700	8400
54	73	62	111	109	99	54

プーチンみたいな彼（２００５～２０１０年）

その後ロシア経済は、原油価格上昇を背景に、順調な成長を遂げ、２０００年から２００８年までのＧＤＰ年平均成長率約７％を達成し、一人当たりＧＤＰも２００８年に１万１千ドルを超えた。貧困者の割合も２０００年の29％から２０１０年の13％へと激減した。

次第にプーチン賛美の声が多く聞かれるようになり、その一つ「プーチンみたいな彼」というポップソングは「強くて、お酒に溺れず、私を怒らせず、逃げ出さないプーチンみたいな彼（が欲しい）」と歌った。プーチンはこうした国民の期待に応えるかのように、幾多のパフォーマンスを実施した。とりわけ潜水艇、戦闘機からＦ１マシーン、ハンググライダーに至るまでの乗り物に挑戦する姿は、活動的で強い政治家というイメージを作り出した。さらに毎年春には、テレビを通して国民の質問に答えるという対話ショーを行い、ロシア国民と共にある姿を演出し続けた。

２００７年の下院選挙でプーチンは与党「統一ロシア党」の候補者リスト筆頭に名を連ね、同党は3分の2以上の議席を得て勝利した。翌年5月、プーチンは「この8年間をガレー船の奴隷のように働いた」と語って、憲法に従い、二期で大統領職を終えた。だが政界を退くことは

表1　プーチン支持率と経済統計

	大統領	エリツィン二期目	プーチン一期目	
	年	1999年	2001年	2003年
1	プーチン支持率（%）［12月］	79	73	86
2	GDP成長率（%）	6.3	5.1	7.3
3	一人当たりGDP（ドル）	2000	2100	3000
4	原油価格（ドル）［ブレント種］	18	24	29

出所：
1．レヴァダセンター（独立系世論調査機関）http://www.levada.ru/
2．3．4．IMF統計。

なく、後任のメドヴェージェフ大統領のもとで首相を務めた。両者の組み合わせは「タンデム（二人乗り自転車）」と呼ばれたが、実質的な最終決定権は、実績と権威と下院多数議席を持つプーチンのもとにあった。

２００８年秋、ロシア経済もリーマンショックに襲われた。だがクドリン財務相主導のもと、それまでの抑制的な財政運営により蓄積した予備資金をクッションとし、この危機を短期日に乗り越えた。

プーチンなしのロシアを（２０１１〜２０１３年）

危機を乗り越えたものの、ロシア経済はかつてのような勢いを取り戻さなかった。そのようななかで２０１１年、12年の議会選挙、大統領選挙の時期が迫ってきていた。微弱ながらもリベラル傾向を持ったメドヴェージェフが大統領に再選されることで、シロヴィキグループの力が削がれ、権力エリート間のパワーバランスが崩れる恐れがあった。おそらくそれを最大の理由として、プーチンは自らの再出馬を決め、プーチンとメドヴェージェフが首相と大統領の地位を交換しあうこととなった。両者のポスト交換は「権力の私物化」と批判された。加えて、クドリン財務相がメドヴェージェフと対立し、政権を離れることとなった。

このような権力継承時の混乱を背景に、反対派活動家のナヴァーリ

表2　プーチン時代の選挙結果

大統領選挙

	2000年	2004年	2008年	2012年
投票率(%)	68	64	70	65
一位	プーチン	プーチン	メドヴェージェフ	プーチン
得票率(%)	53	71	70	64
二位	ジュガーノフ*1	ハリトーノフ＊2	ジュガーノフ	ジュガーノフ
得票率(%)	29	14	18	17

国家会議（議会下院）選挙／定数450

	1999年	2003年	2007年	2011年	2016年
投票率(%)	62	56	62	60	48
与党議席	81	306	315	238	343
比例一位	共産党	統一ロシア党	統一ロシア党	統一ロシア党	統一ロシア党
得票率(%)	24	36	64	49	54
比例二位	統一＊3	共産党	共産党	共産党	共産党
得票率(%)	23	13	12	19	13

＊1　ジュガーノフは共産党（正式名称はロシア連邦共産党）議長である。
＊2　ハリトーノフは共産党の代表候補者である。
＊3「統一」が最初のプーチン与党。この党が中道左派政党「祖国ロシア」と合体して「統一ロシア党」を形成。
出所：ロシア連邦中央選挙委員会ウェブサイトほか。
http://cikrf.ru/banners/vib_arhiv/

ヌイは腐敗追及を活発化させ、与党・統一ロシア党を「ペテン師と泥棒の党」と批判した。その発言はネットメディアに拡散した。プーチンは不人気な統一ロシア党から距離を置き、メドヴェージェフを同党の議長として下院選挙を戦わせた。統一ロシア党は議席を減らしたもののかろうじて過半数を確保した。だが選挙後、大都市を中心に、選挙不正を追及する大抗議行動が発生した。以前の選挙に比べて極端にひどい不正があったわけではないが、人々の認識の変化が抗議行動を呼び起こしていた。プーチン時代に生まれた都市の新中間層が、さらなる経済的な豊かさと、さらなる政治的な透明性を追い求め、それを提供できない政権への不満を表明したのである。抗議者たちは「プーチンなしのロシア」をスローガンとすることとなった。

２０１２年３月の大統領選挙でプーチンは過半数を得たものの、得票率７割を切る結果となった。とくにモスクワ市で５割を切ったことは大都市での不満を示していた。勝利集会でプーチンは「ロシアの独立性」を脅かそうとする者たちのシナリオが破綻したと強調した。その後、知事公選制復活等の譲歩策と、ナヴァーリヌィ逮捕等の強硬策を織り交ぜ、政権復帰に伴う動揺を鎮静化させた。私的生活面では、2013年6月、30年間連れ添ったリュドミーラ夫人との離婚を発表した。普通の生活を望む妻と、「仕事（政治）」に没頭する夫との「すれ違い」が原因であった。

プーチンなければロシアなし（2014年以降）

2014年2月、プーチンが精力を傾注してきたソチ冬季五輪は成功裏に終幕したが、その同じ時期にウクライナでは親ロシア政権の転覆が起き、対抗措置としてプーチンはクリミアのロシア編入を断行した。だが欧米の経済制裁により、資本不足、インフレ、それを追うようにして原油価格低下とルーブル下落がロシア経済を襲った。

こうした状況で、大統領府のある幹部は、経済制裁でロシアが割れることはなく、国民は、「プーチンなければロシアなし」と考えていると語った。だがこれは逆に言えば、統治3期目にしてなお制度が十分機能せず、大統領による「手動制御」を常に必要としているということでもあった。しかもその手動制御が確実に機能しているわけでもなかった。実際、2012年大統領就任のさいにプーチンが指示した政策につき、政府の実行は半分であった。

2015年9月末、経済実績改善のないなかで、プーチンはシリアでの対テロ空爆作戦に乗り出した。愛国宣伝の下で、プーチン支持率はほぼ9割に達した。米国誌『フォーブス』は、3年連続で、プーチンを「世界で影響力ある者」リストのトップに位置付けた。国防産業を統括する副首相ロゴージンは、シリアでの対テロ作戦において、ロシアの軍事産業の発展が示されたと誇った。２０１５年12月の年次教書でプーチンはそれを確認し「国防産業で働くすべての技術者、労働者」への謝意を表明した。軍事費は予算において年金（27％）についで2位（21％）となり、ＧＤＰの約４％を占めることとなった。

とはいえ、同じ年次教書でプーチンは、「何も変えなければたんに蓄えを食いつぶしてしまい、経済成長はほぼゼロとなる」と警告し、「企業の自由が最重要」と強く主張してもいた。改革の具体案をプーチンが提示したわけではないが、２０１６年春、クドリン前財務相をブレーンの一人（大統領附置経済評議会副議長）とし、改革着手への含みをもたせた。一方、大統領府長官イヴァノフの退任（ただしロシア安保会議メンバーとしては残留）が示すように、プーチンと同世代の治安機関出身者たちは、政権中枢からはやや外れることとなった。

同年9月の下院選挙は与党の圧勝となったが、投票率はソ連崩壊後の議会選挙で初めて5割を切ることとなり、国民が政治を醒めた目で見ていることをうかがわせた。また外交打開策としてのシリア紛争への介入も、かえって米国との対立を激化させ、ある種の手詰まり状態に陥っている。

プーチンがこのまま対外強硬路線をさらに推し進め、軍事ポピュリズムの道を歩むのか。それとも２０００年代初めのように再度リベラル化と欧米関係改善を求めるのか。あるいは明確な方向を打ち出せないまま、時を浪費するのか。２０１８年大統領選挙を前にして、プーチン・ロシアは再び岐路に立たされていると言えよう。

（永綱憲悟）

46 オリガルヒ
――国有エネルギー資産の民営化で生まれた寡占資本家

ロシアは広大な土地を占有した資源大国である。天然ガス、石油、石炭などエネルギー資源が豊富だ。英国シンクタンクの王立国際問題研究所（チャタムハウス）によれば、世界の貯蔵量でロシアが占める割合は、天然ガスが45％、石炭が23％、ウラニウムが14％、石油は13％で、ロシアの石油生産量、輸出量は世界最大だ。天然ガスと石油の輸出はロシアの全輸出額の6割以上を占め、国内総生産（GDP）の3割を超える。

ゴルバチョフ政権以前の社会主義ソ連の時代、政府が国有資産としてすべてのエネルギー資源を管理していた。ところが、ゴルバチョフ時代に協同組合（コーポラチヴ）方式、賃貸借契約（アレンダ）など市場経済が徐々に取り入れられ、ソ連解体後のエリツィン政権下で一気に、エネルギー分野も含めて国有財産の民営化がなし崩しに進められた。

オリガルヒとは、英語のoligarchの複数形で、寡占資本家を意味するロシア語である。新興財閥とも訳される。オリガルヒはロシアの資本主義化の過程で形成された。エリツィン政権下でほとんどの国営企業が民営化され、多くの企業長や支配人らはそのまま民営企業のトップに収まって、オリガルヒに変身した。彼らは「新ロシア人」「ニューリッチ」などと呼ばれた。

ガスプロム本社ビル
（撮影：Andrey Ivanov）

例えば、エネルギー分野では、ソ連時代のガス工業省は国家コンツェルンの「ガスプロム」と形を変え、政府系巨大独占ガス企業「ガスプロム」中心の「ガスプロム・グループ」を形成した。国営石油採掘企業３社から民営化で形成された「ルクオイル・グループ」、冶金工業省を基盤とした「ノリリスク・ニッケル」などが典型で、それに１９９２年電力持ち株会社として設立された「統一エネルギー・システム」も、ソ連時代のほとんどの電力国家資産を引き継いだ。また、旧銀行を中心に民営化によって形成された金融資本を中心に部門別を超えた幅広いグループ、「アルファ・グループ」「ＳＢＳアグロ・グループ」「モスト・グループ」などが誕生した。

それぞれのグループや企業のトップはオリガルヒの範疇に入る。これらの新興財閥は１９９３年12月のエリツィン大統領令によって「金融産業グループ（ＦＰＧ）」と認定され、１９９５年11月に成立したＦＰＧ法には、新興財閥への投資の金融支援、連邦構成体の支援・協力、関税の免除など優遇措置が盛り込まれ、新興財閥の基盤が固まった。

エリツィン政権を支えたオリガルヒ

エリツィン政権下でチェルノムイルジンのように首相の重職を経験したオリガルヒもいたが、エリツィンによるオリガルヒ優遇は、オリガルヒの政治への干渉、政府とオリガルヒとの間の癒着を生み、汚職や腐敗の温床となった。また、１９９６年の大統領選挙で、形勢不利と見られたエリツィンが再選されたのも、主にオリガルヒ支配下のメディアの貢献が大きかった。エリツィンは選挙後、その功績に応えて後述のベレゾフスキー、ポターニン、チュバイスらを閣僚に取り込んだ。そのほとんどはセミヤー（エリツィンのファミリー）の一員として側近政治を取り仕切った。彼らは「政商」「政界の黒幕」「クレプトクラツ（泥棒）」などと呼ばれた（第39章参照）。

ここでは、ロシア国家の主要産業であるエネルギーや資源関連部門の主要なオリガルヒを簡単に紹介しよう。詳細は参考文献に掲げた『オリガルヒ』を参照されたい。

①ガスプロム・グループ

▽ヴィクトル・チェルノムイルジン（1938～2010年）――ガス工業省次官、ガス工業相から国家コンツェルン「ガスプロム」社長に横滑り。燃料エネルギー・コンプレックス担当副首相、首相（1992～1998年）を務める。下院議員。のちにウクライナ駐在大使。

▽レム・ヴャヒレフ（1934年～）――ガス工業省第一次官から半国営独占企業「ガスプロム」副社長、社長、社長に就任した。

▽アレクセイ・ミレル（1962年～）――2000年プーチン大統領によってエネルギー省次官に任命されたあと、半国営企業「ガスプロム」社長（CEO）に就任。

②ルクオイル・グループ

▽ヴァギト・アレクペロフ（1950年～）――アゼルバイジャン人。ソ連石油工業相次官、第一次官を歴任し、1991年末に三つの石油関連企業を合同して、ソ連で初めての国際石油コンツェルンで、ロシア最大の民間石油会社「ルクオイル」を創設し、会長に就任した。

③シブネフチ・グループ

▽ボリス・ベレゾフスキー（１９４６～２０１３年）――オリガルヒの代表と目された人物。応用数学博士。自動車販売会社・複合企業「ロゴヴァス」を設立し、巨利を手にした。「シブネフチ」創設者の一人。航空会社「アエロフロート」の大株主でもあった。テレビや新聞を買収するなどメディア界にも進出した。１９９６年エリツィン大統領再選後、論功行賞でロシア安全保障会議副書記に任命され、チェチェン問題を担当。下院議員に選ばれた。反オリガルヒ・キャンペーンを張るプーチン大統領と折り合いがつかず、２００１年に英国亡命。数々の訴訟などで資産を使い果たしたためか、ロンドン郊外の別荘で自殺した。

▽ロマン・アブラモヴィチ（１９６６年～）――20代後半、ベレゾフスキーが創設した石油企業「シブネフチ」や「ロゴヴァス」の管理を任された。「シブネフチ」取締役。アルミ企業最大手「ルサル」も掌握した。ベレゾフスキーとともに「セミヤー」に近づき、エリツィン一家の金庫番とも言われた。１９９９年12月の下院選挙でチュクチ自治管区知事選で当選。イングランド・サッカー・チーム「チェルシー」を買収して話題を提供した。

④ロスネフチ

▽セルゲイ・ボグダンチコフ（１９５７年～）――大学卒業後、サハリンの石油企業「サハリンレギオン」で働く。ソ連解体後、「サハリンモール・ネフチェガス」取締役をへて、ロシア最大の国営石油会社「ロスネフチ」社長に。さらに「ロスネフチ」とガスプロムの石油生産部門の合同で成立した「ガスプロムネフチ」の社長に就任した。

⑤統一エネルギー・システム（ＵＥＳ）

▽アナトーリー・チュバイス（1955年〜）——ベラルーシ人。エリツィン時代、ロシア国家資産管理委員会議長、民営化担当副首相、第一副首相（有価証券委員会担当）を歴任して民営化を促進した。1996年エリツィン再選の論功行賞として大統領府長官に就任。「セミヤー」の一員でもあり、「エリツィン政権の摂政」と言われた。その後、第一副首相兼蔵相に任命されるも、翌年解任、「統一エネルギーシステム（UES）」会長に就任。その後「ロシア・ナノテクノロジー（ロスナノテク）」社長に。

⑥ルサール（ロシア・アルミニウム）

オレグ・デリパスカ（1968年〜）——「サヤンスク・アルミニウム」を買収して社長に就任。1997年「シベリア・アルミニウム」を設立し、「シブネフチ」と共同で「ルサル（ロシア・アルミニウム）」創設後、社長に就いた。同社は全ロシアのアルミニウムの約70%、世界生産の約8分の1を占める。資産管理会社「ベーシック・エレメント」も設立。大手保険会社「インゴストラッフ」などを傘下に置いた。

⑦インターロス・グループ

▽ミハイル・プロホロフ（1965年〜）——銀行出身のオリガルヒであるが、1996年「ノリリスク・ニッケル」理事に選出され、のちに社長に就任。石油会社「シダンコ」の理事会メンバーにも選ばれた。96年のエリツィン再選後、第一副首相に任命された金融オリガルヒの一人、「インターロス」社長ウラジーミル・ポターニン（1961年〜）は親友であり、ビジネスパートナーである。

⑧レノヴァ・グループ

▽ヴィクトル・ヴェクセリベルグ（1957年〜）——1990年に、ロシアのアルミ、石油、エネ

ルギー、通信などの分野のコングロマリット（複合企業体）「レノヴァ」を創設し、支配人、社長に。ロシア第二のアルミニウム企業「スアル」を設立し、会長に就任。ロシア3番目の石油・ガス会社「チュメニ・オイル」会長にも。

⑨セーヴェルスターリ

▽アレクセイ・モルダショフ（1965年～）――鉄鋼、エネルギー、炭鉱会社に関連する複合企業体「セーヴェルスターリ」の大株主で、最高経営責任者（CEO）。「スーパー・オリガルヒ」「鋼鉄のプリンス」などと呼ばれた。

⑩スルグトネフチェガス

▽ウラジーミル・ボグダノフ（1951年～）――「ユガンスクネフチェガス」幹部から生産合同（後に株式会社）「スルグトネフチェガス副総支配人（掘削担当）、総支配人に。

⑪ユコス・グループ

▽ミハイル・ホドルコフスキー（1963年～）――コムソコール（全ソ共産青年同盟）幹部時代に企業活動を始めた。金融クレジット企業合同からロシア最初の民間銀行になった「メナテップ」銀行頭取に。ロシア連邦燃料エネルギー省次官、石油会社「ユコス」社長に。プーチン政権下の2003年10月脱税などの容疑で逮捕された。政治的野心を疑われた。禁固9年（のちに8年）の判決を受けて、シベリアの刑務所に収監された。2013年12月プーチン大統領による恩赦で釈放されたが、国外からプーチン批判を強めている。

（中澤孝之）

47 プーチン外交
——欧米との「協調」から「対立」へ

「ユーラシア主義」に回帰

プーチン大統領の外交姿勢の基本を三つ挙げるとすれば、(1)現実を直視したプラグマティズム（実利主義）、(2)国連の役割重視、(3)多極化した国際秩序の追求——になるだろう。プーチン政権の外交方針は、ソ連崩壊後に親西欧外交を展開したエリツィン政権のコズイレフ外相による「大西洋主義」を修正し、中国やインドなども含めた全方位外交に転じたプリマコフ外相（のちに首相）主導の「ユーラシア主義」を引き継いだものと言える。

2000年にプーチンがエリツィン大統領（当時）から政権を引き継いだ時、ソ連崩壊後の混乱とアジア通貨危機の影響で経済は破綻状態にあり、ロシア連邦軍は独立を主張する南部チェチェン共和国に2度目の進攻をしていた。外交面では北大西洋条約機構（NATO）の東方拡大が続き、ロシアと同じ正教の信者が多いユーゴスラヴィアへのNATO空爆や、チェチェンでのロシア軍の人権侵害問題をめぐって欧米との関係は悪化していた。こうしたなか、プーチンは大統領選前の1999年12月末に発表した政策論文「ミレニアムのはざまのロシア」で、超大国の地位から滑り落ちたロシアが置かれた厳しい現状を率直に指摘し、「強いロシアの復活」を唱えた。

プーチン政権とロシア外交の主な出来事

2000 年 5 月	プーチン政権発足
2001 年 7 月	中ロ善隣友好協力条約調印
9 月	米中枢同時テロ発生。対米協力を表明
10 月	米英が対アフガニスタン空爆開始
2002 年 5 月	「NATO ロシア理事会」創設に合意
2003 年 3 月	米国主導のイラク戦争開戦
2004 年 3 月	プーチン大統領再選。バルト三国などが NATO に加盟
11 〜 12 月	ウクライナで親欧米派による「オレンジ革命」
2005 年 3 月	キルギスの「チューリップ革命」でアカエフ政権崩壊
5 月	ウズベキスタンでアンディジャン暴動
2006 年 7 月	サンクトペテルブルクで G8 首脳会議開催
2007 年 2 月	ミュンヘン安全保障国際会議でプーチンが欧米を非難
2008 年 5 月	ロシアでメドヴェージェフ大統領就任、プーチンは首相に
2009 年 1 月	米国でオバマ政権発足
2010 年 4 月	米ロが新戦略兵器削減条約（新 START）調印
2011 年 8 月	リビアでカダフィ政権崩壊
2012 年 5 月	プーチンが大統領に復帰
9 月	ウラジオストクでアジア太平洋経済協力会議（APEC）首脳会議開催
2014 年 2 月	ウクライナでヤヌコビッチ政権崩壊
3 月	ロシアがウクライナのクリミアを編入。G7 が G8 からロシアを排除
9 月	米国などがシリアで「イスラム国」への空爆開始
2015 年 9 月	ロシアがシリア空爆開始

　就任後間もない２０００年７月に発表された「ロシア連邦の外交政策概念」は、外交の優先課題として「個人、社会、国家の利益の擁護」と「グローバル化する世界経済システムにロシア経済を組み込み発展させること」を挙げ、ロシア外交は独立した、予見可能な、互恵的プラグマティズムに立脚したものであり、目的と達成可能性のバランスが取れた合理的なものであるべきだと表明している。その上で、米国による「一極集中」に対抗し多極化した世界で一極を占めること、旧ソ連圏＝独立国家共同体（ＣＩＳ）地域の重視、米国や欧州連合（ＥＵ）との協

調、核軍縮、NATOとの協力、主要国（G8）への積極参加、国際テロとの戦いなどを掲げた。これらの原則の多くは、今もプーチン政権の外交姿勢の基本として貫かれている。プーチン自身の欧米に対する厳しい批判などのため、プーチン政権の外交政策は反欧米的・攻撃的で、冷戦時代のような超大国の地位復活を求めていると見る向きもあるが、プーチンのロシアは欧米との対立を自ら好んで求めているわけではない。

ただプーチンがメドヴェージェフ大統領の下で首相職に就いていた「双頭体制」と呼ばれる4年間を含めれば、プーチン主導の政権は発足以来16年以上になる。この間、ロシアを取り巻く国際情勢は大きく変わり、それに伴ってプーチンの外交姿勢、とくに対欧米関係には変遷が見られる。大まかに言えば、欧米との協調を模索した政権発足から2004年の大統領再選のころまで（第一期）、対欧米関係で思うような成果がなく懐疑と不満を募らせた2011年ごろまで（第二期）、そしてプーチンが首相から大統領に復帰し、欧米との対立も辞さない強硬姿勢に転じた2012年5月以降（第三期）に分けることが可能だろう。外交姿勢の変化は、ソ連崩壊後の混乱からロシアを立て直し、国力を回復させて、ウクライナ南部クリミア半島の一方的編入とG8からの排除に至るプーチン政権の歩みを反映している。

第一期でプーチンが重視したのは、欧米との関係改善と中国との関係の安定化であった。2000年5月に大統領として政権を引き継いだ時には、国内経済を回復させ発展に導くため、NATOのユーゴ空爆やチェチェン問題をめぐって悪化していた欧米との関係を改善させる必要があった。また長い国境を接している上、東部国境が画定していなかった中国との間で安全保障を確保することも喫

戦勝60周年記念で各国首脳と談笑するプーチン（2005年5月9日、Kremlin.ru (http://www.kremlin.ru)）

緊の課題だった。プーチンは2001年7月に中ロ善隣友好協力条約を結び、2004年には訪中して胡錦濤《こきんとう》国家主席と全国境の画定で合意、2005年に国境問題を最終決着させた。

2001年9月11日に起きた米中枢同時テロはプーチンにとって対米協調に舵を切る絶好の機会となった。プーチンは、ロシアはテロとの戦いで米国と共同行動を取る用意があると表明し、対米支援5項目を発表した。さらにキルギス、ウズベキスタンなど伝統的にロシアの勢力圏である旧ソ連中央アジア諸国で米軍がアフガニスタンでの軍事行動のために軍事基地を設置することまで容認した。米国との対テロ協調には、ロシア軍のチェチェン進攻を国際テロとの戦いの一部として欧米に容認させるという思惑もあった。2002年5月には「NATOロシア理事会」が設立され、ロシアは加盟こそしないものの、NATOと密接な協力関係に入った。

イラク戦争、旧ソ連圏混乱が転機に

しかし2003年、ブッシュ米政権がフセイン政権による化学兵器保有を理由に国連安全保障理事会の決議なしにイラク戦争を開始したことにロシアはフランス、ドイツなどと共に反対を唱え、米国との関係にすきま風が吹き始める。2004年3月にプーチンはロシア大統領に再選されるが、同じ月に旧ソ連のバルト三国を含む東欧七か国がNATOに加盟した。同年11～12月に起きたウクライナの「オレンジ革命」、翌2005年3月のキルギスでの「チューリップ革命」、同5月のウズベキスタンのアンディジャン暴動などを見て、プーチンは欧米が旧ソ連圏で民主化革命をたきつけて親ロシア政権の転覆を図っていると受け止め、不信を募らせていく。2006年にロシアで初めてのG8首脳会議サンクトペテルブルク・サミットを開催したプーチンだが、翌2007年2月のミュンヘン安全保障国際会議では「米国の一極支配はただの一つも問題を解決できなかった」と主張、「欧州に新たな分断線が引かれようとしている」と述べてNATOの東方拡大を「約束違反」だと非難し、欧米との対決姿勢を鮮明にした。この「ミュンヘン演説」は、対欧米協調を探ってきたプーチン政権の外交路線の転機と見なされている。

2008～12年のいわゆる「双頭体制」では、オバマ米大統領と個人的に親しくなり米国との協調を指向するメドヴェージェフ大統領に対し、首相プーチンは懐疑的態度を取った。2009年の米国でのオバマ政権発足により外交上も「米ロ関係のリセット」が唱えられ、両国関係は表面的には改善されたかに見えた。しかし実際にはグルジアの親米サーカシビリ政権との2008年の軍事衝突、2011年のリビアへのNATO軍事介入が起きた。NATOの空爆支援を受けた反体制派の一斉蜂起によりリビアの最高指導者カダフィ大佐が死亡したことを「国際法違反」と強く非難したプーチンは欧米のリビア介入を黙認したメドヴェージェフの再選を許さず、自身が大統領に復帰する決断をする。

プーチン復帰後、ロシアは2014年2月のウクライナでの政変の際にロシア系住民が多数を占めるクリミア半島に秘密裏にロシア軍部隊を派遣して実効支配を固め、3月には編入を断行した。このためロシアはG8から追放され、欧米との対立は決定的になった。プーチンは2015年9月にはシリア軍事介入に踏み切る。国連総会で過激派組織「イスラム国」（IS）掃討での「大連合」形成を呼び掛けた直後の空爆開始にはIS対策を名目にした対欧米接近の意図がうかがえるが、国外での武力行使も辞さないロシアの強い姿勢はさらに明確になった。

欧米との関係が曲折する間も、プーチン政権は中国とは一貫して良好な関係を保ち続けた。世界第二の経済大国となり、国連安保理の常任理事国でもある中国との協調は外交戦略の基軸となっている。対米関係の早期改善が見込めない状況にあって、ロシアは今後も対中協力の維持に腐心するだろう。

大統領復帰後のプーチン外交の要の一つが「アジア重視」だ。この方針は2000年の外交政策概念にも示されていたが、中国との関係発展以外は大きな進展がなかった。しかしNATOの東方拡大や米国のミサイル防衛（MD）施設東欧配備などで欧米への不信を強めたロシアは、豊富な資源を埋蔵するシベリア・極東地域の開発を今後のロシア経済発展の牽引車とするべく、ロシア極東に地理的に近いアジアとの関係発展に本腰を入れ始めた。ウクライナ危機で欧米から経済制裁を科されたロシアにとって、アジア重視は一層大きな意味を持っている。

だがアジア有数の経済規模を持つ日本との関係が北方領土問題などのために進展しないこともあって、アジア重視政策に期待されたほどの成果は上がっていない。2016年12月のプーチン訪日を前にロシアが日本との対話を急速に進展させた背景には、安倍晋三《あべしんぞう》政権が打ち出した8項目の経済協力を受けて対アジア外交の打開を目指すプーチンの戦略があると考えられる。

（佐藤親賢）

48 ロシア独自の安全保障観

――影響圏的発想と過剰な国防意識

常に厳しいロシアの安全保障環境

ソ連時代から、ロシアは軍事力に依拠した力の信奉者であり、300%の安全保障を追求とすると言われてきた。最近でも、2008年のジョージア紛争、2014年のウクライナ危機など、政治目的を達成するために軍事力を行使する事例が見受けられる。また、2015年9月末からロシアはシリア領内において空爆を開始したが、ソ連軍によるアフガニスタン侵攻以来、36年ぶりの本格的な国外軍事展開となった。こうしたロシアの行動様式には、日本人には理解しがたいロシア独自の安全保障観が関係している。

ロシア語には、「安全（security）」という言葉はなく、「危険が無い（bezopasnost'）」という表現しかない。ロシア人は、相手との関係において生じる「危険が無い状態」に対する感覚が過剰であり、「安全」という心安らかな積極的な概念は存在しない。たとえ何らかの方法で「安全」が確保されたとしても、いつそれが壊れるかもしれないと常に怯える気持ちが根底にあり、それがロシア独自の過剰な国防意識につながっている。その「危険が無い状態」を目指して、ロシアは領土を拡張し、周辺に緩衝地帯を求め、自らの軍事力拡充に腐心してきた歴史的経緯がある。2世紀以上に及ぶタタールのくびき、ナポレオンによるモスクワ侵攻、数千万の死者を出した第二次世界大戦、核戦争に怯えた米国との冷戦など、ロシアは常にあらゆる外敵に対処してきたと言える。

ソ連解体後も、世界最大の陸地面積を有し、隣国14か国と地上国境を共有するロシアの安全保障を確保することは地理的にも容易ではない。２０１５年12月に改訂された「ロシア連邦の国家安全保障戦略」では、北大西洋条約機構（ＮＡＴＯ）の拡大や米国によるミサイル防衛網の拡充、イスラム過激勢力によるテロリズムなど、冷戦終結後もロシアの安全保障環境は依然として厳しいとの認識が示されている。

ロシアにとっての二つの影響圏

こうした認識から、自らの国境を守るだけでは安心できず、ロシアの周辺には緩衝地帯が必要という発想が生まれる。すでに欧州に統合されたバルト三国を除き、ロシアは旧ソ連地域を影響圏と見なしている。米国率いる冷戦時代の軍事同盟であるＮＡＴＯがジョージアやウクライナに拡大することは、自らの影響圏を侵害する動きであるとしてロシアは強く反発し、ジョージア紛争やウクライナ危機が発生した。ジョージアに関しては南オセチアとアブハジアの独立を一方的に承認し、ウクライナに関してはクリミア半島を併合することで、旧ソ連地域におけるＮＡＴＯ拡大の動きを封じようとした。また、２００９年に「国防に関する連邦法」が改正され、ロシアの国益や自国民保護、国際平和と安定のためにロシア軍の国外派遣を可能とする法整備が行われたが、これはロシアの影響圏を軍事的に強化しようとする動きである。他方、旧ソ連地域において、ロシアが影響力を維持することには

ロシアの影響圏

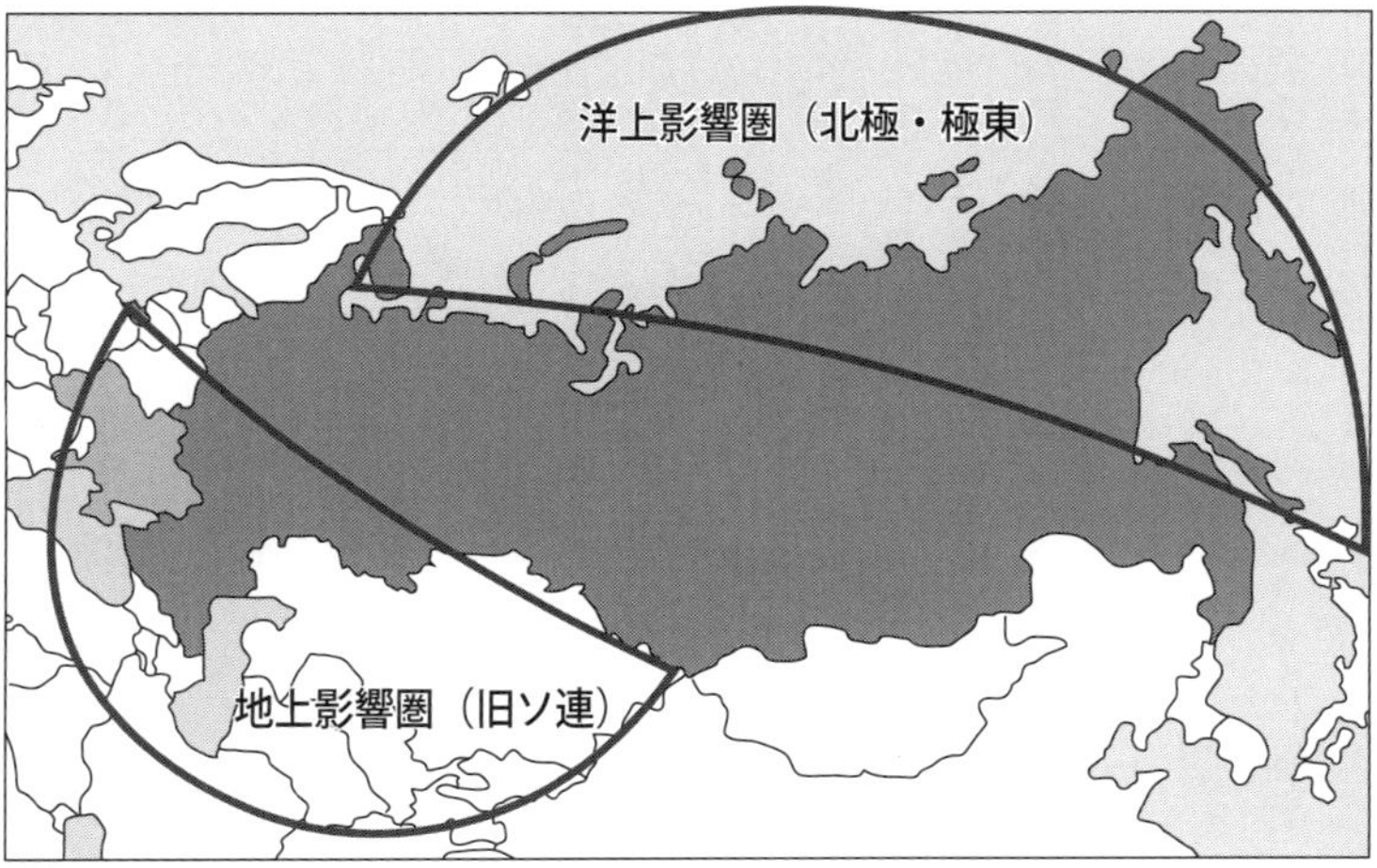

限界も見られる。ロシアが率いる軍事協力組織である集団安全保障条約機構（ＣＳＴＯ）には、アルメニア、ベラルーシ、カザフスタン、キルギス、タジキスタンの5か国しか加盟していない。さらには、「一帯一路」構想を掲げる中国が、中央アジアを中心としたロシアの影響圏への経済進出を強めようとしている。

旧ソ連圏の地上影響圏に加えて、ロシアは北極と極東を洋上影響圏と見なし始めている。これは地球温暖化による北極海氷の縮小により、資源開発や北極海航路などにより、ロシアが戦略的に北極を重視しているためである。ロシアの安全保障にとって、ＮＡＴＯが拡大する西方、イスラーム過激勢力が浸透する南方、日米同盟や中国が存在する東方の三つの正面に加えて、あらたに軍事展開可能な海域になりつつある北極海が第四の戦略正面になりつつある。そのため、近年、ロシア軍は北極における軍事プレゼンスを高めている。２０１３年2月20日、プーチン大統領の指示に基づき、ロシア政府は「2020年までのロシア連邦北極圏の発展と国家安全保障に関する戦略」と題する文書を策定し、このなかで北極圏において防衛態勢を確立していく方針が示された。また、2014年12月1日には、従来から存在する西部、南部、中部、東部の四つの統合戦略コマンドに加え、新たに北部統合戦略コマンドが発足し、北極圏に所在する陸海空軍部隊を2016年までに一括指揮する予定である。

プーチン大統領の演説や各種国家文書においても、北極圏とオホーツク海を中心とした極東地域を並立して表現することが多くなっているが、これはロシアが戦略的に重視する北極地域と極東地域が北極海航路によって結ばれた戦略的に一体化された一つのシアター（戦域）と見なしているためである。こうしたなか、北極海航路の通過点となるオホーツク海の戦略的重要性が高まっており、オホーツク海と太平洋を隔てる北方領土を含めた千島列島の位置付けに変化が生じる可能性がある。

過剰な国防意識

日本の「専守防衛」という発想は、「攻撃は防御に勝る」と軍事的に考えるロシア人には理解されない。ソ連時代の軍事戦略は攻撃的な性格であったが、これは外敵からの侵略を単に防ぐだけでは禍根を絶つことはできず、防勢から攻勢に転じて敵を壊滅する必要があるという軍事的発想による。このため、ソ連時代には核戦力を含めた軍事力強化に国家資源の多くを注ぎ、冷戦時代の東側陣営を軍事的に率いた。軍事偏重の国家運営がソ連解体に結びついたとの反省から、新生ロシアにおける軍事力整備は抑制的なものとなった。

現在のロシア軍は総兵力が約80万人であり、国内総生産（ＧＤＰ）に占める国防費の割合も約５・４％程度である。ロシアの軍事力はソ連時代に比べると大きく縮小したが、それでも世界においては依然として軍事大国と言える。ロシアの軍事力は「コンパクト化」「近代化」「プロフェッショナル化」という三つの課題を掲げて軍改革を本格化させ、兵力の削減と組織の合理化、即応態勢の強化、新型装備の開発・導入が進められている。ＮＡＴＯとの大規模戦争の蓋然性は低いとの認識の下、複数の地域紛争に対処する観点から、緊急展開能力の向上も図られている。そのため、日本周辺の極東地域では、軍改革の成果を検証するための大規模な軍事演習や軍用機による領空接近飛行など、ロシア軍の活動は活発化する傾向にある。

政治的には核大国を維持して米国と比肩すること、軍事的には通常戦力の劣勢を補うことから、ロシアは核戦力の強化を重視している。２０１４年12月に改訂された「ロシア連邦軍事ドクトリン」によれば、核兵器及び大量破壊兵器の使用に対する報復として、また通常兵器を使用した侵略の場合であって国家の存続そのものが脅かされる場合には、核兵器を使用する権利を留保することが明記されており、紛争時に核兵器を最初に使用する「先行使用（first use）」を排除していない。

安全保障面からロシアとどう向き合うか

２０１３年12月に我が国初の国家戦略文書である「国家安全保障戦略」において、「東アジア地域の安全保障環境が一層厳しさを増すなか、安全保障およびエネルギー分野をはじめ、あらゆる分野でロシアとの協力を進め、日露関係を全体として高めていくことは、我が国の安全保障を確保する上で

ロシア軍の配置と兵力

総兵力		約 80 万人
陸上戦力	陸上兵力	約 27 万人
	戦車	T-90、T-80、T-72 など 約 2,700 両 （保管状態のものを含まず。保管状態のものを含めると約 20,200 両）
海上戦力	艦艇	約 1,010 隻　約 204.9 万トン
	空母	1 隻
	巡洋艦	4 隻
	駆逐艦	14 隻
	フリゲート	32 隻
	潜水艦	69 隻
	海兵隊	約 35,000 人
航空戦力	作戦機	約 1,340 機
	近代的戦闘機	MiG-29　158 機　Su-30　32 機 MiG-31　112 機　Su-33　18 機 Su-25　200 機　Su-34　57 機 Su-27　199 機　Su-35　36 機 （第 4 世代戦闘機　合計 812 機）
	爆撃機	Tu-160　16 機 Tu-95　60 機 Tu-22M　63 機
参考	人口	約 1 億 4,240 万人
	兵役	1 年（徴集以外に、契約勤務制度がある）

出所：『平成 28 年度版　防衛白書』

極めて重要である」と記された。このように、日露関係の柱として、従来から存在する経済・資源分野に加えて、新たに安全保障協力が加わりつつある。さらに、２０１３年４月の日ロ首脳会談において、外務・防衛担当閣僚協議（２プラス２）の立ち上げが合意され、同年11月に第一回会合が東京で開催された。

また、２０１３年12月に策定された「防衛計画の大綱」では、「ロシア軍の活動意図に関する理解を深め、信頼関係の増進を図るため、２プラス２をはじめとする安全保障対話、ハイレベル交流や幅広い部隊間交流を推進するとともに、地域の安定に資するべく共同訓練・演習を深化させる」と記された。この方針の下、海上自衛隊とロシア海軍による合同軍事訓練が続けられている。

こうしたなか、２０１４年３月にクリミア併合が発生し、欧米諸国とともに日本はロシアに経済制裁を科すこととなり、プーチン大統領の早期訪日延期など、日ロ関係強化の動きは足踏みを余儀なくされた。欧州と東アジアの安全保障環境は異なること、日本とロシアの間には未解決の北方領土問題があることなどから、日本としてはロシアとの安全保障対話を控えるべきではない。それでも、力による現状変更を行ったロシアには、独自の安全保障観が存在することを十分に理解しておく必要があるだろう。

（兵頭慎治）

49 ロシアと未承認国家問題
――ロシアの近い外国に対する重要な外交カード

ロシアは近い外国、すなわち、旧ソ連諸国に対する外交で四つのカードを巧みに用いる。その４枚のカードとは、政治、経済、エネルギー供給、そして民族問題である。そして、民族問題のカードを切った際に、ロシアにとって最も都合の良い結果が、その問題の「未承認国家」化である。

未承認国家とは何か？

未承認国家（非承認国家ともいう）とは、ある地域がもともと属していた国（「法的親国」とする）からの独立を宣言し、国家としての要件、すなわち領土、人民、軍や警察も含む政治経済的な統治能力を備えつつも、国際的な国家承認を得ていない主体である。いくら国家の体裁を整え、国家を自称していても、広範な国際的承認を得られなければ、それは「主権国家」にはなり得ない。つまり、国際政治において合法的な存在ではないため、エンティティ（政治的な構成体）などと呼ばれることが多い。

近年まで、学術的な未承認国家の定義は、「外側」からの視点に基づく形でなされていたが、最近は、未承認国家の「国内」における条件も重視されるようになっており、たとえばニーナ・カスパーセンは以下のように定義をしている（Caspersen 2012: 11）。

1．未承認国家は、主要な都市と鍵となる地域を含み、権利を主張する領域の少なくとも三分の二を維持し、事実上の独立を達成している。
2．指導部は更なる国家制度の樹立と自らの正統性の立証を目指す。
3．そのエンティティは公式に独立を宣言している、ないし、例えば独立を問う住民投票、独自通貨の採用、明らかに分離した国家であることを示すような同様の行為を通じて、独立に対する明確な熱望を表明している。
4．そのエンティティは国際的な承認を得ていないか、せいぜいその保護国（パトロン）やその他のあまり重要でない数か国の承認を受けているに過ぎない。
5．少なくとも2年間存続し続けている。

未承認国家の現象は、実は決して新しいものではなく、歴史的にも多くの例がある。また、未承認国家のなかでも、台湾、パレスチナ、コソヴォなどは国際的にもかなり確立した、主権国家に近い存在感を確保している。

そして、現在の世界の未承認国家は、大まかに四つのタイプに分類できる。

第一に、諸外国から全く承認を受けていない、完全な未承認国家である。具体的には、ソマリランド、沿ドニエストル、ナゴルノ・カラバフが該当する。

第二に、一部の国から承認を受けている場合であり、事例としては台湾、北キプロス・トルコ共和国、アブハジア、南オセチアが該当する。

第三に、軍事占領下で一部の国から承認を受けている場合であり、パレスチナ国家、西サハラが該当する。

第四に、国際行政下にある未承認国家であり、コソヴォが該当する。コソヴォは国家承認も１１２か国（２０１６年10月現在）から得ており、法的親国であるセルビアがその独立を認めていないものの、現在、主権国家に最も近い未承認国家であると見なされている。

旧ソ連の未承認国家

そして、旧ソ連に存在している四つの未承認国家、すなわちジョージアのアブハジア、南オセチア、アゼルバイジャンのナゴルノ・カラバフ、モルドヴァの沿ドニエストルは、ソ連解体後にロシアが産み出したと言ってよい（次頁の表参照）。

これらの地域は、法的親国からの分離独立を主張し、その結果発生した紛争でロシアの支援を得て法的親国に軍事的に勝利し、その後、事実上の独立を維持している。それぞれが普通選挙や国民投票も実施し、政府や軍隊、警察など国家の必要要件とされるものを一通り備えている一方、「国家」を自称して、世界に対して「国家承認」を求めている。

これら四つの未承認国家は、共通の問題を抱えていることもあり、90年代後半から再三にわたって、「四か国外相会談」を行い、さらにその会談の間、ロシア兵が議場を警護していたという事実も、法的親国を刺激した。しかし、やがてナゴルノ・カラバフが独自路線を採るようになり、他の三つの未

旧ソ連の未承認国家

	アブハジア	南オセチア	ナゴルノ・カラバフ	沿ドニエストル
法的親国	ジョージア	ジョージア	アゼルバイジャン	モルドヴァ
民族	アブハジア人	オセット人	アルメニア人	ロシア人、ウクライナ人、モルドヴァ人、その他
ソ連時代	グルジア[1]SSR[2]内の自治共和国	グルジアSSR内の自治州	アゼルバイジャンSSR内の自治州	モルダビアSSRの一部
独立宣言	1992年①；2008年②	1991年①；2008年②	1992年	1990年
国家承認[3]	①なし；②露、ニカラグア、ベネズエラ、ナウル[4]	①なし；②露、ニカラグア、ベネズエラ、ナウル[5]	なし	なし
パトロン	ロシア	ロシア	アルメニア・アルメニア人ディアスポラ	ロシア
紛争の調停	露	露	露、OSCEミンスクグループ	5+2（OSCE、EU、露、米、ウクライナ＋沿ドニエストル、モルドヴァ）
平和維持	国連（かつて）→（EU）	露、ジョージア、南北オセチア4者→（EU）	平和維持軍は不在	露、モルドヴァ、沿ドニエストル

注1）グルジア：2015年4月に日本では「グルジア」の呼び名を「ジョージア」と改める法律が成立したため、本章では後者を用いているが、ソ連時代の呼称については「グルジア」を用いた。

注2）SSR：ソビエト社会主義共和国
注3）未承認国家同士の国家承認は除外する。

注4）約2年間のみバヌアツ、約2年半のみツバルも国家承認していた。

注5）約2年半のみツバルも国家承認していた。

承認国家からは距離を置くようになった。２００６年６月には、アブハジア、南オセチア、沿ドニエストルの「大統領」が、アブハジアの「首都」スフミで会談を行い、「民主主義と民族の権利のための共同体」の設立を共同声明の形で宣言している。

ロシアは、旧ソ連の未承認国家を軍事的、政治的に支援してきた。加えて、アブハジア、南オセチア、沿ドニエストルの事実上の独立を支えるパトロンでもある（ナゴルノ・カラバフのパトロンはアルメニアやアルメニア人ディアスポラ）。そして、ロシアは未承認国家問題を旧ソ連諸国に対する重要な外交カードとして利用してきた。ロシアは、分離独立を目指す勢力を支援し、結果、分離主義勢力と法的親国の紛争は前者が圧倒的に優位な形で展開された。そこで、ロシアは法的親国に対し、同紛争を停戦に導くのと引き換えに、法的親国に対して様々な要求を突きつけてきたのである。

具体的には、ロシアは法的親国に対し、同国が率いるＣＩＳ（独立国家共同体）およびＣＩＳ安全保障条約への加盟や、ロシア軍基地の設置などを要求したのである。さらにアゼルバイジャンに対しては、石油開発にロシアも参加させることも要求した。アゼルバイジャンはロシア軍基地の設置を拒否したとはいえ、各法的親国はロシアの要求を受け入れ、停戦を達成することができたのである。ロシアの要求や国内に未承認国家が存在する現実は、法的親国にとって国家の独立性の喪失につながることは言うまでもないが、紛争の長期化によって国家が崩壊することを防ぐことが何より重要であったなかでは、不本意な形でも、停戦を最優先にせざるを得なかったのであった。

一方、これらの未承認国家は、民族自決の原則の下、国民投票での賛同が得られたのであれば、国際社会がその独立を承認すべきだと主張する。未承認国家側が民族自決を、そして法的親国側が主権尊重や領土保全を主張し、双方の主張が共に重要な国際原則であることも、問題解決を困難にしている。

なお、ロシアが旧ソ連地域の未承認国家の民族自決を声高に支援し始めたのは、2001年の9・11同時多発テロ後のことである。それ以前は、ロシアは自国のチェチェン問題に民族自決の原則が適用されることを恐れていたが、9・11以後「チェチェン人はテロリストである」ということを強調することで（それはレトリックであるが）、ロシアはチェチェンに対して、いくら攻撃をしても国際社会からの批判をかわせるようになっていく。一方で旧ソ連地域の未承認国家に対しても、公然と支援ができるようになったのである。

最近のロシアの未承認国家に対する態度の変化

ロシアにとって、未承認国家が旧ソ連諸国に対する外交カードであること、加えて、現在の旧ソ連の未承認国家の法的親国がすべて反露・親欧米路線の傾向があることからも、未承認国家を未承認のままで固定化することこそがロシアの目的であることは間違いない。そうすれば、法的親国の不安定な状態が継続し、それらのEU（欧州連合）やNATO（北大西洋条約機構）への加盟を阻止できるからだ。だが、2008年の南オセチアとジョージアの紛争にロシアが参戦する形で生じたロシア・ジョージア戦争を機に、ロシアはアブハジアと南オセチアを国家承認し、その後、前掲の表のように数か国が後に続いた。このロシアの動きは、2008年に欧米諸国が旧ユーゴスラビアのコソヴォを国家承認したことへの意趣返し、ジョージア・ウクライナのNATO加盟阻止、反露傾向を強めるジョージアへの懲罰などの理由で説明できるが、ロシアの対旧ソ連諸国外交の方針からすれば合理性を欠くとも言える。だが、もともとロシアの属国のような状況となっていたアブハジア、南オセチアでは、この国家承認を経て、さらにロシア化が進んでいる。住民のほとんどがロシアのパスポートを所持し、省庁の統合や国境制度の簡素化などが徐々に進められていることから、ジョージアや欧米諸国はロシアが実質的に併合プロセスを進めているとロシアを批判している。

また、２０１４年のロシアのクリミア編入、およびウクライナ東部のドネツクとルガンスクの分離独立運動と「ノヴォロシア人民共和国」としての独立宣言、さらにそれらに対するロシアの支援も未承認国家問題の文脈で考えるべきかもしれない。まず、クリミアは武力を背景にロシアが国際法を犯して併合したものであり、諸外国がそれを公認していないため、国際的な位置づけは未承認国家と近似している。また、ノヴォロシアはロシアがウクライナとの戦争に事実上参戦した結果、高度の自治を認められるなど、ロシアにとって有利な形で停戦を迎えられた（ただし、東部の親露派支配地域への「特別の地位」の付与をはじめとした合意内容は未だ履行されておらず、武力衝突も散発している）。今後、ウクライナ当局の主権が及ばない状況が続き、かつノヴォロシアが経済力と政治力を高め、徴税などもきちんとできるようになれば、ノヴォロシアが事実上の未承認国家となる可能性も現状では否めない。

このように未承認国家はロシアの対旧ソ連外交の重要なツールであり、今後も様々な役割を果たしていくと考えられる。

（廣瀬陽子）

50 日ロ関係
——ペレストロイカから21世紀へ

1985年ペレストロイカが開始されてからの日ソ・日ロ関係には際だった二つの特徴がある。一つは、米国と対立する超大国として世界を二分するソ連邦の時代が終わり、西側先進諸国と共存するロシア連邦の時代が始まるとともに、日ソ・日ロ関係も、いわば通常の国同士の関係に徐々に変化してきたということである。もう一つは、戦後未解決のままできた北方領土問題の解決と平和条約の締結に多大なエネルギーと関心が注がれたにもかかわらず、本章執筆の時点で問題解決のめどはまだたっていないことである。

二国間関係の要である貿易関係について見れば、1986年以降総額40億ドルから60億ドルの間を推移してきたが、2005年に初めて100億ドル台に、11年に300億ドル台に達している。日本の輸入は工業用原料が、輸出は資本財・耐久消費財が圧倒的だが、それは両国の経済構造の反映である。ソ連邦からロシア連邦への転換期に日本が行った対ロシア支援は、有償56億ドル、無償約10億ドルに達している。エネルギー開発については、サハリン2を始めとする具体的なプロジェクトが実施され、新たな可能性も検討されている。

防衛・安全保障関係を見ると、1990年代末に始まった外務省間の安全保障対話に防衛当局が参加、96年防衛庁長官の初訪ロが行われ、２００６年には防衛首脳間で覚書を締結、制服組のトップの相互訪問や防衛当局間協議が定期的に行われ、13年の安倍訪ロ以降、外務・防衛両大臣による「２＋２」も開始されている。

外務省のホームページ（２０１５年12月27日）を見れば、「対ロ外交の基本方針」として、さらに、「文化・人物・スポーツ交流の拡大」と「実務分野（漁業・刑事分野等）の関係強化」が列挙されている。国際問題に関しては、冷戦終了後日ロで利害の一致するところも少なくなく、問題に相応じた協力と緊張関係が続けられている。

領土交渉の推移――ゴルバチョフの時代

現時点で領土解決のめどがたっていないとはいえ、過去30年双方は、決して軽視できない関心とエネルギーを傾けて、交渉にとりくんできた。ゴルバチョフが書記長の座についた時、ソ連の公式の立場は「領土問題は存在しない」であったし、日本の公式的な立場は「四島一括即時返還」だった。１９８６年1月に外相に就任したばかりのシュヴァルナゼが訪日した時から、この定式を乗り越える努力が、双方によって開始された。

１９８６年秋から約2年間の交渉は、日本のＳＤＩ（戦略防衛構想）参加などにより頓挫するが、１９８９年12月のシュヴァルナゼ外相の第二回目の訪日と平和条約作業グループの設定によって本格化、7回の同作業グループの討議をへて、１９９１年4月史上初のロシア・ソ連の最高首脳としてのゴルバチョフ来日が実現した。

ゴルバチョフ来日交渉では、冷戦期に形成された領土問題の構造がそのまま反映された。①56年交渉で双方に一致点がなかった国後・択捉について、ソ連側は、問題の存在を認め、海部《かいふ》俊樹《としき》総理との共同声明で初めて国後・択捉の名前が明記され、領土問題解決を含む平和条約締結の重要性が強調された。②他方において、「平和条約の締結の後に日本に引き渡す」ことが明記された56年宣言第九項の確認に、ゴルバチョフはついに応じなかった。国内政局の基盤が弱くなっていたゴルバチョフとして、ロシア人が現実に居住する色丹を日本に引き渡す確認は与えられなかったのである。

8月クーデターの失敗とロシア連邦への権力の移譲のなかで、１９９１年10月中山《なかやま》太郎《たろう》外相訪露が行われ、四島問題の存在を認めた海部・ゴルバチョフ声明の反映として、四島を対象とするビザなし交流協定が締結されたのである。

領土交渉の推移――エリツィンの時代

１９９１年12月ソ連邦は崩壊しエリツィン大統領の下でロシア連邦が成立した。これからしばらく、ロシア連邦はその力が最も弱く、また、国家発展の目標を西欧型の民主主義と市場原理に置いたがゆえに日本との協力を最も求める時期に入った。日本がバブル経済の頂点にいるというイメージがまだ国際社会のなかに定着していた時でもあった。

１９９２年3月コズイレフ外務大臣が来日、以後「存在しない非公式提案」として知られる極秘提案を行った。56年宣言に従い、歯舞・色丹を日本に引き渡す協定を結び、これにならった形で国後・択捉問題を解決し、あわせて四島に関する日ロ平和条約を結ぶと言う「歯舞・色丹の先行協議」を提案するものであったが、日本側は、国後・択捉引き渡しの影が薄いとしてこれを受け入れなかった。92年9月に予定されていたエリツィン大統領の訪日は直前にキャンセル。交渉は一端底をうつが、93年10月エリツィン大統領の訪日により「東京宣言」が発出され、①国後・択捉を含む四島については、三原則に基づき問題を解決して平和条約を結ぶことが再確認されたが、②歯舞・色丹については、56年宣言の確認は口頭で記者会見の際に行われるにとどまった。

その後交渉は、エリツィン大統領の再選、病気などの動きのなかでしばらく停滞するが、1997年3月大統領の健康回復とともに日本側に橋本龍太郎《はしもとりゅうたろう》総理を得て再開された。1997年11月のクラスノヤルスク会談で「2000年までの平和条約の締結」に合意。日本側は、1998年4月の川奈会談で「四島の北に国境線をひき、当面ロシアの施政を認める」という譲歩案を提示。エリツィン大統領はこれに傾くが結局ロシア側はこれを受け入れず、同年11月、退陣した橋本総理の後を受けて訪ロした小渕恵三《おぶちけいぞう》総理に対して、四島に共同経済活動のための法的な特別区を設定する第一条約をまず結び、しかるべき後に国境線画定のための第二条約を結ぶという譲歩案を逆提案した。しかし、日本側はこの案を受け入れず、交渉停滞のまま、1999年12月の大晦日に、エリツィン大統領は、後継者プーチンを指名して大統領職を辞任したのである。

領土交渉の推移――プーチンの時代

プーチン政権成立とともに、交渉は急速に動き始めた。小渕総理の後を受けた森嘉朗《もりよしろう》総理は、2000年4月サンクトペテルブルクを訪問。プーチンは、7月の沖縄サミットを経て9月に公式訪日、その際、56年宣言が有効であることを公式会談で明言。ここから交渉はさらに加速され、01年3月のイルクーツク会談で採択された共同声明で、①国後・択捉については、東京宣言に従った解決を再確認、②歯舞・色丹については、56年宣言が平和条約交渉を進める基本的な法的文書であることを確認した。ここに歴史上初めて、国後・択捉と歯舞・色丹の双方が、これまでの交渉上得られた最大限の位置づけをもって文書化されたのである。

APEC首脳会議で安倍首相と会談するプーチン大統領（2005年11月、Kremlin.ru (http://www.kremlin.ru)）

それはまた、交渉の最終局面への出発点だった。森総理が行った「国後・択捉と歯舞・色丹の平行協議」提案に対してプーチン大統領は、これを拒否することなく「承っておく（露語posmotrim）」と回答したのである。

けれども、並行協議は一度も行われることなく、国内政局及び対ロ交渉における日本側の戦列の乱れから交渉は間もなく頓挫した。以後、2006年から2007年の安倍《あべ》晋三《しんぞう》政権の際、日本政府が「面積の等分論」を示唆しロシア側がこれに関心を持ったという報道が行われたが、結局この案は正式交渉に浮上せず、交渉停滞の状況は、首相職にあったプーチン氏が大統領職に返り咲く時まで続いたのである。

2012年3月、プーチンは大統領選挙直前のG8の記者に対する会見で対日関係にふれ「大統領になったら、日ロ経済関係の抜本的発展と、引き分けによる領土問題の解決をしたい」と発言。同年12月政権の座に返り咲いた安倍晋三氏は直に交渉再開を準備し、２０１３年4月訪ロが行われ、平和条約交渉の推進、各種経済プロジェクトの実施、安全保障面での「２＋２」実施の合意などの活性化が合意されたのである。この時点から２０１４年2月のソチ・オリンピック開幕式における5回目の安倍・プーチン会談まで、領土交渉は、確かに上げ潮に乗り始めていた。

けれども、2月後半ウクライナの首都キエフのマイダン広場で発生した争乱、クリミア併合、ウクライナ動乱以降、「G７の一員として米国主導の制裁には同調するが対ロ交渉も進める」という日本の政策をロシアは受け入れず、２０１５年末、日ロ交渉は完全に頓挫したかに見えた。

しかし２０１６年に入ってから交渉に活気が戻り始めた。その最大の動因は、G７として決めた制裁破りはしないが、日ロ領土交渉はアメリカの要請に反することがあっても自らの判断で実施するという安倍政権の意向がロシア側に伝わったことにあるように思われる。5月6日のソチにおける一対一の首脳会談で安倍総理は「新しいアプローチによって二人で解決」と明言。さらに9月2日のウラジオストクでの一対一会談が行われ、山口の12月15日の会談に続くこととなった。このような領土交渉は、ソチにおける経済8項目提案、ウラジオストクにおける東方経済フォーラムへの参加などの経済関係の活性化とも連動している。

台頭する中国を背景として、日ロ両国は、相互の提携にいま、戦略的な利益の共通性を見出し始めているように見える。今後の展望を見守ることとしたい。

（東郷和彦）

ロシアに未来はあるか――おわりにかえて

ロシアとは何か、それはどこに行くのか。19世紀の思想家アレクサンドル・ゲルツェンをまつまでもなく「現代史とは歴史の最終頁である」。ここでは『ロシアの歴史を知るための50章』の最終頁として、その将来を描くことになる。これまでの記述からどのようなロシア史の展望、つまり未来に向かう軌跡を想定できるだろうか。歴史家はもちろん未来の予言者でも、ましてや占師でもない。しかし過去なくして未来もまた予測できない。

19世紀末の碩学ヴァシーリー・クリュチェフスキーは、「ロシア」という呼称で理解する歴史的対象とは、(1)（キエフなど）ドニエプル川、(2)上流ボルガ、(3)大ロシア、そして(4)全ロシア、といった宗教政治的単位の歴史であると、『ロシア史講義』で指摘した。その歴史認識の背景に、10世紀のルーシがキリスト教を受け入れて以降、正教国家であったロシア帝国に至る歩みが凝縮されたことは言うまでもない。

そのロシアについて「未来はない」と、1836年に思想家チャーダーエフが予言したことがある。ニコライ一世に象徴される支配層の反動、デカブリスト反乱の挫折に象徴される改革への無力、農奴制に体現される人民の抑圧、一世代下のゲルツェンを含め、だれもがその命題の妥当さを疑いはしなかった。国際反動の拠点とマルクスが酷評したのは当時のロシア帝国であったが、まさかこの地でマルクス主義の政治運動が現れるとか、ましてや権力をとるとは想像だにされなかった。その意味ではロシアは歴史発展といった想定や理論を超えた存在だ。ロシアは頭ではわからない、感じるだけだといったのはロシアの哲学者、チャーダーエフよりやや後輩のフョードル・トゥトチェフだった。

そうでなくともロシアは常に予測を超えた動きでもって世界を驚かせてきた。市民による革命や改革を期待した民主化論とは反対に、ロシアではデカブリストからレーニンに至るまでしばしば貴族とその末裔が革命を主導した。19世紀後半のナロードニキ運動は農民を革命の主力と見たものの、スローガンに従って「民衆のなかに」入るとたちまち警察に突き出された。その結果テロ戦術に走る。そのような運動の行き詰まりもあってロシア＝マルクス主義者を名乗ることになるプレハーノフなどは、マルクスも想像すらしなかった共同体から資本主義へという未来像を受け入れた。こうして革命の主体はロシアでも農民から労働者へと旋回した。

その頃までに帝国ロシアでも世俗化の歩みもあって宗教は後景に退き始めたかに見えた。20世紀に入っての日露戦争後の政教分離、第一次世界大戦の結果起きたロシア革命により、無神論国家であるソヴィエト連邦が生み出された。そうでなくとも資本主義の発達から社会主義への移行は歴史の必然であるかに思われた。

しかしそのプレハーノフも驚いたことに、弟子だったレーニンが社会民主労働党からボリシェヴィキという革命党をつくり、そして1917年には資本主義を越え、即座に社会主義を目指し権力奪取を主張した。驚いたのは実はプレハーノフだけでない。レーニンの直接の弟子たち、スターリンやジノヴィエフなども二月革命は「ブルジョワ革命」であるとしてレーニンの規定に反対していた。スターリンは特有の狡猾さで豹変するが、忠実なジノヴィエフ、カーメネフらは十月革命時にもレーニンのソヴィエトによる権力奪取に反対を公言した。プロレタリア作家でもゴーリキーなどは、レーニンの権力奪取を革命とは無関係な農民への妥協であると主張した。ついでに彼はレーニンが資本家から金をもらって新聞を作ったとまで暴露した。実際には当時優勢であったサッバ・モロゾフのような古儀式派資本家が『イスクラ』紙を支持していた。その後の『プラウダ』紙もまた古儀式派の富豪チホミロフの遺産をもとにしていた。

実際ロシア革命とはこのような復古的な革命でもあった。農民革命で共同体が蘇った。パリ・コンミューンの再現どころか、ソヴィエトは「聖なるルーシ」を求め、モスクワを「第三のローマ」と信じるような勢力に支えられた。もともとはヴォルガの革命家であるレーニンもまた、異端派の宗教ネットワークこそソヴィエトの本質であることを、秘書で古儀式派研究者でもあるボンチ＝ブルエビッチ（最初のソヴィエト政府の官房長官）を通じて、ソヴィエト運動が古儀式派の環境で生じたことを理解していた。スターリンもソヴィエトは純ロシア現象であると見た。「全権力をソヴィエト」へと言ったとき、マルクス主義者が驚いたわけである。こうしてロシア革命とは古い信仰に忠実な農民兵の反乱であった。第一次世界大戦末、７００万人いた農民兵はソヴィエトを通じて土地を得た。レーニンはこの土着的運動をフィンランドの隠れ家で書いた『国家と革命』のなかでマルクスの言うパリ・コミューンの再来であると解説した。

しかし革命の夢は長くは続かない。権力をとると直ちに生じたのはインフレと穀物不足。レーニンとトロツキーが中心となった政権は、直ちに食糧独裁を宣言、穀物と馬を持つ農民に負担を求めた。トロツキーは赤軍形成に際し旧軍将校団の協力を求め、ソヴィエト活動家としばしば衝突した。ソヴィエトは衰退するか、共産党と名を変えた権力党とぶつかるかした。労働者反対派のシュリャプニコフやメドヴェージェフなど古儀式派系活動家は、トロツキーの党運営に抗議、とくに労働組合まで軍の支配とすることに抵抗した。１９２０～21年の党内闘争はこのような状況の所産であったが、地域では「コムニストなきソヴィエト」運動がウラル・シベリアなどで広がった。

ロシア革命とはその意味では最初から「裏切られた革命」であった。１９２８～１９２９年の農村で生じたスターリン官僚と共産党右派との戦いでは、赤軍の幹部となっていた活動家が工業化を求め、スターリンの工業化路線に賛意を表明する。それでも１９３２～１９３３年に広範囲な飢饉が襲うと、赤軍やスターリン系党地方幹部も不満を表明する。スターリンは欧米協調の外交路線でかろうじてこの危機を乗り切ると、１９３７年前後の大粛清でこの体制を一掃する。

第二次世界大戦での赤軍をよく見ると、少なくとも戦闘では冬戦争、１９４１年6月のように敗北の連続である。しかし聖なるルーシ、モスクワまで脅威にさらされると兵士は反撃に転じる。こうして１８１２年のナポレオンと同様ヒトラーも結局敗北する。正教を復活させて勝ったのは古いロシア、「大祖国戦争」であることを神学校出のスターリンはよく了解していた。ロシアとは幾重もの皮に覆われた存在である。その表皮を剥いていくとさらに古い核がある。ロシア革命同様ソ連崩壊にもこのロシア史の分裂した意識が姿を現す。

ソ連邦とは形式的には地名のない国家であって、どの民族もソヴィエト的統治を採用すれば参加可能であった。憲法はソ連からの離脱の自由もうたっていて、この条項は無意味なものに思われたが、１９９１年末ソ連はこの規定に従って、つまりは合法的に崩壊したのであって「陰謀」の所産では必ずしもない。15の共和国がそれぞれ主権を主張する形でこのソ連国家の崩壊過程が進行していた。

ソ連崩壊は、四半世紀後の現代もまた議論の焦点である。プーチンがこれを「地政学的破局」と言ったことを引き合いに出してソ連社会主義という「未練学派（E・H・カー）」にしがみつく論者が、ロシアなどで時折見られる。西側でもこれを逆引用して、ロシアがソ連回帰に戻っているという議論がある。プーチン自身は、この引用の後に「ソ連に戻りたいものは頭脳がない」と付加していることは都合よく読み飛ばされがちだ。歴史の法則性にこだわる論者にこのような考えが見られる。

しかしその1991年を1917年の政治過程と比較すると有意義な認識が得られそうだ。ペレストロイカを始めたゴルバチョフらは、1916年末に宮廷クーデタを考えていた二月革命の指導者たちと同様「体制転換」までは構想していなかった。しかし始まってみると「下」に新しい権力核が生じ、「上」の企図とは別の政治力学が展開される。1917年のソヴィエト運動は、1991年の共和国の主権を呼号する共産党民族派同様、「上」の、あるいは改革指導部の思惑を超えてしまう。1917年9月のクーデタを考えていた将軍たちは、1991年8月のゴルバチョフ周辺の保守派と同様な思惑で動いた。しかしそれ自体がまた「革命派」を鼓舞し、事態を真逆の方向へ動かしたのである。いずれについても回想などには「陰謀」や「裏切り」を論難する議論が後を絶たない。しかし生じたことは歴史の現実なのである。

ペレストロイカが始まった時、これを主導した指導者ゴルバチョフは「歴史の見直し」を始め、それまでのイデオロギー化した歴史に別れを告げた。新しい歴史や解釈が現れ、ロシア・ソ連とは「予測できない過去を持つ国」であるという評価がはやった。その意味でロシアの歴史研究とは常に未完の企画だと言えよう。

自由化が始まった80年代後半以降「予想できない過去」を持つ国から、ソ連や冷戦史料などの認識や情報が流れ出したのは偶然ではなかった。この過程はプーチン時代になって奔流は止まりかけたものの、それでも史料公開の流れは完全に終わったわけではない。ロシアや旧ソ連国内でも若手研究者たちが立場を超え研究を進めている。

同時にロシアはその相貌を急速に変えてきた。「もっと社会主義を」で始まった改革運動だが、ソ連崩壊前後は「民主ロシア」が輝いた。やがて経済を中心に民営化をすすめる「自由ロシア」を経て、プーチン政権での「保守的ロシア」へとキーワードも変化している。ロシアの変動はあたかも円環のようである。エリツィンがいった「好きなだけ主権を」といった崩壊容認論は過去となり、国家統合がすすむにつれ崩壊が桎梏となってきた。ソ連崩壊は「20世紀最大の地政学的悲劇」と言ったのは、巷間言われるプーチン大統領ではなく、どうやらウクライナの政治家であったようだが、ロシアもまた崩壊の経験をした後は安定が価値となった。

兄弟国家であるウクライナはロシアにとって反面教師でもある。第40章でも言うように、正教的イデオロギーを嫌ったレーニンがロシア革命後、小ロシア、新ロシアなどと呼ばれた地域をベースに作った行政単位＝共和国がウクライナであった。当時クリミアはロシア領、カトリック系の西ウクライナも当初は別の国であった。そのウクライナが輝いていたのは軍産部門からでてきたブレジネフのソ連期であった。しかし1992年に独立して以降のウクライナ史とは、国民国家形成どころか、むしろ分裂と崩壊の歴史であったと言っても誇張とは言い切れない。

ソ連末期のウクライナ共産党官僚から初代大統領だったレオニード・クラフチュクは独立25年目の２０１６年９月、ウクライナは１９５４年フルシチョフ第一書記によってクリミアを押し付けられたのだと発言、一部で注目されている。フルシチョフが、ウクライナ共産党第一書記アレクセイ・キリチェンコに対し、クリミアには水も食糧もないから、これをウクライナに併合するようにすすめた、というのである。結局、ソ連最高会議でウクライナがクリミアを領有するように押し付けたのが真相だ、と語った。ウクライナとロシアの和解への動きと理解したい。

同様に独立後のロシアもまた、チェチェンなどの分離主義による国家崩壊におびえる歴史もあった。一体純粋「ロシア人」なるものは存在するのか。宗教以外でロシア人を束ねるものは何か。イスラム教徒はロシアにおいて何者か。国家にとって少数民族や宗教はどう共存できるのか。ウクライナ危機とクリミア併合以降、ふたたび「ロシアとは何か」という問いがだされるが、しかし容易に回答はない。

歴史研究は危機によって触発される。その意味ではロシア史も常に再解釈され、読み直され、そして読み替えられる。読者はこのような素材として本書を利用していただければこれに越した編者の喜びはない。

編　者

《参考文献》

第Ⅰ部　ルーシからロシアへ

田中陽兒、倉持俊一、和田春樹 編『ロシア史1――9～17世紀』（世界歴史大系）山川出版社、1995年。〔1〕

中沢敦夫『ロシアはどこからやって来たか――その民族意識の歴史をたどる』新潟日報事業社、2002年。〔1〕

ニコリスキー、N・M著、宮本延治 訳『ロシア教会史』恒文社、1990年。〔1、5〕

栗生沢猛夫「諸公国分立の時代」「モスクワ国家の時代」和田春樹 編『ロシア史』（新版世界各国史22）山川出版社、2002年。〔2〕

栗生沢猛夫『タタールのくびき――ロシア史におけるモンゴル支配の研究』東京大学出版会、2007年。〔2〕

ハルパリン、チャールズ・J 著／中村正己 訳『ロシアとモンゴル――中世ロシアへのモンゴルの衝撃』図書新聞、2008年。〔2〕

三浦清美『ロシアの源流――中心なき森と草原から第三のローマへ』（講談社メチエ274）講談社、2003年。〔3、4〕

下斗米伸夫『ロシアとソ連 歴史に消された者たち――古儀式派が変えた超大国の歴史』河出書房新社、2013年。〔5〕

中村喜和『増補 聖なるロシアを求めて――旧教徒のユートピア伝説』（平凡社ライブラリー）、平凡社、2003年。〔5〕

松井茂雄 訳「司祭長アヴァクム自伝（訳及び註）」『スラヴ研究』10、北海道スラブ研究センター、1966年。〔5〕

伊東孝之、井内敏夫、中井和夫 編『ウクライナ・ポーランド・バルト史』（新版世界各国史20）山川出版社、1998年。〔6〕

栗生澤猛夫『『ロシア原初年代記』を読む――キエフ・ルーシとヨーロッパ、あるいは『ロシアとヨーロッパ』についての覚書』成文社、2015年。〔6〕

中井和夫『ウクライナ・ナショナリズム――独立のディレンマ』東京大学出版会、1998年。〔6〕

早坂眞理『ウクライナ、歴史の復元を模索する』リブロポート、1994年。〔6〕

Orest Subtelny, *Ukraine : A History*, Toronto Press, 1988.〔6〕

M.C.Грушевский, *Очерк истории украинского народа*, Киев 1991.〔6〕

Н. Яковенко, *Очерк истории Украины в средние века и раннее новое время*, Киев 2012.〔6〕

第Ⅱ部　ロシア帝国の時代

カレール＝ダンコース、H 著／志賀亮一 訳『エカテリーナ二世――十八世紀、近代ロシアの大成者』上下巻、藤原書店、2004年。〔7〕

土肥恒之『ピョートル大帝――西欧に憑かれたツァーリ』山川出版社、２０１３年。〔7〕
松木栄三 編訳『ピョートル前夜のロシア――亡命ロシア外交官コトシーヒンの手記』彩流社、２００３年。〔7〕
高田和夫『ロシア帝国論――19世紀ロシアの国家・民族・歴史』平凡社、２０１２年。〔8、11〕
リーベン、ドミニク 著／袴田茂樹 監修／松井秀和 訳、『帝国の興亡――グローバルにみたパワーと帝国』上下巻、日本経済新聞社、２０００年。〔8〕
土肥恒之「第5章　ドン・コサックとその世界　失われた『地域』」『ロシア社会史の世界』日本エディタースクール出版部、２０１０年。〔9〕
豊川浩一「農奴制とコサック」『歴史読本ワールド　特集　ロシア帝国の興亡』１９９１年11月。〔9〕
豊川浩一「『植民国家』ロシアの軍隊におけるカザークの位置――18世紀のオレンブルク・カザーク創設を中心に」『歴史学研究』８８１、２０１１年。〔9〕
ザイオンチコーフスキー、ペ・ア 著／増田富寿、鈴木健夫 訳『ロシヤにおける農奴制の廃止』早稲田大学出版部、１９８３年。〔10〕
高橋一彦『帝政ロシア司法制度史研究――司法改革とその時代』名古屋大学出版会、２００１年。〔10、11〕
竹中浩『近代ロシアへの転換――大改革時代の自由主義思想』東京大学出版会、１９９９年。〔10、11〕
Polunov, Alexander, *Russia in the Nineteenth Century: Autocracy, Reform, and Social Change, 1814-1914*, M.E.Sharpe, 2005.〔10〕
ギテルマン、ツヴィ 著／池田智 訳『ロシア・ソヴィエトのユダヤ人１００年の歴史』明石書店、２００２年。〔12〕
高尾千津子『ロシアとユダヤ人――苦悩の歴史と現在』東洋書店、２０１４年。〔12〕
鶴見太郎『ロシア・シオニズムの想像力――ユダヤ人・帝国・パレスチナ』東京大学出版会、２０１２年。〔12〕
中澤孝之『ロシア革命で活躍したユダヤ人たち――帝政転覆の主役を演じた背景を探る』角川学芸出版、２０１１年。〔12〕
五百旗頭真、下斗米伸夫、A・V・トルクノフ、D・V・ストレリツォフ 編『日ロ関係史――パラレル・ヒストリーの挑戦』東京大学出版会、２０１５年。〔13、14〕
和田春樹『開国――日露国境交渉』日本放送出版協会、１９９０年。〔13〕
横手慎二『日露戦争史――20世紀最初の大国間戦争』（中公新書）中央公論新社、２００５年。〔14〕
和田春樹『日露戦争――起源と開戦』（上下）岩波書店、２００９～２０１０年。〔14〕
加納　格「ロシア帝国と日露戦争への道――一九〇三年から開戦前夜を中心に」『法政大学文学部紀要』53号、２００６年。〔15〕
加納　格『ニコライ2世とその治世――戦争・革命・破局』（ユーラシア・ブックレット１４３）東洋書店、２００９年。〔15〕

加納 格「ロシアの社会主義」南塚信吾他『人びとの社会主義』有志舎、２０１３年。〔15〕

ザパタ、ルネ 著／原田佳彦 訳『ロシア・ソヴィエト哲学史』（文庫クセジュ）白水社、１９９７年。〔16〕

パスカル、ピエール 著／川崎浹 訳『ロシア・ルネサンス　１９００〜１９２２』みすず書房、１９８０年。〔16〕

ベルジャーエフ 著／志波一富、重原淳郎 訳『ベルジャーエフ著作集８　わが生涯　哲学的自叙伝の試み』、白水社、１９６１年。〔16〕

第Ⅲ部　ソ連邦の時代——「ユートピアの逆説」

河合秀和『レーニン　革命家の形成とその実践』（中公新書）、中央公論社、１９７１年。〔17〕

サーヴィス、ロバート 著／河合秀和 訳『レーニン（上・下）』岩波書店、２００２年。〔17〕

下斗米伸夫『ロシアとソ連 歴史に消された者たち——古儀式派が変えた超大国の歴史』河出書房新社、２０１２年。〔コラム１〕

下斗米伸夫『神と革命——ロシア革命の知られざる真実』（筑摩選書）筑摩書房、２０１７年。〔コラム１〕

Бонч-Бруевич, В.Д., *Избранные сочинения*, т.1, М., 1959.〔コラム１〕

Рыжиков, А., *Корни сталинского большевизма*, М., 2015.〔コラム１〕

石井規衛『文明としてのソ連——初期現代の終焉』山川出版社、１９９５年。〔18〕

佐藤正則『ボリシェヴィズムと〈新しい人間〉——20世紀ロシアの宇宙進化論』水声社、２０００年。〔18〕

和田春樹『歴史としての社会主義』（岩波新書）岩波書店、１９９２年。〔18〕

サーヴィス、ロバート 著／中嶋毅 訳『ロシア革命　１９００〜１９２７』（ヨーロッパ史入門）岩波書店、２００５年。〔19〕

下斗米伸夫『ソビエト連邦史　１９１７〜１９９１』（講談社学術文庫）講談社、２０１７年（＝『ソ連＝党が所有した国家——１９１７〜１９９１』講談社、２００２年の増補改訂新版）。〔19〕

ダニエルズ、R 著／国際社会主義運動研究会 訳『ロシア共産党党内闘争史』現代思潮新社、１９７５年。〔19〕

奥田央 編『二〇世紀ロシア農民史』社会評論社、２００６年。〔20〕

溪内謙『上からの革命——スターリン主義の源流』岩波書店、２００４年。〔20〕

Wehner, Markus, *Bauernpolitik im proletarischen Staat: Die Bauernfrage als zentrales Problem der sowjetischen Innenpolitik 1921-1928*, Köln/Weimar/Wien, 1998.〔20〕

Fitzpatrick, Sheila, *Everyday Stalinism. Ordinary Life in Extraordinary Times: Soviet Russia in the 1930s*, New York and Oxford: Oxford University Press, 1999.〔21〕

Gronow, Jukka, *Caviar with Champagne: Common Luxury and the*

Ideals of the Good Life in Stalin's Russia, Oxford: Berg, 2003.〔21〕
山田和夫『ロシア・ソビエト映画史――エイゼンシュテインからソクーロフへ』キネマ旬報社、1997年。〔コラム2〕
コンドラーシン、V「ロシアとウクライナにおける1932～1933年飢饉――ソヴェト農村の悲劇」奥田央 編『二〇世紀ロシア農民史』社会評論社、2006年。〔22〕
富田武『スターリニズムの統治構造――1930年代ソ連の政策決定と国民統合』岩波書店、1996年。〔22〕
フレヴニューク、O 著／富田武 訳『スターリンの大テロル――恐怖政治のメカニズムと抵抗の諸相』岩波書店、1998年。〔22〕
松井康浩『スターリニズムの経験――市民の手紙・日記・回想録から』岩波書店、2014年。〔22〕
Hellbeck, Jochen, *Revolution on My Mind: Writing a Diary under Stalin*, Cambridge, Mass.: Harvard University Press, 2006.〔22〕
コンクエスト、ロバート 著／佐野真 訳『スターリン――ユーラシアの亡霊』時事通信社、1994年。〔23〕
モンテフィオーリ、サイモン・セバーグ 著／松本幸重 訳『スターリン――青春と革命の時代』白水社、2010年。〔23〕
横手慎二『スターリン――「非道の独裁者」の実像』（中公新書）中央公論新社、2014年。〔23〕
グランツ、デビッド・M／ジョナサン・M・ハウス 著／守屋純 訳『詳報　独ソ戦全史――「史上最大の地上戦」の実像』学習研究社、2003年。〔24〕
ナゴルスキ、アンドリュー 著／津守滋 監修／津守京子 訳『モスクワ攻防戦――20世紀を決した史上最大の戦闘』作品社、2010年。〔24〕
ビーヴァー、アントニー著／堀たほ子訳『スターリングラード――運命の攻防戦　1942～1943』朝日新聞社、2002年。〔24〕
コワレンコ、イワン 著／加藤昭 監修／清田彰 訳『対日工作の回想』文藝春秋、1996年。〔25〕
富田武『シベリア抑留――スターリン独裁下、「収容所群島」の実像』（中公新書）中央公論新社、2016年。〔25〕
村山常雄『シベリアに逝きし人々を刻す――ソ連抑留中志望者名簿』プロスパー企画、2007～2008年。〔25〕
村山常雄『シベリアに逝きし46300名を刻む――ソ連抑留死亡者名簿をつくる』七つ森書館、2009年。〔25〕
若槻泰雄『シベリア捕虜収容所』上下、サイマル出版会、1979年。〔25〕
Катасонова, Елена, *Японские военнопленные в СССР, Большая игра великих держав*, Москва, 2003.〔25〕
小都元『核兵器事典』新紀元社、2005年。〔26〕
片桐俊浩『ロシアの旧秘密都市』（ユーラシア・ブックレット153）東洋書店、2010年。〔26〕
藤井晴雄『ソ連・ロシアの原子力開発――1930年代から現在まで』（ユーラシア・ブックレット14）東洋書店、2

００１年。〔26〕
メドベージェフ、ロイ・A／ジョレス・A・メドベージェフ著／下斗米伸夫 訳『フルシチョフ権力の時代』御茶の水書房、１９８０年。〔27〕

第Ⅳ部　変容するソ連――「危機の30年」

ボッファ、G著／坂井信義、大久保昭男 訳『ソ連邦史　第4巻　１９４７〜１９６４』大月書店、１９８０年。〔28〕
松戸清裕『歴史のなかのソ連』（世界史リブレット）山川出版社、２００５年。〔28、34〕
松戸清裕『ソ連史』（ちくま新書）筑摩書房、２０１１年。〔28、34〕
ラフィーバー、ウォルター著／平田雅己、伊藤裕子 監訳／中嶋啓雄、高橋博子、倉科一希、高原秀介、浅野一弘、原口幸司 訳『アメリカvsロシア――冷戦時代とその遺産』芦書房、２０１２年。〔29〕
ウェスタッド、O・A著／佐々木雄太 監訳／小川浩之、益田実、三須拓也、三宅康之、山本健 訳『グローバル冷戦史――第三世界への介入と現代世界の形成』名古屋大学出版会、２０１０年。〔29〕
佐々木卓也『冷戦――アメリカの民主主義的生活様式を守る戦い』有斐閣Insight、２０１１年。〔29〕
ドックリル、マイケル・L&マイケル・F・ホプキンズ 著／伊藤裕子 訳『冷戦　一九四五〜一九九一』（ヨーロッパ史入門）岩波書店、２００９年。〔29〕
久保田正明『クレムリンへの使節――北方領土交渉　１９５５〜１９８３』文藝春秋、１９８３年。〔30〕
本田良一『日ロ現場史　北方領土――終わらない戦後』北海道新聞社、２０１３年。〔30〕
松本俊一『日ソ国交回復秘録――北方領土交渉の真実』朝日選書、２０１２年（＝松本俊一『モスクワにかける虹――日ソ国交回復秘録』朝日新聞社、１９６６年の復刻版）。〔30〕
下斗米伸夫『アジア冷戦史』（中公新書）中央公論新社、２００４年。〔31〕
ボリソーフ、O・Б／コロスコフ、Б・T著／滝澤一郎 訳『ソ連と中国』サイマル出版会、１９７７年。〔31〕
毛里和子『中国とソ連』岩波新書、１９８９年。〔31〕
ドーンバーグ、ジョン 著／木村明生 監訳『ブレジネフ』朝日イブニングニュース社、１９７８年。〔32〕
中澤孝之『ブレジネフ体制のソ連』サイマル出版会、１９７５年。〔32〕
中澤孝之『デタントのなかの東欧』泰流社、１９７７年。〔32〕
ヴァシリューク、スヴェトラーナ「第7章　１９７０年代の日ソ・エネルギー協力における政治要因」下斗米伸夫編『日ロ関係 歴史と現代』法政大学現代法研究所叢書、２０１５年。〔33、コラム３〕
コズロフ、イー・デ 著／梅津和郎 編集『ソ連圏のエネルギー経済』電力新報社、１９８２年。〔33、コラム３〕

鈴木啓介『財界対ソ攻防史——１９６５～１９９３』、日本経済評論社、１９９８年。〔33、コラム３〕
ホワイティング、アレン・Ｓ著／池井優訳『シベリア開発の構図——錯綜する日米中ソの利害』、日本経済新聞社出版局、１９８３年。〔33、コラム３〕
Gustafson, Thane, *Crisis amid Plenty: The Politics of Soviet Energy under Brezhnev and Gorbachev*, Princeton University Press, 1989.〔33〕
ゴルバチョフ、ミハイル著／工藤精一郎、鈴木康雄訳『ゴルバチョフ回想録（上巻・下巻）』新潮社、１９９６年。〔35、36、コラム４〕
チェルニャーエフ、アナトーリー著／中澤孝之訳『ゴルバチョフと運命をともにした２０００日』潮出版社、１９９４年。〔35、36、コラム４〕
山内聡彦、ＮＨＫ取材班『ゴルバチョフが語る冷戦終結の真実と21世紀の危機』（ＮＨＫ出版新書）ＮＨＫ出版、２０１５年。〔35〕
ガディス、ジョン・Ｌ著／河合秀和、鈴木健人訳『冷戦——その歴史と問題点』彩流社、２００７年。〔36、コラム４〕
シェワルナゼ、エドアルド著／朝日新聞外報部訳『希望』朝日新聞社、１９９１年。〔36、コラム４〕
ヤコブレフ、アレクサンドル著／月出皎司訳『歴史の幻影——ロシア　失われた世紀』日本経済新聞社、１９９３年。〔36、コラム４〕
石郷岡建『ソ連崩壊１９９１』書苑新社、１９９８年。〔37〕
塩川伸明『多民族国家ソ連の興亡Ⅰ　民族と言語』岩波書店、２００４年。〔37〕
塩川伸明『多民族国家ソ連の興亡Ⅱ　国家の構築と解体』岩波書店、２００７年。〔37〕
塩川伸明『多民族国家ソ連の興亡Ⅲ　ロシア連邦制と民族問題』岩波書店、２００７年。〔37、41〕
カレール＝ダンコース、エレーヌ著／高橋武智訳『崩壊した帝国——ソ連における諸民族の反乱』新評論、１９８１年（解題改訂新版『崩壊したソ連帝国——諸民族の反乱』藤原書店、１９９０年）。〔37〕
藤村信『ユーラシア諸民族群島』岩波書店、１９９３年。〔37〕
中澤孝之『ベロヴェーシの森の陰謀』潮出版社、１９９９年。〔38〕
中澤孝之「『ソ連解体』の遠因に迫る」『ユーラシアの経済と社会』７月号、ユーラシア研究所、２０１５年。〔38〕

第Ⅴ部　よみがえるロシア

江頭寛『ロシア　闇の大国』草思社、１９９９年。〔39〕
エリツィン、ボリス著／中澤孝之訳『エリツィンの手記——崩壊・対決の舞台裏（上・下）』同朋舎出版、１９９４年。〔39〕
下斗米伸夫『ロシア現代政治』東京大学出版会、１９９７年。〔39〕
下斗米伸夫編『ロシア変動の構図——エリツィンからプー

チンへ』法政大学出版局、２００１年。〔39〕

中澤孝之『エリツィンからプーチンへ』（ユーラシア・ブックレット1）東洋書店、２０００年。〔39〕

黒川祐次『物語ウクライナの歴史――ヨーロッパ最後の大国』（中公新書）中央公論新社、２００２年。〔40〕

中井和夫『ウクライナ・ナショナリズム――独立のディレンマ』東京大学出版会、１９９８年。〔40〕

Wilson, Andrew, *The Ukrainians: Unexpected Nation*, Yale UP, 2nd: 2002, 3rd: 2009.〔40〕

Wilson, Andrew, *Ukraine Crisis. What It Means for the West*, New Haven & London: Yale UP, 2014.〔40〕

月村太郎 編著『地域紛争の構図』晃洋書房、２０１３年。〔41〕

富樫耕介『チェチェン――平和定着の挫折と紛争再発の複合的メカニズム』明石書店、２０１５年。〔41〕

クリメント北原史門『正教会の祭りと暦』群像社、２０１５年。〔42〕

津久井定雄、有宗昌子 編『ロシア　祈りの大地』大阪大学出版会、２００８年。〔42〕

廣岡正久『キリスト教の歴史3　東方正教会・東方諸教会』山川出版社、２０１３年。〔42〕

上垣彰『経済グローバリゼーション下のロシア』日本評論社、２００５年。〔43〕

望月喜市・田畑伸一郎・山村理人 編著『スラブの経済』弘文堂、１９９５年。〔43〕

吉井昌彦・溝端佐登史 編『ロシア経済論』ミネルヴァ書房、２０１１年。〔43〕

柴崎嘉之「Ⅱ．改革を迫られるソ連農業――ペレストロイカの現状と背景」『食糧・農業問題全集　2．社会主義農業の変貌』農山漁村文化協会、１９８６年。〔44〕

柴崎嘉之「第七章　社会主義農政の変換」『食糧・農業問題全集　1農業の活路を世界に見る』農山漁村文化協会、１９９１年。〔44〕

木村汎『プーチン――人間的考察』藤原書店、２０１５年。〔45〕

ＮＨＫ取材班『揺れる大国プーチンのロシア　ＮＨＫスペシャル』ＮＨＫ出版、２００９年。〔45〕

Ｎ・ゲヴォルクヤンほか 著／高橋則明 訳『プーチン、自らを語る』扶桑社、２０００年。〔45〕

中澤孝之『現代ロシア政治を動かす50人』（ユーラシア・ブックレット72）東洋書店、２００５年。〔45〕

永綱憲悟『大統領プーチンと現代ロシア政治』（ユーラシア・ブックレット26）東洋書店、２００２年。〔45〕

中澤孝之『オリガルヒ――ロシアを牛耳る１６３人』東洋書店、２００２年。〔46〕

中澤孝之『資本主義ロシア』（岩波新書）岩波書店、１９９４年。〔46〕

斎藤元秀『ロシアの外交政策』勁草書房、２００４年。〔47〕

佐藤親賢『プーチンの思考――「強いロシア」への選択』岩波書店、２０１２年。〔47〕

下斗米伸夫『プーチンはアジアをめざす　激変する国際政治』（ＮＨＫ出版新書）ＮＨＫ出版、２０１４年。〔47、50〕

下斗米伸夫『宗教・地政学から読むロシア――「第三のローマ」をめざすプーチン』日本経済新聞出版社、２０１６年。〔47〕

乾一宇『力の信奉者ロシア　その思想と戦略』ＪＣＡ出版、２０１１年。〔48〕

防衛研究所 編『東アジア戦略概観』防衛研究所、１９９６年～。〔48〕

廣瀬陽子『未承認国家と覇権なき世界』（ＮＨＫブックス１２２０）ＮＨＫ出版、２０１４年。〔49〕

Caspersen, Nina, *Unrecognized States: The Struggle for Sovereignty in the Modern International System*, Cambridge: Polity, 2012.〔49〕

佐藤優『自壊する帝国』（新潮文庫）新潮社、２００８年。〔50〕

東郷和彦『北方領土交渉秘録』（新潮文庫）新潮社、２０１１年。〔50〕

五百旗頭真、下斗米伸夫、Ａ・トルクノフ、Ｄ・ストレリツォフ『日ロ関係史――パラレル・ヒストリーの挑戦』東京大学出版会、２０１５年。〔おわりにかえて〕

ビリントン、ジェームス『聖像画と手斧――ロシア文化史試論』勉誠出版、２０００年。〔おわりにかえて〕

ロシアの歴史を学ぶためのブックガイド

（日本語、および一部英文で入手できるものを中心に紹介する。また参考文献リストに入っているものは原則省略した）

【通史・辞典】

栗生沢猛夫『図説　ロシアの歴史【増補新装版】』（ふくろうの本）河出書房新社、２０１４年。

土肥恒之『図説　帝政ロシア　光と闇の２００年』（ふくろうの本）河出書房新社、２００９年。

下斗米伸夫『図説　ソ連の歴史』（ふくろうの本）河出書房新社、２０１１年。

田中陽兒、倉持俊一、和田春樹 編『ロシア史1、2、3』（世界歴史大系）山川出版社、１９９４〜１９９７年。

和田春樹 編『ロシア史』（新版世界各国史22）山川出版社、２００２年。

鳥山成人『ロシア東欧の国家と社会』恒文社、１９８５年。

森安達也 編『スラブ民族と東欧ロシア』（民族の世界史10）山川出版社、１９８６年。

A・ダニロフ、L・コスリナ、M・ブラント（吉田衆一、A・クラフツェヴィチ 監修）『ロシアの歴史　上、下』（世界の教科書シリーズ31、32）明石書店、２０１１年。

田中陽兒『世界史学とロシア史研究』山川出版社、２０１４年。

ロシア史研究会編『ロシア史研究案内』彩流社、２０１２年。

藤本和貴夫 編『ロシア学を学ぶ人のために』世界思想社、１９９６年。

柴宜弘 編『バルカン史』（新版世界各国史18）山川出版社、１９９８年。

護雅夫、岡田英弘 編『中央ユーラシアの世界』（民族の世界史4）山川出版社、１９９０年。

小松久男 編『中央ユーラシア史』（新版世界各国史4）山川出版社、２０００年。

三上次男、神田信夫編『東北アジアの民族と歴史』（民族の世界史3）山川出版社、１９８９年。

野中進、三浦清美、ヴァレリー・グレチュコ、井上まどか 編『ロシア文化の方舟——ソ連崩壊から二〇年』東洋書店、

２０１１年。

東郷和彦、A・N・パノフ『ロシアと日本――自己意識の歴史を比較する』東京大学出版会、２０１６年。

メリデール、キャサリン（松島芳彦 訳）『クレムリン――赤い城塞の歴史（上下）』白水社、２０１６年。

植田樹『キャラバン・サライのロシア――歴史・民族・地政学（上下）』（ユーラシア選書）東洋書店、２００８年。

川端香男里、佐藤経明、中村喜和、和田春樹、塩川伸明、栖原学、沼野充義 監修『新版　ロシアを知る事典』平凡社、２００４年。

柴宜弘、伊東孝之、南塚信吾、直野敦、萩原直 監修『新版　東欧を知る事典』平凡社、２０１５年。

小松久男、梅原坦、宇山智彦、帯谷知可、堀川徹 編『中央ユーラシアを知る事典』平凡社、２００５年。


【ロシア帝政期まで】


B・O・クリュチェフスキー（八重樫喬任 訳）『ロシア史講話1〜5』恒文社、１９７８〜１９８３年。

J・ビリントン（藤野幸雄 訳）『聖像画《イコン》と手斧――ロシア文化史詩論』勉誠社、２０００年。

井上浩一、栗生沢猛夫『ビザンツとスラヴ』（世界の歴史11）中央公論社、１９９８年（文庫版、中公文庫、中央公論新社、２００９年）。

土肥恒之『ロシア・ロマノフ王朝の大地』（興亡の世界史14）講談社、２００７年（文庫版、講談社学術文庫、講談社、２０１６年）。

カレール＝ダンコース、エレーヌ（谷口侑 訳）『未完のロシア――10世紀から今日まで』藤原書店、２００８年。

早坂眞理『ベラルーシ――境界領域の歴史学』彩流社、２０１３年。

豊川浩一『ロシア帝国民族統合史の研究――植民政策とバシキール人』北海道大学出版会、２００６年。

秋月俊幸『日ロ関係とサハリン島――幕末明治初年の領土問題』筑摩書房、１９９４年。

生田美智子『外交儀礼から見た幕末日露文化交流史――描かれた相互イメージ・表象』（MINERVA日本史ライブラリー）ミネルヴァ書房、２００８年。

V・ギリャロフスキー（村手義治 訳）『帝政末期のモスクワ』（中公文庫）中央公論社、１９８６年。

加納格『ロシア帝国の民主化と国家統合――二十世紀初頭の改革と革命』御茶の水書房、２００１年。

橋本伸也『帝国・身分・学校――帝制期ロシアにおける教育の社会文化史』名古屋大学出版会、2009年。

マクレイノルズ、ルイーズ（高橋一彦、田中良英、巽由樹子、青島陽子 訳）『〈遊ぶ〉ロシア――帝政末期の余暇と商業文化』法政大学出版局、2014年。

浜由樹子『ユーラシア主義とは何か』成文社、2010年。

ゲルツェン『ロシアにおける革命思想の発達について』（岩波文庫）岩波書店、2002年。

長縄光男『評伝ゲルツェン』成文社、2012年。

長縄光男『ゲルツェンと1848年革命の人びと』（平凡社新書）平凡社、2015年。

ケナン、ジョージ（左近毅 訳）『シベリアと流刑制度Ⅰ、Ⅱ』（叢書・ウニベルシタス）法政大学出版局、1996年。

麻田雅文『中東鉄道経営史――ロシアと「満洲」1896～1935』名古屋大学出版会、2012年。

モルグン、ゾーヤ（藤本和貴夫 訳）『ウラジオストク――日本人居留民の歴史 1860～1937年』東京堂出版、2016年。


【ソ連期】

和田春樹『マルクス・エンゲルスと革命ロシア』勁草書房、1975年。

E・H・カー（原田三郎、田中菊次、服部文男、宇高基輔 共訳）『ボリシェヴィキ革命――ソヴェト・ロシア史1917～1923 全3巻』みすず書房、1967～1971年（新装版全3巻セット、1999年）。

E・H・カー（南塚信吾 訳）『一国社会主義 1924～1926 全2巻』みすず書房、1974～1977年。

ブラウン、アーチー（下斗米伸夫 監訳）『共産主義の興亡』中央公論新社、2012年。

松戸清裕、浅岡善治、池田嘉郎、宇山智彦、中嶋毅、松井康浩 編『ロシア革命とソ連の世紀 1～5』岩波書店、2017年。

池田嘉郎『ロシア革命――破局の8か月』（岩波新書）岩波書店、2017年。

『現代思想 特集＝ロシア革命100年』青土社、2017年。

亀山郁夫、沼野充義『ロシア革命100年の謎』河出書房新社、2017年。

ノーヴ、アレク（石井規衛、奥田央、村上範明 訳）『ソ連経済史』岩波書店、1982年。

梶川伸一『飢餓の革命――ロシア十月革命と農民』名古屋大学出版会、1997年。

池田嘉郎『革命ロシアの共和国とネイション』（山川歴史モノグラフ14）山川出版社、2007年。

トロツキー（藤井一行 訳）『裏切られた革命』（岩波文庫）岩波書店、1992年。

西山克典『ロシア革命と東方辺境地域――「帝国」秩序からの自立を求めて』北海道大学図書刊行会、2002年。

富田武『日本人記者が観た赤いロシア』（岩波現代全書）岩波書店、2017年
原暉之『シベリア出兵――革命と干渉　1917～1922』筑摩書房、1989年。

山内昌之『中東国際関係史研究――トルコ革命とソビエト・ロシア　1918～1923』岩波書店、2013年。

溪内謙編『ソヴィエト政治秩序の形成過程――1920年代から30年代へ』岩波書店、1984年。

溪内謙『ソヴィエト政治史（新版）』岩波書店、1989年。

下斗米伸夫『ソ連＝党が所有した国家1917～1991（新版）』（講談社文庫）講談社、2017年刊予定。

奥田央『コルホーズの成立過程――ロシアにおける共同体の終焉』岩波書店、1990年。

奥田央『ヴォルガの革命――スターリン統治下の農村』東京大学出版会、1996年。

下斗米伸夫『スターリンと都市モスクワ――1931～34年』岩波書店、1994年。

立石洋子『国民統合と歴史学――スターリン期ソ連における「国民史」論争』（学術叢書）学術出版会、2011年。

市川浩 編著『科学の参謀本部――ロシア／ソ連邦科学アカデミーに関する国際共同研究』北海道大学出版会、2016年。

メドヴェーデフ、ロイ（石堂清倫 訳）『共産主義とは何か　上下』三一書房、1973～1974年。

ゲッティ、アーチ・オレグ・V・ナウモフ 編（川上洸、萩原直 訳）『ソ連極秘資料集　大粛清への道――スターリンとボリシェヴィキの自壊1932～1939年』大月書店、2001年。

斎藤治子『独ソ不可侵条約――ソ連外交秘史』新樹社、1995年。

ビーヴァー、アントニー（堀たほ子 訳）『スターリングラード――運命の攻囲戦1942～1943』（朝日文庫）朝日新聞社、2005年。

メリデール、キャサリン（松島芳彦 訳）『イワンの戦争――赤軍兵士の記録1939～45』白水社、2012年。

ウラム、アダム（鈴木博信 訳）『膨張と共存――ソヴィエト外交史（1～3）』サイマル出版会、1978年。

ホロウェイ、デーヴィド（川上洸、松本幸重 訳）『スターリンと原爆（上下）』大月書店、1997年。

寺山恭輔『スターリンと新疆――1931～49年』社会評論社、2015年。

富田武『戦間期の日ソ関係――1917～1937』岩波書店、2010年。

油遠重遠『戦時日ソ交渉小史――1941年～1945年』霞ヶ関出版、1974年。

スラヴィンスキー、ボリス（加藤幸廣 訳）『日ソ戦争への道――ノモンハンから千島占領まで』共同通信社、1999年。

長勢了治『シベリア抑留全史』原書房、2013年。

佐々木良江『ユーラシアの秋』集英社、1998年。

キリチェンコ、アレクセイ（川村秀 編、名越陽子 訳）『知られざる日露の二百年』現代思潮社、2013年。

長谷川毅『暗闘――スターリン、トルーマンと日本降伏　上下』（中公文庫）中央公論新社、2011年。

下斗米伸夫『日本冷戦史――帝国の崩壊から55年体制へ』岩波書店、2011年。

若宮啓文『ドキュメント北方領土問題の内幕――クレムリン・東京・ワシントン』（筑摩選書）筑摩書房、2016年。

A・トルクノフ（下斗米伸夫、金成浩 訳）『朝鮮戦争の謎と真実――金日成、スターリン、毛沢東の機密電報による』草思社、2001年。

ソルジェニツイン、アレクサンドル（木村浩 訳）『収容所群島　1918～1956文学的考察　全6巻』（新潮文庫）新潮社、1975～1978年。

ジノーヴィエフ、アレクサンドル（西谷修、中沢信一 訳）『余計者の告白（上下）』河出書房新社、1991年。

和田春樹『スターリン批判　1953～1956年――一人の独裁者の死が、いかに20世紀世界を揺り動かしたか』作品社、2016年。

メドベージェフ、ロイ／ジョレス・メドベージェフ（下斗米伸夫 訳）『フルシチョフ権力の時代』御茶の水書房、1980年。

メドヴェージェフ、Z・A（佐々木洋 訳）『ソヴィエト農業1917～1991――集団化と農工複合の帰結』北海道大学図書刊行会、1995年。

ブラウン、アーチー（小泉直美、角田安正 訳）『ゴルバチョフ・ファクター』藤原書店、2008年。

セベスチェン、ヴィクター（三浦元博、山崎博康 訳）『東欧革命１９８９――ソ連帝国の崩壊』白水社、２００９年。

【ロシア】

稲子恒夫『ロシアの20世紀――年表・資料・分析』東洋書店、２００７年。

下斗米伸夫・島田博 編著『現代ロシアを知るための60章【第2版】』（エリア・スタディーズ21）明石書店、２０１２年。

スハーノフ、レフ（川上洸 訳）『ボスとしてのエリツィン――ロシア大統領補佐官の記録』同文書院インターナショナル、１９９３年。

下斗米伸夫『ロシア世界』（21世紀の世界政治）筑摩書房、１９９９年。

朝日新聞国際報道部編『プーチンの実像――証言で暴く「皇帝《ツァーリ》」の素顔』朝日新聞出版、２０１５年。

木村汎『遠い隣国――ロシアと日本』世界思想社、２００２年。

木村汎『プーチン――人間的考察』藤原書店、２０１５年。

山内聡彦『ドキュメント　プーチンのロシア』（ＮＨＫスペシャルセレクション）ＮＨＫ出版、２００３年。

ライン、ロデリック・タルボット、ストローブ・渡邊幸治（長縄忠 訳）『プーチンのロシア――21世紀を左右する地政学的リスク』日本経済新聞社、２００６年。

フリーランド、クライスティア（角田安正、松代助、吉弘健二 訳）『世紀の売却――第二のロシア革命の内幕』新評論、２００５年。

　ここで上げた文献はあくまで案内的なものであって、ロシア史の理解にはどこまで行っても正解はないと悟るべきであろう。初学者は各種ブックレットや新書などから進むのが望ましい。『ロシア史研究』（ロシア史研究会）、『ユーラシア研究』（ユーラシア研究所）、『ロシア・東欧研究』（ロシア・東欧学会）、『スラヴ研究』（北海道大学スラブ・ユーラシア研究センター）などの研究誌も中級以上の参考となる。なかでもソ連史はいずれにしても難問であるが、ロシア語が分かる学部生か、院生クラスは露文だが、主要大学所収のアレクサンドル・ヤコブレフ編『20世紀のロシア』（国際基金デモクラチア）シリーズなどから入ることをおすすめする。

年	項　目
2013	安倍総理公式訪ロ（４月）
2014	ソチ五輪（２月）、ウクライナ紛争、クリミア併合（３月）
2015	ミンスク合意Ⅱ（２月）、シリア空爆
2016	安倍総理とソチ会談（５月）、東方経済フォーラム（９月）、大統領訪日（12月）

年	項　目
1968	チェコ事件（８月）
1969	中ソ国境紛争（３月）
1971	第24回党大会
1972	デタント、米国ニクソン大統領訪ソ（５月）
1975	ヘルシンキ条約（６月）
1977	ブレジネフ、最高会議幹部会議長兼務
1979	アフガニスタン介入（12月）
1980	ポーランド連帯誕生（８月）、モスクワ五輪、西側ボイコット
1981	第26回党大会
1982	ブレジネフ書記長死去（11月）
1984	アンドロポフ書記長死去（２月）、チェルネンコ書記長
1985	ゴルバチョフ書記長就任（３月）
1986	第27回党大会、チェルノブイリ事故（４月）、カザフ暴動（12月）
1987	ゴルバチョフ、政治改革（１月）、歴史見直し
1988	東欧政策見直し、第19回党協議会
1989	人民代議員大会選挙、東欧市民革命、ベルリンの壁崩れる（11月）
1990	一党制見直し、大統領制導入（３月）、ロシア主権宣言（６月）
1991	バルト危機（１月）、クーデター未遂（８月）、ウクライナ独立、ソ連崩壊（12月）
1992	ロシア価格自由化、私有化
1993	エリツィン大統領、議事堂攻撃（９月）、東京宣言
1994	チェチェン危機
1995	議会選挙、担保オークション私有化
1996	エリツィン大統領再選（７月）
1997	若手改革派登場、チェルノムイルジン首相、クラスノヤルスク会談
1998	キリエンコ首相承認、金融危機（８月）、プリマコフ首相（９月）
1999	コソヴォ紛争、ステパーシン首相、プーチン首相（８月）、チェチェン紛争、プーチン後継指名（12月）、エリツィン大統領辞任
2000	プーチン大統領就任（５月）、プーチン訪日（９月）
2001	イルクーツク日ロ首脳会談（３月）
2002	モスクワ劇場占拠事件
2003	ホドルコフスキー事件、米主導のイラク戦争（３月）
2004	プーチン大統領再選、ベスラン学校占拠事件、オレンジ革命
2006	ロシアでG8開催
2007	ミュンヘンでプーチンの米国批判演説
2008	メドベージェフ大統領、プーチン首相（５月）のタンデム発足、ロシア・ジョージア戦争（８月）
2010	米ロ新START調印
2011	リビア政変、議会選挙（12月）、民主化運動
2012	プーチン首相、大統領に復帰（５月）、ウラジオストクでAPEC会議（９月）

年	項　目
1906	ストルイピン改革
1907	日露第一次協商
1914	第一次世界大戦（～ 18）
1916	日露協約
1917	二月革命、レーニン帰国（４月）、４月テーゼ「全権力をソヴィエトへ」、十月革命、ソヴィエト権力樹立
1918	制憲会議解散（１月）、ボリシェヴィキ党、共産党に改称（３月）、モスクワ遷都（３月）、ブレスト＝リトフスク講和条約（３月）、戦時共産主義
1919	コミンテルン創立
1921	クロンシュタット反乱、第10回党大会で分派の禁止、NEP導入（市場経済）、リガ条約
1922	ヴォルガ飢饉、エスエル裁判、スターリン共産党書記長、ソ連邦形成
1924	レーニン死去（１月）、共産党右派（ルイコフ、ブハーリン）台頭
1925	日ソ基本条約、第14回党大会
1927	英ソ断交、穀物調達危機、第15回党大会
1928	非常措置、第一次五ヵ年計画、
1929	ウラル・シベリア方式→「上からの革命」、スターリン50歳
1930	全面的集団化、第16回党大会、モロトフ首相
1932	リューチン事件、クバン事件、満洲国成立
1933	飢饉深刻化、ヒトラー首相、米ソ国交
1934	第17回党大会、キーロフ暗殺（12月）、国際連盟加盟
1936	スターリン憲法制定（12月）
1938	ブハーリン裁判（３月）等の大粛清
1939	ノモンハン事件、モロトフ・リッベントロップ協定、第二次世界大戦（～ 45）、冬（ソ・フィン）戦争（～ 40）
1941	独ソ戦（大祖国戦争）開始（６月）
1943	スターリングラード戦勝利（２月）、コミンテルン解散、正教会と和解
1945	ヤルタ会談（２月）、独ソ戦終了（５月）、日ソ戦争（８月）
1946	冷戦の開始（フルトン演説）
1947	コミンフォルム形成
1949	核実験（８月）、中国共産党政権（10月）、
1950	朝鮮戦争始まる（６月）
1953	スターリン死去（３月）、集団指導体制へ、ベリヤ粛清
1956	第20回党大会でスターリン批判（２月）、日ソ共同宣言（10月）
1957	「反党グループ」事件（６月）、スプートニク打ち上げ
1960	Ｕ２型機事件
1961	ベルリンの壁建設（８月）、第二次スターリン批判
1962	キューバ危機（10月）、共産党を部門別に分割
1963	中ソ対立表面化
1964	フルシチョフ失脚、ブレジネフ・コスイギン体制

年	項　目
1700	北方戦争（～21）
1703	サンクト=ペテルブルク建設
1709	ポルタヴァの戦い
1713	ペテルブルクに首都移転
1721	ピョートル大帝の帝政ロシア成立、宗務院の教会支配
1725	エカチェリーナ１世即位
1730	アンナ女帝即位
1741	エリザヴェータ女帝即位
1762	エカチェリーナ２世即位
1768	露土戦争
1772	ポーランド第一次分割（1793第二次、1795第三次）
1773	プガチョフの乱（～75）
1783	クリミア併合
1792	ラックスマン長崎来航
1799	露米会社設立
1801	グルジア王国併合
1807	文化露寇
1812	ナポレオン戦争
1821	千島をめぐる争い終焉（アレクサンドル１世勅書）
1825	ニコライ１世即位、デカブリストの乱
1830	ポーランド十一月蜂起
1845	カフカース総督府設置
1853	クリミア戦争（～56年）
1855	アレクサンドル２世即位、日露和親条約
1860	北京条約、沿海州獲得
1861	ロシア農奴解放（３月）
1863	ポーランド一月蜂起
1864	地方制度改革
1867	トルキスタン総督府設置（中央アジア進出）、アラスカを米国に売却
1874	ナロードニキ運動開始
1875	樺太千島交換条約
1881	アレクサンドル２世暗殺、ポグロム
1883	アレクサンドル３世、宗教寛容政策
1890	ゼムストヴォ（地方自治）改革
1894	ニコライ２世即位
1898	ロシア社会民主労働党第一回大会
1903	党内でボリシェヴィキ派とメンシェヴィキ派分裂
1904	日露戦争（２月）
1905	血の日曜日事件（１月）、ポーツマス条約（８月）、労働者ソヴィエト結成、政教分離の勅令、国会開設（10月）

◉ロシアの歴史を知るための50章関連年表

年	項　目
862	リューリク、ノヴゴロドに招致。ロシア国家の始まり
882	オレーグによるアスコリドとジル殺害。キエフ・ルーシの支配
988	ルーシのウラジーミル大公受洗
1015	ウラジーミル聖公没、ボリスとグレープ殺害
1019	ヤロスラフ賢公即位
1147	モスクワの呼称が現れる
1154	ヤロスラフ大公没。ルーシは諸公国分立の時代に
1169	アンドレイ公による、ウラジーミル・スーズダリの独立
1237	モンゴルの北東ルーシ攻撃
1261	サライに主教座（正教がモンゴル支配下で拡大）
1299	ウラジーミルに府主教座が移動
1304	トヴェーリとモスクワの支配権争い
1316	リトアニアの南西ルーシ支配
1328	全ルーシ府主教テオグノストス、モスクワに着任。モスクワがロシアの首都に
1372	モスクワとリトアニアの戦争
1380	クリコヴォの戦い
1385	ポーランドとリトアニア、クレヴォの合同
1410	グルンバルドの戦い
1437	フェラーラ・フィレンツェ公会議（～39）
1453	コンスタンティノープル陥落
1462	イヴァン３世モスクワ大公即位
1533	イヴァン雷帝即位
1555	イヴァン雷帝、カザン占領
1569	ポーランド・リトアニア連合王国成立、ルブリンの合同
1589	モスクワに総主教座
1596	ブレスト合同
1598	ボリス・ゴドゥノフ、ツァーリに推戴
1612	モスクワ、ポーランドを撃退
1613	ロマノフ朝の成立
1648	ザポロージェ・コサック、ボフダン・フメリニツキーの反乱
1649	会議法典
1652	ニーコン総主教の儀式改革
1654	ペレヤスラフの和約
1658	ハジャーチの和約
1666	正教会の分裂（ラスコール）
1667	ウクライナ左岸併合（アンドルソフ講和）

松戸 清裕（まつど　きよひろ）［28、34］
北海学園大学法学部教授。
【主要著作】
『ソ連という実験――国家が管理する民主主義は可能か〔筑摩選書〕』（筑摩書房、2017年）、『ソ連史〔ちくま新書〕』（筑摩書房、2011年）、『歴史のなかのソ連〔世界史リブレット〕』（山川出版社、2005年）。

三浦 清美（みうら　きよはる）［3、4］
電気通信大学情報理工学域教授。
【主要著作】
『ロシアの源流――中心なき森と草原から第三のローマへ〔講談社メチエ274〕』（講談社、2003年）、『白樺の手紙を送りました――ロシア中世都市の歴史と日常生活』（訳著、V・L・ヤーニン著、山川出版社、2001年）、『ヨーロッパ異端の源流――カタリ派とボゴミール派』（訳著、Y・ストヤノフ著、平凡社、2001年）。

山内 聡彦（やまうち　としひこ）［35］
NHK解説委員室解説委員。
【主要著作】
『ゴルバチョフが語る冷戦終結の真実と21世紀の危機』（NHK出版、2015年）、『現代ロシアを見る眼――プーチン十年の衝撃』（NHK出版、2010年）、『ドキュメント　プーチンのロシア』（NHK出版、2003年）。

吉田 豊子（よしだ　とよこ）［31］
京都産業大学外国語学部准教授。
【主要著作】
「試析建国初期中国的“和平共処”政策与蘇聯」（徐藍主編『近現代国際関係史研究』第9輯、2016年）、「民族主義与現実主義之間的権衡与抉択――再議1945年中蘇条約締結過程中国民政府之因応」（張俊義・陳紅民主編『近代中外関係史研究』第6輯、社会科学文献出版社、2015年）、「第二次世界大戦後の中蒙関係――国民政府の対応を中心に（1945－1946）」（石川禎浩編『現代中国文化の深層構造』京都大学現代中国研究センター、2015年）。

花田 智之（はなだ　ともゆき）［8、24］
防衛研究所戦史研究センター主任研究官。
【主要著作】
「ゾルゲ事件」（筒井清忠編『昭和史講義２〔ちくま新書〕』筑摩書房、2016年）、「ノモンハン事件・日ソ中立条約」（筒井清忠編『昭和史講義〔ちくま新書〕』筑摩書房、2015年）、「ロシア帝国と北コーカサス——チェチェン紛争の歴史的底流」（下斗米伸夫・島田博編著『現代ロシアを知るための60章【第2版】』明石書店、2012年）。

早坂 眞理（はやさか　まこと）［6］
東京工業大学名誉教授。
【主要著作】
『革命独裁の史的研究——ロシア革命運動の裏面史としてのポーランド問題』（多賀出版、1999年）、『イスタンブルの東方機関——ポーランドの亡命愛国者』（筑摩書房、1987年）、『憐れみと縛り首——ヨーロッパ史のなかの貧民』（翻訳、ブロニスワフ・ゲレメク著、平凡社、1993年）。

兵頭 慎治（ひょうどう　しんじ）［48］
防衛研究所地域研究部長。
【主要著作】
「北東アジアに対するロシアの安全保障戦略 」（杉本侃編著『北東アジアのエネルギー安全保障』日本評論社、2016年）、「ロシアの影響圏的発想と北極・極東地域」（世界平和研究所編『希望の日米同盟』中央公論新社、2016年）、「プーチン・ロシアの国家発展戦略——多極世界下の米中印露関係」（岩下明裕編著『ユーラシア国際秩序の再編』ミネルヴァ書房、2013年）。

廣瀬 陽子（ひろせ　ようこ）［49］
慶應義塾大学総合政策学部教授。
【主要著作】
『未承認国家と覇権なき世界〔NHKブックス〕』（NHK出版、2014年）、『コーカサス——国際関係の十字路〔集英社新書〕』（集英社、2008年）**【第21回アジア・太平洋賞特別賞受賞】**、『旧ソ連地域と紛争——石油・民族・テロをめぐる地政学』（慶應義塾大学出版会、2005年）。

本田 良一（ほんだ　りょういち）［30］
北海道新聞社編集局編集委員。
【主要著作】
『日ロ現場史　北方領土——終わらない戦後』（北海道新聞社、2013年）、『新訂増補版　密猟の海で——正史に残らない北方領土』（凱風社、2011年）、『揺れる極東ロシア——国境を行く』（北海道新聞社、1996年）。

松岡 完（まつおか　ひろし）［29］
筑波大学人文社会系教授。
【主要著作】
『超大国アメリカ100年史——戦乱・危機・協調・混沌の国際関係史』（明石書店、2016年）、『ケネディと冷戦——ベトナム戦争とアメリカ外交』（彩流社、2012年）、『ベトナム戦争——誤算と誤解の戦場〔中公新書〕』（中央公論新社、2001年）。

富田 武（とみた　たけし）［17、22］
成蹊大学名誉教授。
【主要著作】
『シベリア抑留者たちの戦後――冷戦下の世論と運動1945-56年』（人文書院、2013年）、『戦間期の日ソ関係――1917-1937』（岩波書店、2010年）、『スターリニズムの統治構造――1930年代ソ連の政治決定と国民統合』（岩波書店、1996年）。

豊川 浩一（とよかわ　こういち）［9］
明治大学文学部教授。
【主要著作】
『18世紀ロシアの「探検」と変容する空間認識――キリーロフのオレンブルク遠征とヤーロフ事件』（山川出版社、2016年）、『ロシア帝国民族統合史の研究――植民政策とバシキール人』（北海道大学出版会、2006年）*Оленбург и оренбургское казачество во время восстания Пугачева 1773-1774 гг.* М., 1996.

中澤 敦夫（なかざわ　あつお）［1、2］
富山大学人文学部教授。
【主要著作】
『ロシア古文鑑賞ハンドブック』（群像社、2011年）、Накадзава А. *Рукописание Магнуша: Исследование и тексты*. СПб.: Дмитрий Буланин, 2003.『ロシアはどこから来たか――その民族意識の起源をたどる〔ブックレット新潟大学〕』（新潟日報事業社、2002年）。

中澤 孝之（なかざわ　たかゆき）［32、38、46］
国際問題評論家、元時事通信社外信部長。
【主要著作】
『ロシア革命で活躍したユダヤ人たち――帝政転覆の主役を演じた背景を探る』（角川学芸出版、2011年）、『資本主義ロシア――模索と混乱〔岩波新書〕』（岩波書店、1994年）、『新版 ゴルバチョフ――初代ソ連大統領の素顔』（時事通信社、1991年）。

永綱 憲悟（ながつな　けんご）［45］
亜細亜大学国際関係学部教授。
【主要著作】
『大統領プーチンと現代ロシア政治』（東洋書店、2002）、「ウクライナ危機とプーチン」『国際関係紀要』（亜細亜大学、2015年3月）、「プーチン政権8年――プーチンの自己評価と国民のプーチン評価」『ロシア・ユーラシア経済』（2007年12月号）。

野田 岳人（のだ　たけひと）［41］
群馬大学国際教育・研究センター准教授。
【主要著作】
「民族紛争とテロリズム――チェチェン紛争におけるテロリズムの変遷」（月村太郎編著『地域紛争の構図』晃洋書房、2013年）、「チェチェン・イングーシにおけるソヴェト民族政策の一側面――イングーシにおける領土問題の起源を中心に」（野部公一・崔在東編『20世紀ロシアの農民世界』日本経済評論社、2012年）、「第2次チェチェン紛争への道程――コソヴォ危機におけるロシア・チェチェン関係の変化（1997-99年）」（『ロシア・ユーラシアの経済と社会』第961号、2012年）。

田中 良英（たなか　よしひで）［7］
宮城教育大学教育学部教授。
【主要著作】
「ピョートル後のロシアにおける地方行政官人事——改革期の国制を担うエリート」（池田嘉郎・草野佳矢子編『国制史は躍動する——ヨーロッパとロシアの対話』刀水書房、2015年）、「18世紀前半ロシア地方行政官の動態に関する試論」（『西洋史研究』新輯第42号、2013年）、「戦時体制から平時体制へ——嘆願書と事務文書から探る18世紀ロシア陸軍の再編」（中嶋毅編『新史料で読むロシア史』山川出版社、2013年）。

田畑 伸一郎（たばた　しんいちろう）［43］
北海道大学スラブ・ユーラシア研究センター教授。
【主要著作】
『ユーラシア地域大国の持続的経済発展』（上垣彰との共編著、ミネルヴァ書房, 2013年）、『石油・ガスとロシア経済〔スラブ・ユーラシア叢書〕』（編著、北海道大学出版会、2008年）、『CIS——旧ソ連空間の再構成』（末澤恵美との共編著、国際書院、2004年）。

塚田 力（つかだ　つとむ）［5］
通訳業。
【主要著作】
「ブラジル訪問記——サンパウロ・パラナ・マットグロッソ」（『セーヴェル』第32号、ハルビン・ウラジオストクを語る会、2016年）、「古儀式派の復活 グローバルなネットワーク」（野中進、三浦 清美、ヴァレリー・グレチュコ、井上 まどか編『ロシア文化の方舟——ソ連崩壊から二〇年』東洋書店、2011年）、「納税者番号の導入とロシア旧教徒の終末観」（『スラブ学論叢』第6号、北海道大学文学研究科ロシア文学研究室年報、2003年）。

鶴見 太郎（つるみ　たろう）［12］
東京大学大学院総合文化研究科准教授。
【主要著作】
『ロシア・シオニズムの想像力——ユダヤ人・帝国・パレスチナ』（東京大学出版会、2012年）、「旧ソ連系移民とオスロ体制——イスラエルの変容か、強化か」（今野泰三・鶴見太郎・武田祥英編『オスロ合意から20年——パレスチナ／イスラエルの変容と課題』（NIHUイスラーム地域研究東京大学拠点、2015年）、“Jewish Liberal, Russian Conservative: Daniel Pasmanik between Zionism and the Anti-Bolshevik White Movement,” *Jewish Social Studies* 21(1), 2015.

東郷 和彦（とうごう　かずひこ）［50］
京都産業大学教授、世界問題研究所長。
【主要著作】
『ロシアと日本——自己意識の歴史を比較する』（A.N.パノフと共編著、東京大学出版会、2016年）、『危機の外交——首相談話・歴史認識・領土問題〔角川新書〕』（角川書店、2015年）、『北方領土交渉秘録——失われた五度の機会〔新潮文庫〕』（新潮社、2011年）。

シュラトフ、ヤロスラブ（SHULATOV, Yaroslav）［14］
神戸大学大学院国際文化学研究科准教授。
【主要著作】
На пути к сотрудничеству: российско-японские отношения в 1905-1914 гг.〔『協力への道——1905～1914における日露関係』〕М.-Хабаровск: Институт востоковедения, 2008.（ロシア語、東洋学研究所、2008年）、*История российско-японских отношений: XVIII-начало XXI в.*〔『日露関係史——18世紀～21世紀初頭』〕Под ред. С.В. Гришачёва. М., 2015（ロシア語、共著、S.グリシャチョフ編、2015年）、「ソ連外交と対中・日関係」（五百旗頭真、下斗米伸夫、A V トルクノフ、D V ストレリツォフ編『日露関係史——パラレル・ヒストリーの挑戦』東京大学出版会、2015年）。

高橋 沙奈美（たかはし　さなみ）［42］
北海道大学スラブ・ユーラシア研究センター助教。
【主要著作】
「地域大国の世界遺産——宗教と文化をめぐるポリティクス・記憶・表象」（前島訓子、小林宏至との共著、望月哲男編著『ユーラシア地域大国の文化表象〔シリーズ・ユーラシア地域大国論6〕』ミネルヴァ書房、2014年）、「無神論社会の中の宗教史博物館——ソヴィエト・ロシアにおける宗教研究についての一考察」（『宗教と社会』第20号、2014年）、「ソヴィエト・ロシアにおける史跡・文化財保護運動の展開——情熱家から「社会団体」VOOPIKに至るまで」（『スラヴ研究』第60号、2013年）。

瀧口 順也（たきぐち　じゅんや）［19］
龍谷大学国際学部准教授。
【主要著作】
"Spreading the Revolution, Assembling Information and Making Revolutionaries: The Bolshevik Party Congress, 1917- 1922", in Adele Lindenmeyr, Christopher Read and Peter Waldron (eds.), *Russia's Home Front in War and Revolution, 1914-22 - The Struggle for the State*, Slavica Publishers.「スターリニズムの演出と舞台装置——ボリシェヴィキ党大会（1927－1934）」『ロシア史研究』90号、2012年、"Projecting Bolshevik Unity, Ritualising Party Debate: The Thirteenth Party Congress, 1924", *Acta Slavica Iaponica*, vol. 31, 2012.

竹中 浩（たけなか　ゆたか）［11］
大阪大学大学院法学研究科教授。
【主要著作】
『近代ロシアへの転換——大改革時代の自由主義思想』（東京大学出版会、1999年）、「アレクサンドル３世とその時代——ナショナリズムと国家統治の間で」（『ロシア史研究』94号、2014年）、「帝国の時代におけるリージョンとマイノリティ——ロシア・メノナイトのカナダ移住を手がかりにして」（『年報政治学2007-Ⅱ　排除と包摂の政治学』木鐸社、2007年）。

立石 洋子（たていし　ようこ）［23］
成蹊大学法学部助教。
【主要著作】
『国民統合と歴史学——スターリン期ソ連における「国民史」論争』（学術出版会、2011年）、「現代ロシアの歴史教育と第二次世界大戦の記憶」（『スラヴ研究』第62号、2015年）、Reframing the "History of the USSR": The "Thaw" and Changes in the Portrayal of Shamil's Rebellion in Nineteenth-century North Caucasus, *Acta Slavica Iaponica*, 34, 2014.

亀田 真澄（かめだ　ますみ）［21、コラム2］
東京大学文学部助教。
【主要著作】
『国家建設のイコノグラフィー――ソ連とユーゴの五ヵ年計画プロパガンダ』（成文社、2014年）、『アイラブユーゴ　1～3巻』（社会評論社、2014～2015年）。

小林 昭菜（こばやし　あきな）［25］
法政大学大学院非常勤講師。
【主要著作】
「ハバロフスク事件考――石田三郎の回想とソ連公文書史料を基に」（『ユーラシア研究』48号、2013年）、「ドイツ人軍事捕虜の『反ファシスト運動』1941年～1948年――『シベリア民主運動』発生のケースと比較して」（熊田泰章編『国際文化研究への道――共生と連帯を求めて』彩流社、2013年）、「戦後のソ連における日本人軍事捕虜1945年～1953年」（法政大学大学院博士学位論文、2015年）。

佐藤 親賢（さとう　ちかまさ）［47］
共同通信社福島支局長。
【主要著作】
『プーチンとG8の終焉〔岩波新書〕』（岩波書店、2016年）、『プーチンの思考――「強いロシア」への選択』（岩波書店、2012年）。

佐藤 正則（さとう　まさのり）［16］
九州大学大学院言語文化研究院准教授。
【主要著作】
『ボリシェヴィズムと〈新しい人間〉 20世紀ロシアの宇宙進化論』（水声社、2000年）、『信仰と科学』（訳・解説、ボグダーノフ著、未來社、2003年）、「革命と哲学」（塩川伸明・小松久男・沼野充義編『ユーラシア世界3　記憶とユートピア』東京大学出版会、2012年）。

柴崎 嘉之（しばさき　よしゆき）［44］
道都大学名誉教授。
【主要著作】
「改革を迫られるソ連農業――ペレストロイカの現状と背景」（『食糧・農業問題全集 2　社会主義農業の変貌』農山漁村文化協会、1986年）、「社会主義農政の変換」（『食糧・農業問題全集 1　農業の活路を世界に見る』農山漁村文化協会、1991年。

＊**下斗米 伸夫**（しもとまい　のぶお）［コラム1］
編著者紹介を参照。

ヴァシリューク、スヴェトラーナ（VASSILIOUK, Svetlana）［33、コラム3］
明治大学国際日本学部准教授。
【主要著作】
「1970年代の日ソ・エネルギー協力における政治要因」（下斗米伸夫編『日ロ関係――歴史と現代』法政大学現代法研究所、2015年）、「ロシアのエネルギー政策と日本とのエネルギー協力」（電子ジャーナル月刊『国際問題』No.580、2009 年）、「『不幸せな結婚』――ロシアとウクライナ間エネルギー関係における問題と展望」（*Energy Economics Journal*、No. 338号、2009年）。

ウィートクロフト、ステファン（WHEATCROFT, Stephen George）［27］
メルボルン大学歴史学部教授。
【主要著作】
Davies R.W., Khlevnyuk O.K., Stephen Wheatcroft, *The Years of Progress: The Soviet Economy, 1934-1936*, Palgrave Macmillan, 2014. Stephen Wheatcroft, Davies R.W., *The Years of Hunger: Soviet Agriculture, 1931-1933*, Palgrave Macmillan, 2004. Davies R.W., Harrison M., Stephen Wheatcroft, *The Economic Transformation of Soviet Union, 1913-1945*, Cambridge University Press, 1994.

内田 健二（うちだ　けんじ）［39］
大東文化大学法学部教授。
【主要著作】
『ロシアがわかる12章［改訂版］〔ユーラシア・ブックレット10〕』（共著、ユーラシア・ブックレット編集委員会編、東洋書店、2005年）、『スターリニズム〔ヨーロッパ史入門〕』（翻訳、グレイム・ギル著、岩波書店、2004年）、「プーチン2014年教書を読む」（『ユーラシア研究』第52号、2015年）。

大野 正美（おおの　まさみ）［36、コラム4］
朝日新聞記者。
【主要著作】
『グルジア戦争とは何だったのか〔ユーラシア・ブックレット140〕』（東洋書店、2009年）、『メドベージェフ　ロシア第三代大統領の肖像〔ユーラシア・ブックレット125〕』（東洋書店、2008年）、「旧ソ連・ゴルバチョフ政権の北方領土問題検討文書について」（『海外事情』第61巻11号、拓殖大学海外事情研究所、2013年）。

片桐 俊浩（かたぎり　としひろ）［26］
在アゼルバイジャン日本国大使館専門調査員。
【主要著作】
『ロシアの旧秘密都市〔ユーラシア・ブックレット153〕（東洋書店、2010年）。

加納 格（かのう　ただし）［15］
法政大学文学部教授。
【主要著作】
『ロシア帝国の民主化と国家統合――20世紀初頭の改革と革命』（御茶の水書房、2001年）、「ロシア帝国論――『陸の帝国』の成立と統治」（木畑洋一と南塚信吾との共著『帝国と帝国主義』有志舎、2012年）、「ロシア帝国と極東政策――ポーツマス講和から韓国併合まで」（『法政史学』75号、2011年）。

【執筆者紹介】（［　］は担当章、50音順、＊は編著者）

青島 陽子（あおしま　ようこ）［10］
神戸大学大学院国際文化学研究科准教授。
【主要著作】
「ロシア帝国の『宗派工学』にみる帝国統治のパラダイム」（池田嘉郎・草野佳矢子編著『国制史は躍動する』刀水書房、2015年）、「大改革とグラスノスチ」（中嶋毅編著『新史料で読むロシア史』山川出版社、2013年）、「農奴解放と国民教育——大改革期ロシアにおける国民学校のあり方をめぐって」（『ロシア史研究』第90号、2012年）。

浅岡 善治（あさおか　ぜんじ）［20］
東北大学大学院文学研究科准教授。
【主要著作】
“Nikolai Bukharin and the *Rabsel'kor Movement: Sovetskaia obshchestvennost'* under the 'Dictatorship of the Proletariat' ”, in Yasuhiro MATSUI (ed.), *Obshchestvennost' and Civic Agency in Late Imperial and Soviet Russia: Interface between State and Society* (Palgrave Macmillan, 2015)；「ネップ農村における社会的活動性の諸類型——村アクチーフとしてのセリコル」（野部公一・崔在東編『20世紀ロシアの農民世界』日本経済評論社、2012年）。

生田 美智子（いくた　みちこ）［13］
大阪大学名誉教授。
【主要著作】
『満洲の中のロシア——境界の流動性と人的ネットワーク』（成文社、2012年）、『高田屋嘉兵衛〔ミネルヴァ日本評伝選〕』（ミネルヴァ書房、2012年）、『外交儀礼から見た幕末日露文化交流史——描かれた相互イメージ・表象〔MINERVA日本史ライブラリー〕』（ミネルヴァ書房、2008年）。

池田 嘉郎（いけだ　よしろう）［18］
東京大学大学院人文社会系研究科准教授。
【主要著作】
『国制史は躍動する——ヨーロッパとロシアの対話』（草野佳矢子との共編著、刀水書房、2015年）、『第一次世界大戦と帝国の遺産』（編著、山川出版社、2014年）、『革命ロシアの共和国とネイション〔山川歴史モノグラフ14〕』（山川出版社、2007年）。

石郷岡 建（いしごおか　けん）［37］
ジャーナリスト（前毎日新聞モスクワ支局長）、元日本大学教授。
【主要著作】
『北方領土の基礎知識』（黒岩幸子との共著、東洋書店新社、2016年）、『ヴラジーミル・プーチン——現実主義者の対中・対日戦略』（東洋書店、2013年）、『ソ連崩壊1991』（書苑新社、1998年）、『ルポ　ロシア最前線』（三一書房、1995年）。

伊東 孝之（いとう　たかゆき）［40］
早稲田大学名誉教授、北海道大学名誉教授。
【主要著作】
『ポスト冷戦時代のロシア外交』（林忠行との共編著、有信堂、1999年）、『ポーランド現代史〔世界現代史27〕』（山川出版社、1988年）、「中東欧諸国のEU加盟——人々の憧れと懼れ」（堀口健治・福田耕治編『EU政治経済統合の新展開』早稲田大学出版部、2004年）。

【編著者紹介】

下斗米　伸夫（しもとまい　のぶお）

法政大学法学部国際学科教授。

1948年生まれ。東京大学法学部卒業、同大学法学博士。成蹊大学教授をへて1988年より現職。

専門：ロシア政治、ソ連史、冷戦史。

主な著書：『ソビエト政治と労働組合―ネップ期政治史序説』（東京大学出版会、1982年）、『ソ連現代政治』（東京大学出版会、1987年／第2版、1990年）、『ゴルバチョフの時代』（岩波新書1988年）、『「ペレストロイカ」を越えて―ゴルバチョフの革命』（朝日新聞社、1991年）、*Moscow under Stalinist Rule, 1931-34*（Macmillan, 1991）、『スターリンと都市モスクワ―1931～34年』（岩波書店、1994年）、『独立国家共同体への道―ゴルバチョフ時代の終わり』（時事通信社、1992年）、『ロシア現代政治』（東京大学出版会、1997年）、『ロシア世界』（筑摩書房、1999年）、『北方領土Q＆A80』（小学館文庫、2000年）、『ソ連＝党が所有した国家―1917～1991』（講談社、2002年、2017年文庫版『ソヴィエト連邦史』予定）、『アジア冷戦史』（中公新書、2004年）、『モスクワと金日成―冷戦の中の北朝鮮1945～1961年』（岩波書店、2006年、露版、2010年）、『図説　ソ連の歴史』（河出書房新社、2011年）、『日本冷戦史―帝国の崩壊から55年体制へ』（岩波書店、2011年）、『ロシアとソ連　歴史に消された者たち―古儀式派が変えた超大国の歴史』（河出書房新社、2013年）、『プーチンはアジアをめざす　激変する国際政治』（NHK出版新書、2014年）、『日ロ関係史―パラレル・ヒストリーの挑戦』（共編著、東京大学出版会、2015年）、『宗教と地政学から読むロシア―「第三のローマ」をめざすプーチン』（日本経済新聞出版社、2016年）。論文に「クバン事件覚え書」（『成蹊法学』No.16、1982年）、「労働組合論争・再論―古儀式派とソビエト体制の視点から」（『法政志林』No.1-3、2016年）など。

エリア・スタディーズ152

〈ヒストリー〉

ロシアの歴史を知るための50章

2016年11月30日　初版 第1刷発行

2022年 4 月15日　初版 第4刷発行

編著者　下斗米　伸　夫

発行者　大　江　道　雅

発行所　株式会社 明石書店

〒101-0021 東京都千代田区外神田6-9-5

電話 03（5818）1171

FAX 03（5818）1174

振替　00100-7-24505

http://www.akashi.co.jp/

組版／装丁　明石書店デザイン室

印刷／製本　日経印刷株式会社

（定価はカバーに表示してあります）　ISBN978-4-7503-4414-0

エリア・スタディーズ

1 **現代アメリカ社会を知るための60章**
明石紀雄、川島浩平 編著

2 **イタリアを知るための62章【第2版】**
村上義和 編著

3 **イギリスを旅する35章**
辻野功 編著

4 **モンゴルを知るための65章【第2版】**
金岡秀郎 著

5 **パリ・フランスを知るための44章**
梅本洋一、大里俊晴、木下長宏 編著

6 **現代韓国を知るための60章【第2版】**
石坂浩一、福島みのり 編著

7 **オーストラリアを知るための58章【第3版】**
越智道雄 著

8 **現代中国を知るための52章【第6版】**
藤野彰 編著

9 **ネパールを知るための60章**
日本ネパール協会 編

10 **アメリカの歴史を知るための63章【第3版】**
富田虎男、鵜月裕典、佐藤円 編著

11 **現代フィリピンを知るための61章【第2版】**
大野拓司、寺田勇文 編著

12 **ポルトガルを知るための55章【第2版】**
村上義和、池俊介 編著

13 **北欧を知るための43章**
武田龍夫 著

14 **ブラジルを知るための56章【第2版】**
アンジェロ・イシ 著

15 **ドイツを知るための60章**
早川東三、工藤幹巳 編著

16 **ポーランドを知るための60章**
渡辺克義 編著

17 **シンガポールを知るための65章【第5版】**
田村慶子 編著

18 **現代ドイツを知るための67章【第3版】**
浜本隆志、髙橋憲 編著

19 **ウィーン・オーストリアを知るための57章【第2版】**
広瀬佳一、今井顕 編著

20 **ハンガリーを知るための60章【第2版】** ドナウの宝石
羽場久美子 編著

21 **現代ロシアを知るための60章【第2版】**
下斗米伸夫、島田博 編著

22 **21世紀アメリカ社会を知るための67章**
明石紀雄 監修　赤尾千波、大類久恵、小塩和人、落合明子、川島浩平、高野泰 編

23 **スペインを知るための60章**
野々山真輝帆 著

24 **キューバを知るための52章**
後藤政子、樋口聡 編著

25 **カナダを知るための60章**
綾部恒雄、飯野正子 編著

26 **中央アジアを知るための60章【第2版】**
宇山智彦 編著

27 **チェコとスロヴァキアを知るための56章【第2版】**
薩摩秀登 編著

28 **現代ドイツの社会・文化を知るための48章**
田村光彰、村上和光、岩淵正明 編著

29 **インドを知るための50章**
重松伸司、三田昌彦 編著

30 **タイを知るための72章【第2版】**
綾部真雄 編著

31 **パキスタンを知るための60章**
広瀬崇子、山根聡、小田尚也 編著

32 **バングラデシュを知るための66章【第3版】**
大橋正明、村山真弓、日下部尚徳、安達淳哉 編著

33 **イギリスを知るための65章【第2版】**
近藤久雄、細川祐子、阿部美春 編著

34 **現代台湾を知るための60章【第2版】**
亜洲奈みづほ 著

35 **ペルーを知るための66章【第2版】**
細谷広美 編著

36 **マラウィを知るための45章【第2版】**
栗田和明 著

37 **コスタリカを知るための60章【第2版】**
国本伊代 編著

38 **チベットを知るための50章**
石濱裕美子 編著

エリア・スタディーズ

39 現代ベトナムを知るための60章【第2版】
今井昭夫、岩井美佐紀 編著

40 インドネシアを知るための50章
村井吉敬、佐伯奈津子 編著

41 エルサルバドル、ホンジュラス、ニカラグアを知るための45章
田中高 編著

42 パナマを知るための70章【第2版】
国本伊代 編著

43 イランを知るための65章
岡田恵美子、北原圭一、鈴木珠里 編著

44 アイルランドを知るための70章【第3版】
海老島均、山下理恵子 編著

45 メキシコを知るための60章
吉田栄人 編著

46 中国の暮らしと文化を知るための40章
東洋文化研究会 編

47 現代ブータンを知るための60章【第2版】
平山修一 著

48 バルカンを知るための66章【第2版】
柴宜弘 編著

49 現代イタリアを知るための44章
村上義和 編著

50 アルゼンチンを知るための54章
アルベルト松本 著

51 ミクロネシアを知るための60章【第2版】
印東道子 編著

52 アメリカのヒスパニック＝ラティーノ社会を知るための55章
大泉光一、牛島万 編著

53 北朝鮮を知るための55章【第2版】
石坂浩一 編著

54 ボリビアを知るための73章【第2版】
真鍋周三 編著

55 コーカサスを知るための60章
北川誠一、前田弘毅、廣瀬陽子、吉村貴之 編著

56 カンボジアを知るための62章【第2版】
上田広美、岡田知子 編著

57 エクアドルを知るための60章【第2版】
新木秀和 編著

58 タンザニアを知るための60章【第2版】
栗田和明、根本利通 編著

59 リビアを知るための60章【第2版】
塩尻和子 編著

60 東ティモールを知るための50章
山田満 編著

61 グアテマラを知るための67章【第2版】
桜井三枝子 編著

62 オランダを知るための60章
長坂寿久 著

63 モロッコを知るための65章
私市正年、佐藤健太郎 編著

64 サウジアラビアを知るための63章【第2版】
中村覚 編著

65 韓国の歴史を知るための66章
金両基 編著

66 ルーマニアを知るための60章
六鹿茂夫 編著

67 現代インドを知るための60章
広瀬崇子、近藤正規、井上恭子、南埜猛 編著

68 エチオピアを知るための50章
岡倉登志 編著

69 フィンランドを知るための44章
百瀬宏、石野裕子 編著

70 ニュージーランドを知るための63章
青柳まちこ 編著

71 ベルギーを知るための52章
小川秀樹 編著

72 ケベックを知るための54章
小畑精和、竹中豊 編著

73 アルジェリアを知るための62章
私市正年 編著

74 アルメニアを知るための65章
中島偉晴、メラニア・バグダサリヤン 編著

75 スウェーデンを知るための60章
村井誠人 編著

76 デンマークを知るための68章
村井誠人 編著

77 最新ドイツ事情を知るための50章
浜本隆志、柳原初樹 著

エリア・スタディーズ

エリア・スタディーズ

117 **スリランカを知るための58章**
杉本良男、高桑史子、鈴木晋介 編著

118 **マダガスカルを知るための62章**
飯田卓、深澤秀夫、森山工 編著

119 **新時代アメリカ社会を知るための60章**
明石紀雄 監修 大類久恵、落合明子、赤尾千波 編著

120 **現代アラブを知るための56章**
松本弘 編著

121 **クロアチアを知るための60章**
柴宜弘、石田信一 編著

122 **ドミニカ共和国を知るための60章**
国本伊代 編著

123 **シリア・レバノンを知るための64章**
黒木英充 編著

124 **EU（欧州連合）を知るための63章**
羽場久美子 編著

125 **ミャンマーを知るための60章**
田村克己、松田正彦 編著

126 **カタルーニャを知るための50章**
立石博高、奥野良知 編著

127 **ホンジュラスを知るための60章**
桜井三枝子、中原篤史 編著

128 **スイスを知るための60章**
スイス文学研究会 編

129 **東南アジアを知るための50章**
今井昭夫 編集代表 東京外国語大学東南アジア課程 編

130 **メソアメリカを知るための58章**
井上幸孝 編著

131 **マドリードとカスティーリャを知るための60章**
川成洋、下山静香 編著

132 **ノルウェーを知るための60章**
大島美穂、岡本健志 編著

133 **現代モンゴルを知るための50章**
小長谷有紀、前川愛 編著

134 **カザフスタンを知るための60章**
宇山智彦、藤本透子 編著

135 **内モンゴルを知るための60章**
ボルジギン・ブレンサイン 編著 赤坂恒明 編集協力

136 **スコットランドを知るための65章**
木村正俊 編著

137 **セルビアを知るための60章**
柴宜弘、山崎信一 編著

138 **マリを知るための58章**
竹沢尚一郎 編著

139 **ASEANを知るための50章**
黒柳米司、金子芳樹、吉野文雄 編著

140 **アイスランド・グリーンランド・北極を知るための65章**
小澤実、中丸禎子、高橋美野梨 編著

141 **ナミビアを知るための53章**
水野一晴、永原陽子 編著

142 **香港を知るための60章**
吉川雅之、倉田徹 編著

143 **タスマニアを旅する60章**
宮本忠 著

144 **パレスチナを知るための60章**
臼杵陽、鈴木啓之 編著

145 **ラトヴィアを知るための47章**
志摩園子 編著

146 **ニカラグアを知るための55章**
田中高 編著

147 **台湾を知るための72章**【第2版】
赤松美和子、若松大祐 編著

148 **テュルクを知るための61章**
小松久男 編著

149 **アメリカ先住民を知るための62章**
阿部珠理 編著

150 **イギリスの歴史を知るための50章**
川成洋 編著

151 **ドイツの歴史を知るための50章**
森井裕一 編著

152 **ロシアの歴史を知るための50章**
下斗米伸夫 編著

153 **スペインの歴史を知るための50章**
立石博高、内村俊太 編著

154 **フィリピンを知るための64章**
大野拓司、鈴木伸隆、日下渉 編著

155 **バルト海を旅する40章** 7つの島の物語
小柏葉子 著

エリア・スタディーズ

156 カナダの歴史を知るための50章
細川道久 編著

157 カリブ海世界を知るための70章
国本伊代 編著

158 ベラルーシを知るための50章
服部倫卓、越野剛 編著

159 スロヴェニアを知るための60章
柴宜弘、アンドレイ・ベケシュ、山崎信一 編著

160 北京を知るための52章
櫻井澄夫、人見豊、森田憲司 編著

161 イタリアの歴史を知るための50章
高橋進、村上義和 編著

162 ケルトを知るための65章
木村正俊 編著

163 オマーンを知るための55章
松尾昌樹 編著

164 ウズベキスタンを知るための60章
帯谷知可 編著

165 アゼルバイジャンを知るための67章
廣瀬陽子 編著

166 済州島を知るための55章
梁聖宗、金良淑、伊地知紀子 編著

167 イギリス文学を旅する60章
石原孝哉、市川仁 編著

168 フランス文学を旅する60章
野崎歓 編著

169 ウクライナを知るための65章
服部倫卓、原田義也 編著

170 クルド人を知るための55章
山口昭彦 編著

171 ルクセンブルクを知るための50章
田原憲和、木戸紗織 編著

172 地中海を旅する62章 歴史と文化の都市探訪
松原康介 編著

173 ボスニア・ヘルツェゴヴィナを知るための60章
柴宜弘、山崎信一 編著

174 チリを知るための60章
細野昭雄、工藤章、桑山幹夫 編著

175 ウェールズを知るための60章
吉賀憲夫 編著

176 太平洋諸島の歴史を知るための60章 日本とのかかわり
石森大知、丹羽典生 編著

177 リトアニアを知るための60章
櫻井映子 編著

178 現代ネパールを知るための60章
公益社団法人 日本ネパール協会 編

179 フランスの歴史を知るための50章
中野隆生、加藤玄 編著

180 ザンビアを知るための55章
島田周平、大山修一 編著

181 ポーランドの歴史を知るための55章
渡辺克義 編著

182 韓国文学を旅する60章
波田野節子、斎藤真理子、きむ ふな 編著

183 インドを旅する55章
宮本久義、小西公大 編著

184 現代アメリカ社会を知るための63章【2020年代】
明石紀雄 監修 大類久恵、落合明子、赤尾千波 編著

185 アフガニスタンを知るための70章
前田耕作、山内和也 編著

186 モルディブを知るための35章
荒井悦代、今泉慎也 編著

187 ブラジルの歴史を知るための50章
伊藤秋仁、岸和田仁 編著

——以下続刊

◎各巻2000円（一部1800円）

〈価格は本体価格です〉